KNAUR
MENSSANA

Im Knaur Taschenbuch Verlag ist vom Autor bereits erschienen:
Buddha

Über den Autor:
Dr. med. Deepak Chopra ist Internist und Endokrinologe sowie Vorsitzender der »American Association of Ayurvedic Medicine« und Gründer des »Chopra Center for Well Being« in Carlsbad, Kalifornien. Er hält weltweit Vorträge über ayurvedische Medizin, u. a. an Universitäten, bei der Weltgesundheitsorganisation und den Vereinten Nationen, und er ist Autor zahlreicher internationaler Bestseller.

Deepak Chopra

Das Tor zum vollkommenen Glück

Nutzen Sie die unendliche Kraft des Zufalls für Ihr Schicksal

Aus dem Amerikanischen
von Diane von Weltzien

KNAUR
MENSSANA

Die amerikanische Originalausgabe erschien 2004
unter dem Titel »The Spontaneous Fulfillment of Desire:
Harnessing the Infinite Power of Coincidence«
bei Harmony Books, New York,
Member of the Crown Publ. Group,
a division of Random House, Inc.

Besuchen Sie uns im Internet:
www.knaur.de

Alle Titel aus dem Bereich MensSana finden Sie
im Internet unter: www.mens-sana.de

FSC
www.fsc.org
MIX
Papier aus verantwortungsvollen Quellen
FSC® C083411

Neuausgabe Mai 2013
Knaur Taschenbuch

Umschlaggestaltung: ZERO Werbeagentur, München
Umschlagabbildung: FinePic®, München
Druck und Bindung: CPI – Clausen & Bosse, Leck
Printed in Germany
ISBN 978-3-426-87652-7

2 4 5 3 1

Für Rita, Mallika, Gotham, Candice,
Sumanth und Tara:
Ihr orchestriert den synchronisierten
Tanz meines Universums.

Inhalt

Ich, das feurige Licht göttlicher Weisheit,
Ich entzünde die Schönheit der Ebenen,
Ich bringe das Wasser zum Funkeln.
Ich brenne in der Sonne und im Mond
und in den Sternen,
Mit Weisheit und Recht ordne ich alles.
Ich schmücke die Erde.
Ich bin der Windhauch, der alles Grüne nährt.
Ich bin der Regen aus dem Tau,
Der die Gräser auflachen lässt
Aus Lebensfreude.
Ich bringe Tränen hervor, den Duft heiligen
Werkes.
Ich bin die Sehnsucht nach Gott.

Hildegard von Bingen
(1098–1179)

Einführung

Wunder geschehen jeden Tag. Nicht nur in abgelegenen Dörfern oder an heiligen Stätten auf der anderen Seite des Globus, sondern hier in unserer Mitte, in unserem eigenen Leben. Aus ihren verborgenen Quellen steigen sie auf, lassen gute Gelegenheiten aufblitzen und verblassen. Wunder sind die Sternschnuppen des Alltags. Da wir Sternschnuppen nur selten sehen, haben sie für uns etwas Magisches. In Wahrheit aber huschen sie ohne Unterlass über den Himmel. Am Tag nehmen wir sie, geblendet vom Sonnenlicht, nicht wahr, und nachts erscheinen sie nur dann, wenn wir gerade zufällig im richtigen Augenblick an die richtige Stelle des klaren, dunklen Himmels blicken.

Obgleich wir Wunder für etwas Außergewöhnliches halten, huschen auch sie jeden Tag über den Horizont unseres Bewusstseins. Es steht uns frei, sie entweder wahrzunehmen oder zu ignorieren; dabei ist uns nicht bewusst, dass unser Schicksal vielleicht an einem seidenen Faden hängt. Stimmt man sich ein auf die Existenz von Wundern, verwandelt sich das Leben unmittelbar in eine blendende Erfahrung, die wunderbarer und aufregender ist, als wir es uns je hätten vorstellen können. Gute Gelegenheiten verschwinden jedoch auf Nimmerwiedersehen, wenn man Wunder ignoriert. Es stellt sich die Frage: Würden wir ein Wunder als solches erkennen? Und wenn ja, was würden wir dann damit anfangen? Und wenn es uns irgendwie möglich wäre, unseren eigenen Vorstellungen gemäß Wunder aus dem Hut zu zaubern, welcher Art wären sie dann?

Jenseits Ihres physischen Ichs, jenseits Ihrer Gedanken und Emotionen existiert in Ihrem Innern ein Reich aus reinem, unverfälschtem Potenzial; ausgehend von diesem Ort in Ihnen, ist alles und jedes möglich. Sogar Wunder. Ganz besonders Wunder. Dieser Teil Ihres Selbst ist nämlich mit allem verwoben, was sonst noch existiert, und mit allem, was im Entstehen begriffen ist. Ich habe mein Leben der Aufgabe gewidmet, einen Zugang zu diesem unbegrenzten Feld der Möglichkeiten zu finden und es anderen zu vermitteln, damit wir alle unser Leben in materieller, emotionaler, physischer und spiritueller Hinsicht neu ausrichten und verbessern können. In früheren Büchern habe ich mich auf bestimmte Einzelergebnisse konzentriert. Beispielsweise habe ich ausführlich über das Erlangen vollkommener Gesundheit, über den Weg zur Liebe und den Zugang zu Gott geschrieben. Der vorliegende Titel verfolgt nun ein umfassenderes Ziel. Er soll Ihnen den Weg weisen, die tief greifende Wahrheit, die sich hinter dem illusionären Alltag verbirgt, erkennen zu können und somit Ihr wahres Schicksal. Das eigene Schicksal selbst zu formen ist der Weg, der zur Erfüllung und schließlich zur Erleuchtung führt.

Seit über einem Jahrzehnt fasziniert mich die Vorstellung, welche Rolle die glückliche Fügung bei der Lenkung und Formung unseres Schicksals spielt. Jeder Mensch macht ab und zu Erfahrungen, die er als verblüffend und ein wenig unheimlich empfindet. Vielleicht sind Sie beim Aufräumen eines Schrankes ja auf ein Geschenk gestoßen, das Ihnen jemand gemacht hat, mit dem Sie seit Jahren nicht gesprochen haben, und eine Stunde später klingelt plötzlich das Telefon, und genau diese Person ist am Apparat. Möglicherweise haben Sie in der Zeitung einen Artikel über eine neue Methode der Hautkrebsbehandlung gelesen und sich ohne offensichtlichen Grund entschlossen, den Bericht auszuschneiden. Einen Monat später ruft Sie ein Verwandter an, um Ihnen mitzuteilen, dass bei ihm Hautkrebs diagnostiziert worden sei – und die Informationen in dem von Ihnen aufbewahrten Artikel beeinflussen ihn bei der Wahl der Behandlungsmethode, die ihm dann schließlich das Leben retten soll. Oder aber Sie sind mit Ihrem Wagen in einer verlassenen Gegend liegen geblieben und haben sich bereits auf stundenlanges Warten eingestellt, als ausgerechnet ein Abschleppwagen vorbeikommt.

Sind derartige Erfahrungen einfach bloß Zufälle? Selbstverständlich kann es sich um eine glückliche Fügung handeln, aber genauso gut kann uns die nähere Untersuchung vor Augen führen, dass wir einen Blick auf das Wunderbare erhascht haben. Jedes Mal, wenn wir solche Erfahrungen machen, haben wir die Wahl, sie als zufälliges Zusammentreffen günstiger Umstände in einer chaotischen Welt zu werten oder als potenziell das ganze Leben verändernde Ereignisse, als die sie sich vielleicht erweisen. Ich glaube nicht an sinnlose Zufälle. Ich bin davon überzeugt, dass jeder Zufall eine Botschaft ist, ein Fingerzeig auf eine bestimmte Facette unseres Lebens, die unserer Aufmerksamkeit bedarf.

Haben Sie je auf die ruhige, leise »kleine Stimme« tief in Ihrem Innern geachtet? Diese kleine innere Stimme und das mit ihr einhergehende typische untrügliche Gefühl im Bauch sind meist Mitteilungsformen, denen Beachtung zu schenken sich lohnt. Gleiches gilt für Zufälle. Idem Sie Ihre Aufmerksamkeit auf die Zufälle des Lebens richten, fällt es Ihnen bald leichter, deren Botschaften zu entschlüsseln. Und indem Sie die Kräfte begreifen, auf denen sie beruhen, erlangen Sie die Möglichkeit, jene Kräfte zu beeinflussen und Ihre eigenen bedeutsamen Zufälle zu schaffen, die gebotenen Gelegenheiten zu nutzen und das Leben als ein sich unablässig entfaltendes Wunder zu begreifen, das Ihnen Ehrfurcht vor jedem einzelnen Augenblick abverlangt.

Die meisten Menschen gehen erfüllt von Ängstlichkeit, Nervosität und Aufregung durchs Leben. Wir sind wie Kinder, die Verstecken spielen: Einerseits wollen wir gefunden werden, andererseits hoffen wir, unentdeckt zu bleiben, und knabbern vor lauter Erwartung an den

Fingernägeln. Wir erschrecken, wenn uns eine gute Gelegenheit zu nahe kommt, und ziehen uns tiefer in die Schattenbereiche zurück, wenn die Angst uns überwältigt. So kann man nicht durchs Leben gehen. Diejenigen, die das wahre Wesen der Wirklichkeit begreifen – in manchen Traditionen werden sie als Erleuchtete bezeichnet –, streifen Angst und Besorgnis ab. Sobald Sie verstehen, wie das Leben tatsächlich funktioniert – wie Energie fließt und wie Information und Intelligenz jeden Augenblick steuern –, erkennen Sie das erstaunliche Potenzial, das ein solcher Augenblick birgt. Alltägliche Banalitäten bereiten Ihnen dann keine Sorgen mehr. Sie verwandeln sich in einen heiteren und unbeschwerten Menschen. Und die Zahl der Zufälle, denen Sie in Ihrem Leben begegnen, nimmt zu.

Indem Sie Zufälle und ihre Bedeutung wertschätzen, nehmen Sie Verbindung zu dem tiefer liegenden Feld der unendlichen Möglichkeiten auf. Damit treten Sie ein in das Reich des Wunderbaren. Den hiermit einhergehenden Zustand, in dem die spontane Erfüllung jeglicher Wünsche möglich wird, bezeichne ich als das *Synchroschicksal.* Ein derart synchronisiertes Schicksal erfordert den Zugang zu einem Ort tief in Ihrem Innern, während Sie sich zugleich des komplizierten Tanzes bewusst werden, den Zufälle in der physischen Welt aufs Parkett legen. Es setzt Verständnis für das grundlegende Wesen der Dinge voraus und für die Urquelle der Intelligenz, die unser Universum in einem unablässigen Prozess hervorbringt und außerdem das Ziel verfolgt, bestimmte Gelegenheiten zur Veränderung nicht ungenutzt verstreichen zu lassen.

Bevor wir diese Zusammenhänge näher ergründen, lassen Sie uns ein kleines Experiment wagen. Schließen Sie die Augen und denken Sie an das, was Sie in den vergangenen vierundzwanzig Stunden getan haben. Dann kehren Sie in Ihrem Gedächtnis von Ihrem gegenwärtigen Aufenthaltsort dorthin zurück, wo Sie sich vor genau einem Tag befunden haben. Lassen Sie vor Ihrem inneren Auge ein möglichst detailliertes Bild von Ihren Handlungen, Gedanken und Gefühlen entstehen.

Wählen Sie nun einen Bereich aus den vergangenen vierundzwanzig Stunden aus und konzentrieren Sie sich auf diesen. Es muss nichts besonders Wichtiges oder Spektakuläres sein – einfach nur etwas, womit Sie sich im Lauf des Tages beschäftigt haben. Falls Sie die Bank aufgesucht haben, könnten Sie das Thema Geld oder Finanzen wählen. Haben Sie einen Arztbesuch absolviert, dann entscheiden Sie sich vielleicht für das Thema Gesundheit. Für den Fall, dass Sie Golf oder Tennis spielen, wollen Sie sich vielleicht mit Ihrer Sportlichkeit beschäftigen. Befassen Sie sich einen Moment lang mit dem Thema, das für Sie in Frage kommt.

Nun versetzen Sie sich fünf Jahre zurück. Konzentrieren Sie sich auf das heutige Datum und gehen Sie dann Schritt für Schritt, Jahr für Jahr zurück, bis Sie das gleiche Datum vor fünf Jahren erreichen. Überprüfen Sie, ob Ihr Gedächtnis Ihnen mitteilt, wo Sie sich aufgehalten und was Sie damals getan haben. Versuchen Sie, ein so deutliches Bild wie nur irgend möglich von diesem Augenblick in Ihrem damaligen Leben zu entwickeln.

Sobald Sie ein klares Bild von dieser fünf Jahre zurückliegenden Situation vor Augen haben, fügen Sie das

Thema aus den vergangenen vierundzwanzig Stunden ein, für das Sie sich vorhin entschieden hatten. Verfolgen Sie Ihr Verhältnis zu diesem Thema über den gesamten Zeitraum von fünf Jahren zurück. Versuchen Sie, sich an so viele Einzelheiten wie möglich zu erinnern, die im Zusammenhang mit diesem Bereich Ihres Lebens stehen. Falls Sie das Thema Gesundheit ausgewählt haben, könnten Sie zum Beispiel Ihr Gedächtnis nach allen Krankheiten durchforschen, die Sie in dem besagten Zeitraum hatten, sich daran erinnern, wie Sie von einem Arzt zum nächsten wandern mussten, dass Sie mit dem Rauchen aufgehört haben und wie sich dieser Umstand auf Ihr Leben ausgewirkt hat oder auch dass Sie Ihre Ernährung umgestellt haben. Die Möglichkeiten sind grenzenlos. Bitte beginnen Sie jetzt mit der Übung.

Während Sie über das von Ihnen gewählte Thema nachgedacht haben, wie es sich in dem vorgegebenen Zeitraum Ihres Lebens entwickelt und wie es sich auf Ihr gegenwärtiges Leben ausgewirkt hat, sind Sie ohne Zweifel auf zahlreiche »Zufälle« gestoßen. So viel im Leben hängt von zufälligen Begegnungen ab, so genannten Schicksalsschlägen oder Wegen, die plötzlich in eine ganz neue, unvorhergesehene Richtung führen. Und es ist äußerst wahrscheinlich, dass dieses eine Thema von Ihnen sich rasch mit zahlreichen anderen Bereichen Ihres Lebens verbunden hat, selbst wenn Ihnen diese auf den ersten Blick belanglos erschienen. Indem Sie Ihre persönliche Geschichte auf diese Weise zurückverfolgen, erhalten Sie erstaunliche Einblicke in die Rolle, die der Zufall in Ihrem Leben gespielt hat. So wird Ihnen deutlich vor Augen geführt, wie anders Ihr Leben verlaufen wäre, sobald Sie nur ein einziges Detail gegen ein anderes auswechseln. Sie wären anderen Menschen begegnet, hätten vielleicht eine andere Arbeit angenommen und insgesamt einen ganz und gar anderen Lebensweg eingeschlagen.

Selbst wenn Sie meinen, Ihr Leben vollständig durchgeplant zu haben, können Dinge geschehen, die Ihrem Schicksal eine unvorhersehbare Wende geben. Die Zufälle oder kleinen Wunder, die Ihnen Tag für Tag begegnen, sind Fingerzeige dafür, dass das Universum Pläne für Sie hat, die weit über Ihre persönlichen Vorstellungen hinausgehen. Mein eigenes Leben, das Außenstehenden überaus klar definiert erscheinen mag, empfinde ich selbst als eine Abfolge von Überraschungen. Und auch meine Vergangenheit ist angefüllt von bemerkenswerten Zufällen, die mich zu dem Menschen gemacht haben, der ich heute bin.

Mein Vater diente in der indischen Armee als persönlicher Leibarzt von Lord Mountbatten, dem letzten Generalgouverneur von Britisch Indien. Sein Amt veranlasste ihn, viel Zeit in der Gesellschaft von Lady Mountbatten zu verbringen, und so freundeten die beiden sich an. Diese Freundschaft bewog meinen Vater, sich um ein Medizinstipendium am Royal College of Physicians in England zu bewerben, und so kam es, dass ihn das Schicksal, als ich ungefähr sechs Jahre alt war, nach England führte. Wenig später verließ auch meine Mutter Indien, um bei meinem Vater zu sein, und ließ mich und meinen jüngeren Bruder in der Obhut unserer Großeltern zurück.

Eines Tages traf ein Telegramm meines Vaters aus England ein, in dem er uns mitteilte, dass er all seine Prüfungen bestanden habe. Dies war für uns alle ein bedeutsamer Tag. Mein Großvater, der auf seinen gebildeten Sohn maßlos stolz war, wollte mit uns feiern. Noch nie hatten mein Bruder und ich einen derart aufregenden Tag erlebt! Unser Großvater spendierte uns einen Kinobesuch, ging mit uns aufs Volksfest und lud uns zum Essen in ein Restaurant ein. Er kaufte uns Spielsachen und Süßigkeiten. Der ganze Tag entfaltete sich vor uns wie ein glücklicher, glorreicher Wirbelwind. Später in der Nacht jedoch erwachten wir, weil wir jemanden weinen hörten. Am nächsten Tag erfuhren wir, dass unser Großvater in jener Nacht gestorben war und dass es das Wehklagen der Frauen gewesen war, das uns aus dem Schlaf gerissen hatte. Der Leichnam meines Großvaters wurde abgeholt, verbrannt und seine Asche in den Ganges gestreut.

Dieses Ereignis hinterließ einen tief greifenden Eindruck bei meinem Bruder und mir. Ich lag nachts wach und fragte mich, wo mein Großvater war und ob seine Seele seinen Tod wohl auf irgendeine Weise überlebt hatte. Mein Bruder reagierte anders als ich: Seine Haut begann sich zu schälen wie nach einem schlimmen Sonnenbrand. Weil es keine physische Ursache für diese Reaktion gab, konsultierten wir mehrere Ärzte. Ein kluger, alter Mediziner kam zu dem Schluss, dass sich mein Bruder aufgrund der traumatischen Ereignisse, die sich erst kürzlich ereignet hatten, wohl verletzlich und schutzlos fühlte und dass dieses Abblättern seiner Haut als äußeres Zeichen für sein seelisches Befinden gedeutet werden könne. Er behauptete, der Zustand der Haut werde sich normalisieren, sobald unsere Eltern nach Indien zurückgekehrt seien. Und tatsächlich erledigte sich das Problem schon bald nach ihrer Ankunft ganz von selbst.

Rückblickend erkenne ich, dass diese frühen Ereignisse eine entscheidende Weiche für meinen späteren beruflichen Lebensweg gestellt haben – sie begründeten mein Interesse an dem Wesen der Seele und dem Zusammenspiel von Geist und Körper in der Gesundheit. Meine Berufswahl beruht auf einer langen Kette von Zufällen, auf deren einzelne Glieder ich, egal in welchem Lebensabschnitt ich nach ihnen suche, stets sofort stoße. Im vorliegenden Fall stellt das bewusste Kettenglied die Freundschaft meines Vaters mit Lady Mountbatten dar.

Weitere scheinbar wahllose Ereignisse beeinflussten mich. Als ich zur Schule ging, war mein bester Freund ein Junge namens Oppo. Er wusste äußerst geschickt mit Worten umzugehen. Im Englischunterricht bekam er für seine Aufsätze immer hervorragende Noten. Außerdem verbrachte ich liebend gern meine Zeit mit ihm. Was immer Oppo tat, ich wollte es ihm gleichtun. Als Oppo sich entschloss, das Schreiben zu seinem Beruf zu machen, traf ich die gleiche Wahl.

Mein Vater jedoch wünschte sich nichts sehnlicher, als dass ich Arzt würde. Wenn wir beieinander saßen, um über meine Zukunft zu sprechen, erklärte ich: »Nein, ich habe kein Interesse daran, Arzt zu werden. Ich möchte eines Tages ein großer Schriftsteller sein. Ich möchte Bücher schreiben.« Kurze Zeit später, genau an meinem vierzehnten Geburtstag, schenkte mein Vater mir einige großartige Klassiker, darunter »Der Menschen Hörigkeit« von W. Somerset Maugham, »Dr. med. Arrowsmith« von Sinclair Lewis und »Tagebuch eines Chirurgen« von Lloyd C. Douglas. Dass all diese Werke von Ärzten handeln, erwähnte er nicht. Und die Bücher machten einen so starken Eindruck auf mich, dass sie in mir den Wunsch erweckten, ebenfalls Arzt zu werden.

Arzt zu werden erschien mir der ideale Weg, um Spiritualität zu erforschen. Vielleicht, so dachte ich, würde ich eines Tages bis zur Ebene der Seele vorstoßen, wenn ich zunächst die Geheimnisse des Körpers entschlüsselte. Ohne meine Freundschaft mit Oppo hätte ich meine Liebe zur Literatur und zum Schreiben vielleicht nie entwickelt. Und wenn mein Vater gegen meine Entscheidung, Schriftsteller zu werden, angekämpft hätte, anstatt mich mit Literatur über Mediziner zu ermutigen, dann wäre ich vielleicht Journalist geworden. Doch diese scheinbar zusammenhanglosen Ereignisse und das vorhandene Beziehungsgeflecht – angefangen bei Lady Mountbatten, meinem Großvater und meinem Vater bis hin zu meinem Bruder und Oppo – waren feinstens aufeinander abgestimmt. Es war, als habe eine Verschwörung aus synchronisierten Zufällen meine persönliche Lebensgeschichte geformt und mich zu dem Leben geführt, das ich heute so sehr genieße.

Jeder Mensch ist eingeflochten in ein Netzwerk aus Zufällen, die ihn inspirieren und ihm helfen, seinem Leben eine Richtung zu geben. Mein Schicksal veranlasst mich dazu, nun dieses Buch zu schreiben und jetzt hier mit Hilfe der Wörter auf diesen Seiten mit Ihnen zu kommunizieren. Allein die Tatsache, dass Sie diese Zeilen lesen, dass Sie in eine Bibliothek oder in einen Buchladen gegangen sind, das Buch entdeckt und aufgeschlagen haben und nun bereitwillig Ihre Zeit und Energie investieren, um etwas über das Synchroschicksal zu erfahren, allein dies ist eine glückliche Fügung, die das Potenzial besitzt, Ihr Leben zu verändern. Welche Umstände haben Sie zu diesem Buch geführt? Wie haben Sie dieses Buch aus Tausenden anderer ausgewählt? Welche Veränderungen in Ihrem Leben erscheinen Ihnen nach der Lektüre der ersten Absätze erstrebenswert?

Das Netz der Zufälle zu erkennen ist jedoch nur der erste Schritt, wenn man verstehen will, was das Synchroschicksal ist und es auch leben will. Als Nächstes muss man sein Bewusstsein dem Augenblick öffnen, in dem sich Zufälle ereignen. Rückblickend kann man sie leicht als das erkennen, was sie sind. Doch wenn es Ihnen gelingt, den Zufall in dem Moment abzupassen, in dem er sich vollzieht, dann befinden Sie sich in einer besseren Position, um die guten Gelegenheiten, die sich Ihnen gerade bieten, auch beim Schopf packen zu können. Außerdem bedeutet geschärftes Bewusstsein vermehrte Energie. Je mehr Aufmerksamkeit Sie solchen glücklichen Fügungen schenken, desto wahrscheinlicher ist es, dass sie auch eintreten. Das heißt, Sie erhalten in wachsendem Maß Zugang zu den Botschaften, die Ihnen im Hinblick auf Ihren Lebensweg und seine Richtung übermittelt werden.

Den letzten Schritt auf dem Weg zum gelebten Synchroschicksal tun Sie, wenn Sie sich der Tatsache öffnen, dass alles miteinander verbunden ist, dass das Vorangehende das darauf Folgende beeinflusst und dass alle Ereignisse synchron ablaufen. *Synchron* bedeutet hier: aufeinander abgestimmt, eins sein. Stellen Sie sich einen Fischschwarm vor, der in eine Richtung schwimmt, sie jedoch im Bruchteil einer Sekunde wechseln kann. Der Fischschwarm hat keinen Anführer, der Befehle erteilt. Die Fische denken nicht: »Der Fisch vor mir schwimmt nach links, deshalb muss ich jetzt auch nach links schwimmen.« Alles geschieht gleichzeitig. Diese Synchronizität wird choreografiert von einer großen, alles durchdringenden Intelligenz im Kern der Natur, die sich in jedem Menschen durch das manifestiert, was wir als die Seele bezeichnen.

Wenn wir lernen, unser Leben von der Seelenebene aus zu führen, dann kommt vieles in Gang. Wir werden uns der herrlichen Muster und synchronisierten Rhythmen bewusst, die alles Leben durchdringen. Wir begreifen die Erinnerungen und Erfahrungen, die uns zu dem Menschen gemacht haben, der wir heute sind. Ängste und Befürchtungen lösen sich auf, kaum dass wir noch die wunderbare Entfaltung der Welt beobachten. Wir nehmen das Netz der Zufälle wahr, in das wir eingewoben sind, und erkennen, dass selbst die allerkleinsten Ereignisse von Bedeutung sind. Wir entdecken, dass wir, indem wir auf diese Zufälle aufmerksam werden und sie mit Intention verbinden, bestimmte gewünschte Resultate in unserem Leben erzielen können. Wir stellen Verbindung zu allem und jedem im Universum her und erkennen den Geist, der uns alle vereint. Wir enthüllen das Wundersame, das tief im Innern eines jeden Menschen verborgen ist, und genießen unsere neu gefundene Herrlichkeit. Bewusst verwandeln wir unser Schicksal in den grenzenlos kreativen Selbstausdruck, als das es gemeint war, leben auf diesem Weg unsere bedeutendsten Träume aus und nähern uns der Erleuchtung.

Das ist das Wunder eines synchronisierten Schicksals.

Die vor Ihnen liegenden Seiten sind in zwei Teile gegliedert. Im ersten untersuche ich die Dynamik von glücklicher Fügung, Synchronizität und Synchroschicksal; dieses Kapitel beantwortet die Frage: »Wie funktioniert das?« Der zweite Teil handelt von den sieben Prinzipien eines synchronisierten Schicksals und bietet Anleitungen, die bei der praktischen Umsetzung des Gelernten helfen; er beantwortet die Frage: »Was bedeutet das für mich?«

Diejenigen von Ihnen, die stark auf Ihr Ziel ausgerichtet sind oder bereits all meine bislang veröffentlichten Bücher gelesen haben, sind möglicherweise versucht, gleich bis zu den Lektionen des zweiten Teils vorzublättern. Es wird jedoch der Stoff im ersten Teil um wichtige Nuancen, zusätzliche Informationen und Beobachtungen erweitert, die verinnerlicht sein wollen, bevor Sie mit dem zweiten Teil beginnen. Außerdem bitte ich zu bedenken, dass sich das Konzept des Synchroschicksals in den letzten zehn Jahren weiterentwickelt hat und dies auch künftig der Fall sein wird. Möglicherweise haben Sie ja bereits an einem Kurs zu diesem Thema teilgenommen oder sich die entsprechenden Kassetten angehört, doch sollten Sie das vorliegende Buch als Einführung in das Thema wie auch als fortgeschrittenen und klareren Einblick in das Phänomen betrachten, also zugleich als theoretisches Grundgerüst und praktische Umsetzung.

Wer von Ihnen meine Arbeiten noch nicht kennt, dem rate ich, sich nicht einschüchtern zu lassen. Ich habe mir viel Mühe gegeben, den Inhalt dieses Buches in der Formulierung so zugänglich wie möglich zu machen, und ich hoffe, dass es mir auch gelungen ist. Da wir uns jedoch mit einigen tief greifenden Fragen auseinander setzen, werden Sie vielleicht manchmal meinen, das Buch nie vollständig zu »kapieren«. Ich versichere Ihnen, Sie werden! Versuchen Sie, nicht bei einzelnen Absätzen oder auf einzelnen Seiten zu verharren. Die Kapitel bauen aufeinander auf, und meine Leser stellen für gewöhnlich fest, dass so manches, was ich in vorhergehenden Kapiteln vielleicht nur angerissen habe, in späteren Kapiteln dann klarer wird. Der Titel verfolgt zwei Ziele: Erstens soll deutlich gemacht werden, wie das Synchroschicksal funktioniert; und zweitens möchte ich Ihnen bestimmte Techniken vermitteln, die es Ihnen gestatten, sich die Vorstellung eines synchronisierten Schicksals im Alltag nutzbar zu machen.

Dieses Buch wird Ihr Leben nicht über Nacht verändern. Doch wenn Sie bereit sind, jeden Tag ein wenig Zeit zu investieren, dann stellen Sie bald fest, dass Wunder nicht nur möglich, sondern auch in großer Fülle vorhanden sind. An jedem Tag in Ihrem Leben, in jeder Stunde, ja, in jeder Minute kann sich ein Wunder ereignen. Jetzt, in diesem Augenblick schlummert die Saat eines vollkommenen Schicksals bereits in Ihnen. Bringen Sie diese Saat zum Keimen und leben Sie Ihr Leben wunderbarer, als Sie es sich je erträumt haben. Lassen Sie mich Ihnen zeigen, wie das geht.

Erster Teil

Das Versprechen grenzenlosen Potenzials

1

Materie, Verstand und Geist

Von dem Augenblick an, da wir uns der Welt um uns herum bewusst werden, fragen wir uns, wo unser Platz in ihr ist. Die Fragen, die wir uns stellen, lauten immer gleich: »Warum bin ich hier?«, »Wo im Gesamtbild ist mein Platz?«, »Welches Schicksal ist mir bestimmt?«. Als Kind halten wir die Zukunft für ein leeres Blatt Papier, auf dem wir unsere Geschichte niederschreiben. Die Möglichkeiten scheinen grenzenlos, und die Aussicht auf die Entdeckerfreuden und das schiere Vergnügen, die das Eingetauchtsein in ein solches Potenzial bedeutet, erfüllen uns mit unendlicher Kraft. Doch im Zuge des Heranwachsens und Erwachsenwerdens machen wir die Erfahrung unserer Begrenztheit, und unser Blick auf die Zukunft verengt sich. Was zuvor unsere Phantasie beflügelte, versetzt uns nun in Angst und Schrecken. Was sich zuvor grenzenlos und frei anfühlte, scheint uns eng und dunkel.

Es ist möglich, die erhebende Freude unbegrenzten Potenzials zurückzuerlangen. Erforderlich ist hierzu lediglich die Bereitschaft, das wahre Wesen der Wirklichkeit und die Verbundenheit und Untrennbarkeit aller Dinge zu erkennen. Dann werden Sie, unterstützt von bestimmten Techniken, erleben, wie sich Ihnen die Welt neuerlich öffnet, und Glück und gute Gelegenheiten, die sich bisher nur dann und wann haben blicken lassen, werden in Ihrem Leben immer häufiger in Erscheinung treten. Was bewirkt nun ein synchronisiertes Schicksal? Stellen Sie sich einmal vor, Sie befänden sich mit einer Taschenlampe in der Hand in einem vollkommen dunklen Raum. Sie knipsen Ihre Lampe an und sehen vor sich an der Wand ein wunderschönes Gemälde hängen. Vielleicht denken Sie: »Sicherlich, das ist ein einzigartiges Kunstwerk, aber ist das alles?« Dann wird der Raum plötzlich von oben her erleuchtet. Sie schauen sich um und stellen fest, dass Sie sich in einer Kunsthalle befinden, in der Hunderte von Gemälden an den Wänden hängen, eines beeindruckender als das andere. Indem sich Ihnen dieser Anblick offenbart, erkennen Sie, dass Sie ein ganzes Leben mit dem Studium und dem Genuss dieser Kunstwerke zubringen könnten. Sie sind nicht mehr länger darauf beschränkt, ein einziges Bild mit Hilfe des schwachen Strahls Ihrer Taschenlampe zu erforschen.

Das ist es, was das Synchroschicksal Ihnen verspricht. Es taucht Ihre Umgebung in Licht. Es verleiht Ihnen die Befähigung, echte Entscheidungen zu treffen, anstatt blind zu raten, wohin im Leben Sie sich bewegen. Es gestattet uns, den Sinn im Leben, unsere Verbindung zu allem Übrigen und die Synchronizität aller Dinge zu erkennen, eine echte Wahl im Hinblick auf unsere Lebensführung zu treffen und unsere spirituelle Reise zu vollenden. Ein synchronisiertes Schicksal verschafft uns die Möglichkeit, unser Leben unseren Intentionen gemäß einzurichten.

Der erste Schritt zu einem solchen Leben besteht darin, das Wesen der drei Existenzebenen zu begreifen.

Ebene 1:
Der physische Funktionsbereich

Die erste Existenzebene ist die physische oder materielle, das sichtbare Universum. Sie ist die Welt, die wir am besten kennen und die wir als die wahre Welt bezeichnen. Sie enthält Materie und klar abgegrenzte Objekte, alles Dreidimensionale und alles, was wir mit unseren fünf Sinnen wahrnehmen – was wir also sehen, hören, tasten, schmecken und riechen können. Der physische Funktionsbereich umfasst unseren Körper, den Wind, die Erde, Wasser, Gase, Tiere, Mikroben, Moleküle und die Seiten dieses Buches. In dieser Domäne scheint die Zeit in einer so geraden Linie zu fließen, dass wir von einer Zeitachse sprechen, die Vergangenheit, Gegenwart und Zukunft umfasst. Das bedeutet, dass alles im physischen Funktionsbereich einen Anfang, eine Mitte und ein Ende besitzt und folglich unbeständig ist. Empfindungsfähige Wesen werden geboren und sterben. Berge schießen aus dem flüssigen Kern der Erde empor und werden vom unerbittlichen Wind und vom Wetter in Staub verwandelt.

Die physische Welt, wie wir sie erleben, ist beherrscht von den unwandelbaren Gesetzen von Ursache und Wirkung und somit vorhersehbar. Die Newton'sche Physik gestattet es uns, Wirkungen und Reaktionen vorherzusagen. Wenn also die Billardkugeln mit einer bestimmten Geschwindigkeit und in einem bestimmten Winkel aufeinander prallen, dann können wir exakt berechnen, welchen Weg sie auf dem Billardtisch nehmen werden. Genauso exakt berechnen Wissenschaftler den Termin und die Dauer einer Sonnenfinsternis. All unsere »vernünftigen« Einblicke in das Funktionieren der Welt basieren auf unserem Wissen über den physischen Funktionsbereich.

Ebene 2: *Der Quantenbereich*

Auf der zweiten Existenzebene besteht alles aus Information und Energie. Diese Ebene wird als Quantenbereich bezeichnet. Alles auf dieser Ebene ist immateriell und kann nicht berührt oder durch einen der fünf Sinne wahrgenommen werden. Ihr Verstand, Ihre Gedanken, Ihr Ego, der Teil Ihres Selbst, den Sie für gewöhnlich als Ihr »Selbst« empfinden, sie alle sind

Bestandteile des Quantenbereichs. Es handelt sich dabei nicht um Feststoffe, und dennoch wissen Sie genau, dass Ihr Selbst und Ihre Gedanken real existieren. Auch wenn es am einfachsten ist, sich den Quantenbereich und alles ihm Verwandte durch den Verstand repräsentiert vorzustellen, so umfasst er in Wirklichkeit doch sehr viel mehr. Tatsächlich ist sogar alles dem sichtbaren Universum Zugehörige nichts anderes als eine Manifestation der Energie und Information aus dem Quantenbereich. Die materielle Welt ist eine Unterordnung der Quantenwelt.

Anders ausgedrückt: Alles im physischen Funktionsbereich setzt sich zusammen aus Information und Energie. Einsteins berühmte Formel $E = mc^2$ besagt: Energie (E) gleich Masse (m) multipliziert mit Lichtgeschwindigkeit (c) im Quadrat. Damit bringt die Formel zum Ausdruck, dass Materie (Masse) und Energie ein und dasselbe sind und lediglich in unterschiedlicher Form zum Ausdruck kommen – Energie *gleicht* Masse.

Eine der ersten Chemiestunden in der Schule wird in der Regel der Tatsache gewidmet, dass jeder feste Gegenstand aus Molekülen besteht und dass Moleküle sich wiederum aus noch kleineren Einheiten, den Atomen, zusammensetzen. Wir lernen, dass der Stuhl, auf dem wir sitzen und der uns so fest erscheint, aus Atomen besteht, die so winzig sind, dass man sie nur mit einem extrem leistungsstarken Mikroskop sehen kann. In der nächsten Schulstunde erfahren wir, dass Atome aus subatomaren Teilchen zusammengefügt sind, die über keinerlei Festigkeit verfügen. Sie sind im wahrsten Sinn des Wortes kleinste Pakete oder Wellen aus Information und Energie. Somit ist auf der zweiten Existenzebene der Stuhl, auf dem Sie sitzen, nichts anderes als Energie und Information.

Anfangs mag es schwer fallen, Zugang zu dieser Vorstellung zu finden. Wie kann es sein, dass wir unsichtbare Wellen aus Energie und Information als festen Körper erfahren? Die Erklärung lautet, dass sich Ereignisse auf der Quantenebene in Lichtgeschwindigkeit zutragen und dass unsere Sinne unter diesen Umständen eben nicht all das verarbeiten können, was zu unserer Wahrnehmungserfahrung beiträgt. In unseren Augen unterscheidet sich ein Objekt vom anderen, weil die Art, in der sich ein jedes uns mitteilt, durch unterschiedliche Frequenzen oder Vibrationen seiner Energiewellen zum Ausdruck kommt. Es ist, als habe man das Radio eingeschaltet. Ein Radio, das auf einen Sender – etwa UKW 92,2 – eingestellt ist, spielt vielleicht ausschließlich klassische Musik. Eine geringfügige Veränderung und damit ein Wechsel zu einer anderen Frequenz – zum Beispiel zu UKW 93,5 – bringt möglicherweise Rock 'n' Roll zu Gehör. Energie wird entsprechend der Information, die sie vermittelt, kodiert und in unterschiedlichen Wellenvibrationen ausgedrückt.

Die physische Welt, die Welt der Objekte und der Materie, besteht also ausschließlich aus Informationen, die in einer in unterschiedlichen Frequenzen vibrierenden Energie gespeichert sind. Wir sehen die Welt nur deshalb nicht als riesiges Energienetz, weil sie für unser Auge zu schnell vibriert. Da unsere Sinne so langsam sind, können sie Energie und Aktivität nur in Blöcken wahrnehmen. Die wahrgenommenen Informationspakete wiederum verwandeln sich in »den Stuhl«, »meinen Körper«, »Wasser« und in all die zahlreichen anderen physischen Objekte im Universum des Sichtbaren.

Ähnliches läuft ab, wenn wir einen Film ansehen. Wie Sie wissen, besteht jeder Filmstreifen aus einer Vielzahl einzelner, durch Unterbrechungen klar voneinander abgegrenzter fotografischer Abbildungen. Wenn Sie den Filmstreifen im Vorführraum auf seiner Rolle in Augenschein nehmen, dann sehen Sie zahlreiche aneinander gereihte, durch einen geringen Abstand unterbrochene Einzelbilder. Wird der Film jedoch in der erforderlichen Geschwindigkeit abgespielt, dann verbinden sich die statischen Einzelbilder zu einer Bewegung, und unsere Sinne sind nicht mehr in der Lage, einzelne Bilder zu erkennen. Der Film stellt sich uns nun als stetiger Informationsfluss dar.

Auf der Quantenebene sind all die einzelnen Informationsblöcke, die in verschiedenen Frequenzen vibrieren und die wir als Objekte wahrnehmen, Bestandteile eines einzigen kollektiven Energiefelds. Wären wir in der Lage, alles auszumachen, was sich auf der Quantenebene zuträgt, dann würden wir erkennen, dass wir alle lediglich Bestandteile einer weitläufigen »Energiesuppe« sind und dass sämtliche Objekte – jedes Lebewesen und jeder Gegenstand im physischen Funktionsbereich – nichts anderes sind als eine Energiezusammenballung, die in dieser Energiesuppe schwimmt. Dabei kommt Ihr persönliches Energiefeld zwangsläufig in Berührung mit den Energiefeldern aller übrigen Menschen und beeinflusst sie. Wir alle reagieren auf diese Berührung auf die eine oder andere Weise und sind in unserer Einflussnahme und Reaktion somit Ausdruck dieser gemeinsamen Energie und Information. Gelegentlich spüren wir dieses Eingebundensein in ein gemeinsames Energiefeld sogar. Das davon ausgelöste Gefühl ist für gewöhnlich äußerst subtil, doch manchmal wird es relativ gut fassbar. Die meisten von uns wissen, wie es sich anfühlt, wenn man einen Raum voller Menschen betritt und dort eine Spannung spürt, die so intensiv scheint, dass man meint, »sie mit dem Messer schneiden zu können«. Oder aber wir haben erlebt, wie uns ein Gefühl inneren Friedens erfasst, sobald wir in eine Kirche eintreten. In solchen Augenblicken nehmen wir auf irgendeiner Ebene die kollektive Energie dieses Ortes wahr, die sich mit unserer eigenen mischt.

Auf der Ebene des physischen Funktionsbereiches sind wir unablässig damit befasst, Energie und Information auszutauschen. Stellen Sie sich vor, dass Sie irgendwo auf dem Bürgersteig stehen und den Zigarettenqualm riechen, den jemand in der nächsten Seitengasse produziert. Das heißt, dass Sie den Atem inhalieren, den diese Person in vielleicht zehn Schritten Entfernung ausgestoßen hat. Der Zigarettengeruch ist lediglich der Indikator dafür, dass Sie den von einem anderen Menschen ausgestoßenen Atem aufnehmen. Wäre dieser Indikator nicht vorhanden und wäre die Person, die in der besagten Entfernung an Ihnen vorbeigeht, Nichtraucher, dann würden Sie ihren Atem trotzdem aufnehmen; es würde Ihnen nur deshalb nicht bewusst, weil er keinen Zigarettenqualm enthielte, der Sie auf die Tatsache aufmerksam machen würde. Und was ist Atem? Atem ist das Kohlendioxyd und der Sauerstoff, der als Abfallprodukt des Stoffwechsels in jeder einzelnen Zelle im Körper des Fremden entsteht. Das ist es, was Sie einatmen, genauso wie andere Menschen Ihren ausgestoßenen Atem inhalieren. Somit tauschen wir mit anderen Menschen ständig kleinste Teilchen aus – physische, quantifizierbare Moleküle, die ihren Ursprung in unserem Körper haben.

Auf einer tieferen Ebene ist eine Grenze zwischen unserem Ich und allem Übrigen in der Welt in Wahrheit gar nicht vorhanden. Wenn man einen Gegenstand berührt, dann fühlt er sich fest an, als existiere eine deutliche Grenze zwischen ihm und einem selbst. Ein Physiker würde erklären, dass wir diese Grenze als fest empfinden, weil sich alles aus Atomen zusammensetzt, und dass Festigkeit die Empfindung ist, die aufeinander prallende Atome in uns auslösen. Doch machen Sie sich einmal bewusst, was ein Atom überhaupt ist. Ein Atom ist ein winziger Kern eingeschlossen in eine riesige Elektronenwolke. Eine feste äußere Schale gibt es nicht, lediglich eine aus Elektronen bestehende Wolke. Um sich von den Größenverhältnissen ein fassbares Bild zu machen, können Sie sich eine einzelne Erdnuss mitten auf einem Fußballfeld vorstellen. Die Erdnuss steht für den Atomkern und das Fußballfeld für die Größe der Elektronenwolke, die den Kern umschließt. Wenn wir einen Gegenstand berühren, dann empfinden wir ihn als fest, weil die Elektronenwolken einander berühren. Festigkeit ist die Interpretation, zu der das Empfindungsvermögen unserer Sinne (oder vielmehr ihr relatives Empfindungs*un*vermögen) in der Lage ist. Unsere Augen und unsere Synapsen sind so programmiert, dass sie Objekte als dreidimensional und fest wahrnehmen. In der Wirklichkeit des Quantenbereichs existiert Festigkeit jedoch nicht. Kann es Festigkeit geben, wenn zwei

Wolken aufeinander stoßen? Nein. Wolken verschmelzen und lösen sich voneinander. Etwas Vergleichbares geschieht, wenn Sie einen Gegenstand berühren: Ihre Energiefelder (und die darin enthaltenen Elektronenwolken) berühren sich. Kleine Bereiche verschmelzen miteinander und lösen sich voneinander ab, sobald Sie die Hand zurückziehen. Obwohl Sie sich als untrennbares Ganzes empfinden, haben Sie einen kleinen Teil Ihres Energiefelds an den Gegenstand verloren und zugleich, sozusagen im Tausch, einen kleinen Teil von dessen Energiefeld erhalten. Bei jeder Begegnung tauschen wir Information und Energie aus und gehen aus ihr, wenn auch nur geringfügig, verändert hervor. Dieser Umstand zeigt uns, in welchem Maße wir mit allem in der physischen Welt verbunden sind. Jeder Mensch teilt unablässig Anteile seines Energiefelds mit seiner Umgebung, und somit sind wir auf der Quantenebene, auf der Ebene unseres Geistes und unseres »Ichs«, alle miteinander verbunden. Es stehen also alle Menschen miteinander in einer Wechselbeziehung.

Lediglich in unserem Bewusstsein erschaffen somit unsere Sinne in ihrer Begrenztheit aus reiner Energie und Information eine feste Welt. Doch was wäre, wenn wir in diesen Quantenbereich hineinblicken könnten, wenn wir den »Quantenblick« besäßen? Im Quantenbereich würden wir sehen, dass all das in der physischen Welt, was wir für fest halten, tatsächlich in Lichtgeschwindigkeit in einer unendlichen Leere flackert. So wie ein Filmstreifen aus Einzelbildern und Unterbrechungen besteht, so ist auch das Universum ein An-aus-Phänomen. Die Kontinuität und Festigkeit der Welt existieren nur in unserer Vorstellung, die von Sinnen informiert wird, denen die Wahrnehmung der Wellen aus Energie und Information, aus denen alles auf der Quantenebene besteht, versagt ist. Tatsächlich flackern wir alle unablässig zwischen Existenz und Nichtexistenz hin und her. Wenn es uns gelänge, unsere Sinne feiner abzustimmen, dann würden wir die Unterbrechungen in unserer Existenz erkennen. Wir sind da und dann nicht da und dann wieder da. Das Empfinden von Kontinuität erzeugen allein unsere Erinnerungen.

Es gibt eine Analogie, die zur Illustration dieser Tatsache taugt. Wissenschaftler haben herausgefunden, dass eine Schnecke ungefähr drei Sekunden braucht, um Licht zu registrieren. Stellen Sie sich also vor, dass mich eine Schnecke beobachtet und dass ich den Raum verlasse, eine Bank überfalle und innerhalb von drei Sekunden wieder zurück bin. Aus der Perspektive der Schnecke habe ich den Raum gar nicht verlassen. Ich könnte sie als Zeugen vor Gericht bringen, und sie würde mir ein perfektes Alibi liefern. Für die Schnecke fällt die Zeit, in der ich mich außerhalb des Raumes befand, in eine jener Unterbrechungen zwischen den Bildern ihrer flackernden Existenz. Ihr Kontinuitätsempfinden – wenn wir einmal annehmen, dass sie ein solches besitzt – würde die Unterbrechung einfach nicht registrieren.

Folglich ist die sinnliche Erfahrung von Lebewesen ein ganz und gar künstliches Wahrnehmungskonstrukt der Vorstellung. Es gibt eine Zen-Geschichte, die von zwei Mönchen handelt, die eine im Wind flatternde Fahne betrachten. Der erste Mönch sagt: »Die Fahne bewegt sich.« – »Nein«, entgegnet der zweite, »der Wind bewegt sie.« Ihr Meister tritt hinzu, und sie stellen ihm die Frage: »Wer hat Recht? Ich sage, die Fahne bewegt sich. Er sagt, der Wind bewegt sie.« – »Ihr irrt euch beide«, antwortet der Meister. »Nur das Bewusstsein ist in Bewegung.« In seiner Bewegung erschafft das Bewusstsein die Welt.

Der Geist ist also ein Feld aus Energie und Information. Jede Idee ist gleichfalls Energie und Information. Ihr physischer Körper und die gesamte physische Welt beruhen allein auf der Vorstellung, die sich Ihr Geist von der Energiesuppe als klar unterscheidbare physische Einheiten macht. Doch wo hat der Geist, der für diese »Wahnvorstellung« verantwortlich ist, seinen Ursprung?

Ebene 3:
Der nichtörtliche Bereich

Auf der dritten Existenzebene besteht alles aus Intelligenz oder Bewusstsein. Diese Ebene kann man als virtuelle oder spirituelle Ebene bezeichnen, als das Feld der Möglichkeiten, universelles Wesen oder nichtörtliche Intelligenz. Hier erwachsen Information und Energie aus einem Meer von Möglichkeiten. Die grundlegendste, elementarste Ebene der Natur ist immateriell. Sie ist nicht einmal Energie- und Informationssuppe. Sie ist reines Potenzial. Der Bereich nichtörtlicher Wirklichkeit funktioniert jenseits von Zeit und Raum, die auf dieser Ebene schlichtweg nicht existieren. Wir bezeichnen ihn als nichtörtlich, weil er nicht an einem Ort festzumachen ist. Die nichtörtliche Domäne ist nicht »in« Ihnen oder »da draußen« – sie beschränkt sich darauf, einfach zu sein.

Die Intelligenz der spirituellen Ebene sorgt dafür, dass sich die »Energiesuppe« zu wieder erkennbaren Einheiten gruppiert. Sie verbindet Quantenteilchen zu Atomen, Atome zu Molekülen, Moleküle zu Strukturen. Sie ist die hinter allen Dingen stehende ordnende Macht. Dieses Konzept kann so schwer fassbar sein wie ein Fisch. Ein relativ einfacher gedanklicher Zugang zur virtuellen Eben führt über die Erkenntnis, dass unsere Gedanken in ihrem Wesen zweigeteilt sind. Ihre Augen sehen das Gedruckte auf der Seite, Ihr Verstand übersetzt es in Symbole – Buchstaben und Wörter – und versucht, auf ihre Bedeutung zu schließen. Nun treten Sie einen Schritt beiseite und fragen sich: »Wer ist es, der das Lesen leistet, und welches Bewusstsein liegt meinen Gedanken zugrunde?« Machen Sie sich die Dualität dieser inneren Prozesse bewusst. Ihr Verstand ist damit beschäftigt, zu entschlüsseln, zu analysieren und zu übersetzen. Wer also besorgt das Lesen? Mit dieser kleinen Perspektivenverschiebung wird Ihnen vielleicht klarer, dass da noch eine zweite Kraft in Ihnen wohnen muss, die das Erleben besorgt. Diese zweite Kraft ist die Seele oder nichtörtliche Intelligenz, und sie macht ihre Erfahrungen auf der virtuellen Ebene.

Wie einerseits Information und Energie die physische Welt formen, so schafft und orchestriert andererseits der nichtörtliche (oder nicht lokalisierbare) Bereich die Aktivität von Information und Energie. Gemäß der Auffassung des Bestsellerautors und Pioniers der Metaphysik Larry Dossey haben nichtörtliche Ereignisse drei wichtige Eigenschaften, die sie von anderen, auf die physische Welt beschränkte Ereignisse unterscheiden: Sie sind korrelativ und in ihrer Wechselbeziehung *un-*

vermittelt, ungebremst und *unmittelbar*. Lassen Sie uns kurz untersuchen, was Dossey damit meint.

Das Verhalten zweier oder mehrerer subatomarer Vorgänge steht in *akausaler* Beziehung zueinander. Das heißt, »ein Vorgang verursacht zwar nicht einen anderen, dennoch steht der Ablauf des einen in unmittelbarer Wechselbeziehung zum Ablauf des anderen Vorgangs und ist auf ihn abgestimmt«. Anders ausgedrückt: Beide Vorgänge scheinen wie zur gleichen Melodie zu tanzen, obgleich sie im herkömmlichen Sinn nicht miteinander kommunizieren. Das ist die Bedeutung von *unvermittelt.*

Die Korrelation zwischen diesen nichtörtlichen Vorgängen ist außerdem ungebremst, was bedeutet, dass die Stärke der Wechselbeziehung von Veränderungen von Raum und Zeit unbeeinflusst bleibt. Wenn zum Beispiel Sie und ich uns in einem geschlossenen Raum miteinander unterhalten würden, dann nähmen Sie meine Stimme ganz anders wahr, als wenn unser Gespräch über die Straße hinweg stattfände. Über die größere Entfernung hinweg würde meine Stimme viel schwächer klingen, vorausgesetzt, Sie könnten mich überhaupt hören. Befänden Sie sich jedoch im nichtörtlichen Bereich, dann würden Sie mich klar und deutlich hören, *ganz egal ob ich neben Ihnen stünde, auf der anderen Straßenseite, einen Kilometer entfernt oder sogar auf einem anderen Kontinent.*

Und *unmittelbar* bedeutet schließlich, dass nichtörtliche Vorgänge keine Zeit benötigen, um einen Weg zurückzulegen. Wir wissen, dass Licht und Schall mit unterschiedlicher Geschwindigkeit vorankommen – das ist der Grund, weshalb wir den Blitz sehen, bevor wir den Donner hören. Bei nichtörtlichen Vorgängen gibt es keine Zeitverzögerung, weil die nichtörtliche Korrelation den klassischen physikalischen Gesetzen nicht unterworfen ist. Es gibt weder Signal noch Licht, noch Schall. Ja, es fehlt das »Ding«, das die Strecke zurücklegt. Korrelationen zwischen Vorgängen auf der nichtörtlichen oder virtuellen Ebene vollziehen sich unverzüglich, frei von Anlass und ohne aufgrund von Zeit und Entfernung eine Abschwächung zu erfahren.

Nichtörtliche Intelligenz befindet sich überall zugleich und vermag an mehreren Orten gleichzeitig mehrere Wirkungen zu erzielen. Ausgehend von dieser virtuellen Ebene wird alles in der Welt geordnet und synchronisiert. Somit ist sie der Ursprung jenes zufälligen Zusammentreffens, das für ein synchronisiertes Schicksal eine so wichtige Rolle spielt. Wenn Sie lernen, Ihr Leben von dieser Ebene ausgehend zu führen, dann ist es Ihnen möglich, sich spontan jeden Wunsch zu erfüllen. Sie können Wunder wirken.

Beweise für die Existenz des virtuellen Bereichs

Der virtuelle Bereich ist weder ein Hirngespinst der Phantasie noch Ausdruck eines menschlichen Bedürfnisses nach einer Kraft, die stärker ist als wir selbst. Obgleich Philosophen seit Tausenden von Jahren die Existenz von »Geist« diskutieren und debattieren, ist es der Wissenschaft erst im zwanzigsten Jahrhundert gelungen, Beweise für die Existenz einer nichtörtlichen

Intelligenz zu erbringen. Auch wenn Ihnen die nachfolgende Abhandlung vielleicht ein wenig kompliziert erscheinen mag, hoffe ich doch, dass Sie sich die Mühe machen, sie zu Ende zu lesen, um sich dann vielleicht von dieser Forschungsarbeit ebenso in Staunen und Aufregung versetzen lassen wie ich, als ich zum ersten Mal davon hörte.

Wie die meisten von uns im Physikunterricht erfahren haben, setzt sich das Universum aus Teilchen und Wellen zusammen. Wir haben gelernt, dass Teilchen die Grundsubstanz aller festen Objekte auf der Welt sind. Zum Beispiel hat man uns beigebracht, auch die kleinsten Materieeinheiten wie etwa die Elektronen in einem Atom als Teilchen zu begreifen. Außerdem haben wir erfahren, dass Wellen – beispielsweise Schall- und Lichtwellen – keine Masse besitzen. Zwischen den beiden kam es nie zu Verwechslungen: Teilchen waren Teilchen, und Wellen waren Wellen.

Dann fanden Physiker heraus, dass subatomare Teilchen Bestandteile von so genannten Wellenpaketen sind. Obgleich sich Wellenenergie normalerweise in gleichmäßigen, fortgesetzten Wellen mit gleich großen Gipfeln und Tälern ausdrückt, stellen Wellenpakete konzentrierte Energie dar und sehen anders aus. (Stellen Sie sich hierzu die Abbildung einer atmosphärischen Störung mit rasch aufeinander folgenden und in der Amplitude stark auf- und absteigenden Wellen vor.)

Damit ergeben sich zwei Fragen, die wir uns im Hinblick auf das Teilchen in diesen Wellenpaketen stellen können: Erstens: Wo ist es? Und zweitens: Welchen Impuls hat es? Physiker haben festgestellt, dass man zwar eine der beiden Fragen, jedoch nicht beide zugleich

Welle

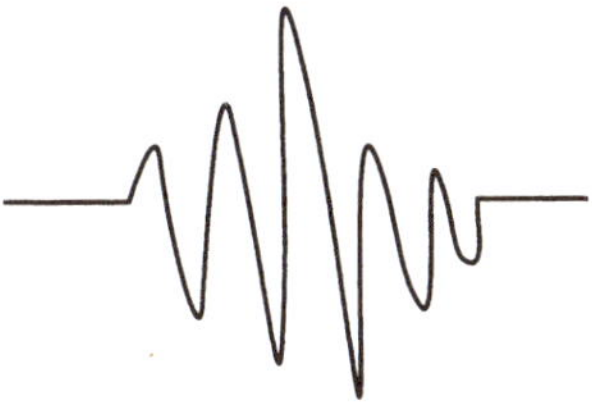

Wellenpaket

stellen kann. Wenn Sie beispielsweise fragen: »Wo ist es?«, dann fixieren Sie die Materiewelle an einem Ort und machen sie damit zum Teilchen. Wenn Sie fragen: »Welchen Impuls hat es?«, dann haben Sie sich für die Bewegung als ausschlaggebenden Faktor entschieden und müssen folglich mit einer Welle befasst sein.

Ist nun also dieses Ding, das wir als »Materiewelle« bezeichnen, eine Welle oder ein Teilchen? Das hängt davon ab, für welche der beiden Fragen wir uns entscheiden. Zu jedem gegebenen Zeitpunkt kann es nur *entweder* ein Teilchen *oder* eine Welle sein, denn wir können nicht zugleich Kenntnis von dem Ort und von dem Impuls der Materiewelle haben. Tatsächlich stellt sich aber heraus, dass es, bis wir seinen Ort bestimmen oder seinen Impuls messen, *gleichzeitig Welle und Teil-*

chen ist. Dieses Konzept wird als die Heisenberg'sche Unschärferelation bezeichnet und gilt mit als Fundament der modernen Physik.

Stellen Sie sich einen geschlossenen Kasten vor, in dem sich eine Materiewelle befindet. Ihre endgültige Identität ist nicht bestimmt, bis diese Materiewelle nicht auf irgendeine Weise beobachtet oder gemessen wurde. In dem Moment vor der bewussten Beobachtung ist ihre Identität reines Potenzial. Sie ist zugleich Welle und Teilchen und existiert ausschließlich im virtuellen Bereich. Nachdem die Beobachtung oder die Messung stattgefunden hat, erfahren der Quantenzustand und damit das Potenzial einen »Kollaps« und reduzieren sich auf eine einzige Möglichkeit – entweder Teilchen oder Welle. Aus der Perspektive unserer gewohnten, auf unseren Sinnen basierenden Einschätzung der Welt läuft die Vorstellung, dass etwas gleichzeitig das eine und das andere sein kann, vollkommen jedem Gefühl zuwider. Doch so ist das Wunder der Quantenwelt.

Ein berühmtes Gedankenexperiment des Physikers Erwin Schrödinger veranschaulicht die sonderbaren Begebenheiten, die durch die Quantenphysik ermöglicht werden. Stellen Sie sich vor, dass eine geschlossene Kiste eine Materiewelle, eine Katze, einen Hebel und eine Dose Katzenfutter mit einem losen Deckel enthält. Wenn die Materiewelle sich in ein Teilchen verwandelt, dann setzt dieses Teilchen den Hebel in Bewegung, der den Deckel von der Dose schnippt, sodass die Katze fressen kann. Wird die Materiewelle jedoch zu einer Welle, dann bleibt der Deckel auf der Dose. Sobald wir die Kiste öffnen (und damit eine bewusste Beobachtung anstellen), sehen wir entweder eine leere Katzenfutterdose (und eine satte Katze) oder eine volle Katzenfutterdose (und eine hungrige Katze). All dies hängt ausschließlich davon ab, welche Beobachtung wir anstellen. Und nun kommt der Teil, der den Verstand überfordert: Bevor wir in die Kiste hineinblicken und eine bewusste Beobachtung machen, ist die Katzenfutterdose *sowohl* leer *als auch* voll und die Katze ist *gleichzeitig* satt und hungrig. In diesem Augenblick existieren beide Möglichkeiten gleichzeitig. *Erst die bewusste Beobachtung verwandelt die Möglichkeit in Wirklichkeit.* So unglaublich dies auch scheinen mag, kürzlich ist Physikern ein Experiment gelungen, das dieses Phänomen unter Beweis stellt. Sie haben nämlich gezeigt, dass sich ein aufgeladenes, unbeobachtetes Berylliumatom an zwei Orten zugleich befinden kann!

Vielleicht noch verrückter ist die Idee, dass möglicherweise sogar die Vorstellung von der Existenz zweier voneinander getrennter Orte eine Ausgeburt unserer Wahrnehmung ist. Es könnte also sein, dass zwei korrelierende physikalische Geschehen an zwei verschiedenen Orten in Wahrheit die Bewegungen eines einzigen Geschehens sind. Stellen Sie sich einen einzelnen Fisch in einem Aquarium vor, dessen Bewegungen von zwei Videokameras aufgezeichnet werden. Die beiden Kameras befinden sich im rechten Winkel zueinander und projizieren ihre Bilder auf zwei Monitore in einem anderen Raum. Sie sehen zwei Fische und sind überrascht, dass das Verhalten des einen Fisches unmittelbar mit dem des anderen korreliert. Sie wissen ja nicht, was sich tatsächlich hinter den Kulissen zuträgt. Wenn Sie es wüssten, dann sähen Sie ja, dass da nur ein Fisch vorhanden ist! Würden wir mehrere Kameras mit jeweils unterschiedlichen Blickwinkeln aufstellen und ihre Bilder auf die entsprechende Anzahl Monitore in jenem anderen Raum projizierten, dann würden Sie sich über die große Menge Fische wundern, die sich in unmittelbarer kommunikativer Korrelation miteinander befinden.

Bedeutende Seher der verschiedensten mystischen Traditionen vertreten die Auffassung, dass unser Alltag eine projizierte Wirklichkeit ist, deren Ereignisse und Geschehen uns lediglich so »erscheinen«, als seien sie in Raum und Zeit voneinander getrennt. Auf einer tieferen Ebene sind wir alle Bestandteile ein und desselben Körpers, und wenn sich ein Teil dieses Körpers in Bewegung setzt, dann beeinflusst dies umgehend alle anderen Bereiche des Körpers.

Wissenschaftler nehmen außerdem eine Existenzebene an, die sie als Minkowskis achtdimensionalen Hyperraum bezeichnen. In diesem mathematischen Konstrukt ist die Entfernung zwischen zwei Geschehnissen, gleichgültig wie weit sie im gewohnten Raum-Zeit-Kontinuum auch voneinander entfernt zu sein scheinen, immer null. Auch diese Hypothese geht also von einer Existenzebene aus, auf der jeder Mensch Bestandteil eines einzigen untrennbaren Ganzen ist. Trennung und Fragmentierung sind also möglicherweise nur eine Illusion. Wenn wir Liebe empfinden, egal in welcher Form, dann gerät diese Illusion gründlich in Erschütterung.

Weil der bewusste Beobachter eine Schlüsselrolle dabei spielt, ob sich die Materiewelle letztlich dafür entscheidet, Teilchen oder Welle zu sein, gelangten Niels Bohr und andere Physiker zu der Überzeugung, dass allein das Bewusstsein für den Kollaps der Materiewelle verantwortlich ist. Daraus könnte man schlussfolgern, dass ohne das Bewusstsein alles lediglich in seiner undefinierten Form als potenzielles Energiepaket oder reines Potenzial existiert.

Diese Schlussfolgerung ist eine der zentralen Stellen dieses Buches. Weil sie so wichtig ist, gestatten Sie, dass ich sie noch einmal wiederhole: *Ohne das Bewusstsein, das beobachtet und interpretiert, würde alles nur als reines Potenzial existieren.* Dieses reine Potenzial ist der virtuelle Bereich, die dritte Existenzebene. Sie ist nichtörtlich und kann nicht vermindert werden, sie ist unendlich und allumfassend. Der Zugang zu diesem Potenzial erlaubt es uns, Wunder zu wirken.

Wunder ist dabei keineswegs ein überzogener Begriff. Lassen Sie mich zur Physik zurückkehren, um zu beschreiben, wie Wissenschaftler einige der erstaunlichen physikalischen Geschehen, die auf dieser Potenzialebene ablaufen, dokumentieren.

Fasziniert und beunruhigt von den durch die Quantenphysik nahe gelegten Möglichkeiten ließ sich Albert Einstein ein eigenes Gedankenexperiment einfallen. Stellen Sie sich die Herstellung zweier identischer Materiewellen vor, die in verschiedene Richtungen abgefeuert werden. Was geschieht, wenn wir nach dem Aufenthaltsort von Materiewelle A und nach dem Impuls von Materiewelle B fragen? Vergessen Sie nicht, dass die Systeme identisch sind; folglich muss das Messergebnis, das das eine erbringt, auch für das andere gelten. Sobald wir den Aufenthaltsort von Materiewelle A kennen (und sie daraufhin zu einem Teilchen kollabiert), kennen wir automatisch auch den Aufenthaltsort von Materiewelle B, die daraufhin gleichfalls zu einem Teilchen kollabieren muss.

Die Tragweite dieses Gedankenexperiments (das mathematisch wie auch experimentell bestätigt wurde) ist gewaltig. Wenn die Beobachtung der Materiewelle A Einfluss auf die Materiewelle B nimmt, dann heißt das, dass irgendeine nichtörtliche Verbindung oder Kommunikation hergestellt wird, die einen Informationsaustausch schneller als in Lichtgeschwindigkeit ermöglicht, wobei kein Energieaustausch stattfindet. Diese Hypothese läuft jeglicher vernünftiger Weltauffassung zuwider. Dieses Gedankenexperiment ist bekannt geworden als das Einstein-Podolsky-Rosen-Paradox. Ja, und wahrhaftig haben Experimente im Labor gezeigt, dass die Gesetze der Quantenphysik standhalten und dass nichtörtliche Kommunikation oder Verbindung tatsächlich existiert.

Lassen Sie mich die Bedeutung dieses Punktes durch ein Beispiel illustrieren, das zwar ein bisschen übertrieben erscheinen mag, das aber doch wenigstens in der physischen Welt angesiedelt ist, wodurch dessen Auswirkungen leichter nachvollziehbar sind. Angenommen, eine Firma versendet zwei identische Pakete, das eine an mich nach Kalifornien und das andere an Sie nach Hause. In jedem der beiden Pakete befindet sich eine korrelierte, unbeobachtete Materiewelle, mithin reines Potenzial. Sie und ich, wir beide erhalten und öffnen unser Paket zum exakt gleichen Zeitpunkt. Bevor ich das Paketband und die Schnur zerschneide, erzeuge ich vor meinem inneren Auge ein Bild, was das Paket enthalten soll. Sobald ich den Karton öffne, stelle ich fest, dass er genau das enthält, was ich mir vorgestellt hatte: eine Geige. Doch das ist erst das halbe Wunder. Das von Ihnen geöffnete Paket enthält gleichfalls eine Geige! Als ich mir vorstellte, was ich in dem Paket vorfinden wollte, kollabierten die Materiewellen zu dieser bestimmten Form. Und das Bild, das ich mir vor meinem inneren Auge ausgemalt hatte, hat Einfluss auf die Materiewelle in Ihrem Paket genommen. Wir könnten dieses Experiment ein ums andere Mal wiederholen, und immer würde das Ergebnis gleich ausfallen: Was immer ich mir für mich selbst vorstelle, das deckt sich im gleichen Augenblick mit dem Ihren. Es ist mir nicht nur möglich, die Form der einen Materiewelle zu beeinflussen, die Materiewelle selbst ist außerdem irgendwie fähig, ihre Form Ihrer Materiewelle über die Entfernung von mir bis zu Ihnen mitzuteilen, und das in einer Geschwindigkeit, die schneller als Licht ist. Das also genau bedeutet nichtörtliche Kommunikation oder Korrelation.

Interessante Experimente wurden von Cleve Baxter durchgeführt, einem Mitarbeiter und Freund hier bei uns am Chopra Center. 1972 entwickelte er eine Methodik zum Studium menschlicher Zellen. Zum Beispiel gab er in einem seiner Experimente Spermien in ein Reagenzglas und maß dann mit einem EEG-ähnlichen Apparat ihre elektromagnetischen Schwingungen. Der Spermienspender saß unterdessen in einem Raum in circa zehn Meter Entfernung von dem Labor. Als der Spender eine Ampulle mit Amylnitrit zerbrach und die Dämpfe einatmete, wies das Sperma in seinem Reagenzglas zwei Räume entfernt eine elektromagnetische Spannungsspitze auf.

Als Cleve Baxter eines Tages Leukozyten isolierte, um sie zu untersuchen, geschah etwas äußerst Interessantes. Im Rahmen des Versuches zentrifugierte er seinen Speichel, um Leukozyten in großer Zahl zu gewinnen, dann gab er sie in ein Reagenzglas, das mit goldenen Elektroden versehen und mit der EEG-ähnlichen Apparatur verbunden war. Einer plötzlichen Eingebung folgend, wollte er sich eine kleine Schnittverletzung an der Hand zufügen, um zu sehen, wie sich dies auf die Leukozyten im Reagenzglas auswirken würde. Er ging zu einem Regal, um von dort ein steriles Skalpell zu holen. Bei seiner Rückkehr warf er einen Blick auf das an die Leukozyten in dem Reagenzglas angeschlossene Messinstrument. Während er noch nach dem Skalpell suchte, zeichnete es bereits eine erhebliche elektromagnetische Tätigkeit der Leukozyten auf. Anders ausgedrückt: Seine Leukozyten reagierten auf seine *Intention*, sich in die Hand zu schneiden, noch bevor er sich die Verletzung tatsächlich zugefügt hatte.

Bei einer anderen Gelegenheit unterwies Cleve Baxter einen Mitarbeiter darin, wie man Leukozyten aus dem Mundraum entnimmt. Irgendwie gerieten sie dabei in ein Gespräch über ein Interview, das der damals sehr umstrittene Wissenschaftler William Shockley dem »Playboy« gegeben hatte. Cleve Baxter erinnerte sich plötzlich daran, dass er ein Exemplar des Magazins bei einem Kollegen auf dem Schreibtisch gesehen hatte. Er lief los, fand die richtige Nummer und nahm sie mit ins Labor. Inzwischen hatte Steve, der Mitarbeiter, die Zellprobe entnommen und Elektroden in dem Gefäß befestigt. Cleve Baxter schraubte eine Videokamera auf ein Stativ, die Steve über die Schulter schaute und ihnen später gestatten sollte, das, was Steve sehen würde, mit den Bildern einer weiteren Videokamera in Beziehung zu setzen, die sie über der in Gang befindlichen Diagrammaufzeichnung installierten. Sie sorgten dafür, dass die Bilder der beiden Kameras auf dem Monitor nebeneinander sichtbar wurden. Auf diese Weise würde ihnen eine exakte Aufzeichnung der zeitlichen Abläufe möglicher Reaktionen gelingen. Als Steve auf der Suche nach dem besagten Interview durch die Zeitschrift blätterte, stieß er in der Mitte des Magazins auf eine Abbildung von Bo Derek im Evaskostüm. Cleve Baxter berichtete: »Als Steve noch sagte: ›Ich glaube, die hat keine zehn Punkte verdient‹, da reagierten bereits seine Leukozyten in dem Reagenzglas, indem sie die maximalen Wellen produzierten, die das Gerät aufzeichnen konnte.« Nachdem diese starke Reaktion zwei Minuten unvermindert angehalten hatte, bat Cleve Baxter Steve, die Zeitschrift zuzuklappen und beiseite zu legen. Als Steve der Aufforderung nachkam, beruhigten sich die Zellen. Als Steve kurz darauf neuerlich zu dem Magazin griff, wiederholte sich der Vorgang. »Nachdem Steve in dem Wissen um seine eigenen Gefühle und Emotionen Zeuge dieses überzeugenden Experiments geworden war«, erzählte Cleve Baxter, »waren all seine Zweifel beseitigt.«

Cleve Baxter hat zahlreiche ähnliche Versuche durchgeführt, die alle zeigen, dass Zellen lebendiger Organismen – darunter auch Pflanzen und eine Reihe von Bakterien – über biokommunikative Fähigkeiten verfügen. Alle lebendigen Zellen besitzen ein Zellbewusstsein und sind dazu fähig, mit anderen Zellen der gleichen oder auch einer anderen Art, selbst über eine gewisse Entfernung hinweg zu kommunizieren. Überdies ist diese Kommunikation unmittelbar. Da räumliche Distanz einer zeitlichen Distanz gleichkommt, könnte man sagen, dass Ereignisse, die zeitlich voneinander getrennt sind und sich entweder in der Vergangenheit oder in der Zukunft ereignen, unmittelbar korrelieren.

Bei einer Ausweitung dieses Experiments konnte auch bei Menschen nichtörtliche Kommunikation nachgewiesen werden. In dem berühmten Grinberg-Zylberbaum-Experiment von 1987 verwendeten die Wissenschaftler ein Elektroenzephalogramm (EEG), um die Hirnströme zweier gemeinsam meditierender Personen zu messen. Sie stellten fest, dass einige der paarweise Meditierenden eine auffällige Korrelation der Hirnströme aufwiesen, was die Wissenschaftler auf ein starkes Band oder eine geistige Verbindung schließen lies. Diese Meditierenden waren außerdem in der Lage, festzustellen, wann ihnen die »direkte Kommunikation« miteinander gelang. Dieser Umstand wurde durch die Messergebnisse des EEG bestätigt. Die Paare, denen die Herstellung einer so starken Verbindung gelang, wurden gebeten, zwanzig Minuten lang Seite an Seite zu meditieren. Dann wurde jeweils einer der Meditierenden in einen anderen geschlossenen und isolierten Raum geführt. Nun wurden die voneinander getrennten Paare aufgefordert, mit dem jeweils anderen in direkten Kontakt zu treten. Darauf stimulierten die Forscher den Meditierenden, der in einen anderen Raum gebracht worden war, mit starken Lichtblitzen, die bewirkten, dass das EEG nun in den jeweiligen Augenblicken stark gezackte Hirnstromkurven – man bezeichnet sie als evozierte Potenziale – aufzeichnete. Da beide Meditierende weiterhin an ein EEG angeschlossen waren, gelang den Forschern eine faszinierende Beobachtung: *Auch der Meditierende, der nicht den Lichtblitzen ausgesetzt war, reagierte in seinem EEG mit evozierten Potenzialen, die unmittelbar mit jenen des den Lichtblitzen ausgesetzten Meditierenden korrelierten.* Diese beiden Personen waren also auf einer tiefen Ebene durch die gemeinsame Meditation miteinander verbunden, und die Verbindung zwischen ihnen ermöglichte eine messbare physikalische Reaktion selbst bei der Person, die keiner Lichtstimulation unterzogen worden war. Was mit der einen Person geschah, geschah automatisch auch mit der anderen – unvermittelt und unmittelbar.

Diese Ergebnisse lassen sich auf keine andere Weise erklären als durch nichtörtliche Korrelation, die im virtuellen Bereich auf der Ebene des universellen Geistes stattfindet. Der universelle Geist verbindet, orchestriert und synchronisiert alles. Dieses grenzenlose Intelligenz- oder Bewusstseinsfeld ist überall und manifestiert sich in allem. Wir haben gesehen, dass es auf der Ebene subatomarer Teilchen – der Grundsubstanz aller Dinge – funktioniert und dass es zwei Menschen auf eine Weise miteinander verbindet, die Trennung transzendiert. Aber Sie müssen nicht erst ein Labor betreten, um die nichtörtliche Intelligenz bei der Arbeit zu sehen. Wir sind von Beweisen für ihre Existenz umgeben. Sie findet sich in Tieren, in der Natur und sogar in unserem eigenen Körper.

2

Synchronizität in der Natur

In der Natur begegnen wir Beispielen für Synchronizität so häufig, dass sie uns alltäglich vorkommen. Doch wenn Sie Ihre Aufmerksamkeit auf das fast Unmögliche richten, das sich hinter dem Begriff verbirgt, dann erscheint das Konzept der Synchronizität in einem anderen Licht. Blicken Sie zum Beispiel an einem beliebigen Sommertag in den Himmel hinauf und warten Sie, bis Sie einen Schwarm Vögel sehen. Wie der Fischschwarm, den ich bereits an früherer Stelle erwähnte, scheinen auch die Vögel in geschlossener Formation zu fliegen; wenn sie die Richtung ändern, dann vollziehen sie die

Bewegung synchron. Ein einziger Vogelschwarm kann aus Hunderten von Vögeln bestehen, und trotzdem bewegen sie sich in absoluter Übereinstimmung miteinander, ohne dass es einen offensichtlichen Anführer gibt. Die Tiere wechseln alle im genau gleichen Augenblick die Richtung, und diese Bewegung gelingt ihnen perfekt. Nie kann man beobachten, dass Vögel beim Fliegen aneinander stoßen. Sie steigen auf und wenden und stoßen herab. Sie wirken wie ein in sich geschlossener Organismus, der ein Kommando erhält, dem alle Teile gleichzeitig gehorchen. Wie kann das sein? Ausreichend Zeit für den Austausch von Informationen ist nicht vorhanden, folglich muss jegliche korrelierte Aktion ihren Ursprung im Nichtörtlichen haben.

Physiker beschäftigen sich seit Jahren mit den Parametern, die das Verhalten der Vögel erklären könnten, doch ist ihnen bislang der Erfolg versagt geblieben. Die Komplexität und die unglaubliche Präzision ihrer Bewegungen führt die Wissenschaft an ihre Grenzen. Techniker haben den Vogelflug in der Hoffnung studiert, aus dem Vorgehen der Tiere ein Prinzip ableiten zu können, das vielleicht Lösungen für Verkehrsstaus bietet. Wenn es ihnen irgendwie gelänge, sich den sensorischen Mechanismus, der den Vögeln offenbar zu Gebote steht, zunutze zu machen und in Richtlinien für den Straßen- und Fahrzeugbau zu übersetzen, dann käme es möglicherweise nie mehr zu einem Verkehrsunfall. Wir wüssten jeden Moment im Voraus, welche Bewegungen von den übrigen Verkehrsteilnehmern zu erwarten sind. Dieses Projekt hat jedoch keine Aussicht auf Erfolg, solange eine Analogie fehlt, die sich auf die Welt der Mechanik übertragen lässt. Die unmittelbare

Kommunikation, die für Vögel- und Fischschwärme typisch ist, hat ihren Ursprung auf der spirituellen Ebene, in der ordnenden nichtörtlichen Intelligenz des virtuellen Bereichs. Die Folge dieser unmittelbaren Kommunikation sind Synchronizität und Geschöpfe, die sich in absoluter Übereinstimmung mit ihrer Umwelt oder miteinander befinden und einen synchronisierten Tanz zum Rhythmus des Kosmos vollführen.

Obgleich Fische und Vögel Synchronizität sicherlich am beeindruckendsten zur Schau stellen, sind die Beispiele in der Natur ebenso zahlreich, wie es Lebewesen gibt. Alle Tiere mit Sozialverhalten sind mehr oder weniger fähig zu nichtörtlicher Kommunikation. Umfassende Untersuchungen an Insekten und Herdentieren haben gezeigt, dass ihre Reaktion auf Bedrohung unmittelbar und viel zu schnell erfolgt, als dass sie sich durch normale Kommunikation erklären ließe.

Der Wissenschaftler Rupert Sheldrake hat einige interessante Studien geleitet, in denen er sich mit scheinbar nichtörtlicher Kommunikation zwischen Hunden und ihren Besitzern beschäftigte. Menschen und Hunde können sehr enge Bindungen eingehen, und Sheldrake hat Fälle dokumentiert, in denen der Hund zu wissen scheint, wann sein Herrchen oder Frauchen nach Hause kommt. In einem Zeitraum zwischen zehn Minuten und zwei Stunden vor der Ankunft des Besitzers sitzt der Hund an der Tür, als würde er die Heimkehr seines Besitzers erwarten. Skeptiker haben zu bedenken gegeben, dass das Verhalten des Hundes auf eingeübte Gewohnheiten zurückzuführen sein könnte, weil sein Herrchen ja schließlich jeden Tag etwa um die gleiche Zeit nach Hause komme. Oder aber der Hund höre oder rieche das

Auto schon aus kilometerweiter Entfernung. Doch die von Sheldrake untersuchten Hunde sagen die Ankunft ihres menschlichen Gefährten auch dann vorher, wenn er oder sie zu einem unerwarteten Zeitpunkt oder in einem anderen Auto oder zu Fuß eintrifft oder sogar, wenn der Wind aus der falschen Richtung weht und der Geruch des Besitzers das Haus somit gar nicht erreichen kann.

Solches Verhalten lässt sich nicht bei allen Hunden und ihren Besitzern beobachten, doch wenn es sich einstellt, ist das Phänomen doch erstaunlich. Noch bemerkenswerter ist Sheldrakes Entdeckung, dass Hunde offenbar fähig sind, Intentionen zu erspüren. Angenommen der Besitzer befindet sich auf einem zweiwöchigen Urlaub in Paris, und der Hund ist zu Hause in London. Wenn der Besitzer plötzlich seine Pläne ändert und sich entscheidet, eine Woche früher nach Hause zu kommen, dann zeigt der Hund eine Woche früher die gleichen Erwartungssignale. Sobald der Besitzer denkt: »Es ist an der Zeit, nach Hause zu fahren«, erhebt sich der Hund von seinem Schlafplatz und setzt sich mit wedelndem Schwanz neben die Eingangstür, um auf die Ankunft seines Herrchens zu warten.

Um sicherzugehen, dass diese Beobachtungen ihren Ursprung nicht im Wunschdenken des Besitzers haben, hat man dann untersucht, wie ein bestimmter Hund auf die Heimkehrabsicht seiner Besitzerin reagieren würde. Videokameras wurden im Haus an Stellen angebracht, an denen sich der Hund mit großer Wahrscheinlichkeit aufhalten würde – bei seinem Bett, an der Eingangstür, in der Küche. Die Besitzerin ging dann aus dem Haus, ohne eine Vorstellung von ihrer Rückkehr zu haben

– der Zeitpunkt hierfür wurde von den Wissenschaftlern festgelegt. Erst nachdem sie im Auto saß, erhielt sie Anweisungen, wohin sie fahren sollte. Später, zu einem nach dem Zufallsprinzip gewählten Zeitpunkt, rief ein Wissenschaftler die Hundebesitzerin an und forderte sie auf, nach Hause zu fahren. Der Zeitpunkt wurde notiert und mit den Handlungen des Hundes auf den Videobändern verglichen. Sobald sich die Besitzerin auf den Heimweg machte, begab sich der Hund fast immer zur Eingangstür, um dort auf ihre Rückkehr zu warten, ganz egal wo sie sich aufhielt oder welche Uhrzeit es gerade war oder wie lange es bis zu ihrem Eintreffen noch dauern würde.

Es gibt keinen Zweifel, dass zwischen manchen Menschen und ihren Hunden ein starkes Band besteht; die beiden *korrelieren* miteinander. Sie laufen miteinander synchron. Und dieses starke Band ermöglicht ihnen nichtörtliche Kommunikation.

Beispiele für Synchronizität finden sich häufig im Tierreich, da Tiere eine engere Beziehung zum eigentlichen Wesen der Dinge haben. Wir Menschen verlieren unser Gefühl der Einbindung in einem Wust aus Millionen von Ablenkungen, angefangen beim Termin für die Mietzahlung bis hin zur Entscheidung über den Kauf eines Autos. Sobald wir ein Ego entwickeln und ein Selbstgefühl, das uns Individualität verleiht, vergessen wir unsere Einbindung in das große Ganze.

Dennoch erleben manche Menschen Synchronizität auf besonders eindringliche Weise, und sie müssen hierzu keineswegs in Meditation erfahren sein. Wir alle kennen Geschichten von eineiigen Zwillingen, die sich leicht auf die Gefühle und Gedanken des anderen einstimmen können. Eine ähnliche Art von Verbindung ist gelegentlich bei Menschen zu beobachten, die einander sehr nahe stehen. Eines Tages, als ich gerade mit einem Patienten sprach, spürte dieser plötzlich einen stechenden Schmerz in der Magengegend. Als ich ihn fragte, was mit ihm los sei, antwortete er: »Es fühlt sich an, als habe mir jemand ein Messer in den Bauch gerammt.« Später fanden wir heraus, dass zum gleichen Zeitpunkt seine Mutter daheim in Philadelphia überfallen und mit einem Messer niedergestochen worden war. Zwischen meinem Patienten und seiner Mutter bestand eine äußerst enge Verbindung; sie war ohne Zweifel der wichtigste Mensch in seinem Leben. Mutter und Sohn waren so fein aufeinander eingestimmt, dass ihre Physiologie auf einer gewissen Ebene eins zu sein schien. Man könnte auch sagen, dass sie einander vereinnahmten.

Vereinnahmung ist lediglich ein anderer Begriff für *Korrelation* oder *Synchronizität* und wird benutzt, um einen Zustand zum Ausdruck zu bringen, in dem eines von einem anderen quasi »in Besitz genommen« wird. Zum Beispiel können Teilchen von einem Flüssigkeitsstrom »vereinnahmt« werden und mit ihm mitschwimmen. Der Begriff hilft uns zu beschreiben, was es bedeutet, wenn zwei Dinge miteinander korrelieren. Vergessen Sie nicht, dass sich Synchronizität nur dann ereignet, wenn Menschen, Tiere oder Objekte in einer engen Beziehung zueinander stehen oder aufeinander bezogen sind.

In einem Beispiel für Vereinnahmung haben Feldforscher afrikanische Stämme beobachtet, deren Mütter eine besonders enge Beziehung zu ihren Kindern haben, noch bevor sie überhaupt geboren sind. Im Augenblick der Empfängnis wählt die Frau einen Namen für ihr Kind und dichtet ihm ein Lied. Sie singt das Lied während der gesamten Schwangerschaft. Sobald das Kind geboren ist, kommen alle Nachbarn, um gemeinsam das Lied für das Kind zu singen. Bei jedem wichtigen Meilenstein im Leben des Kindes wird erneut das Lied gesungen, so bei den Geburtstagen, beim Übergang vom Baby zum Kleinkind, während der Pubertätsrituale, bei der Verlobung und bei der Hochzeit. Das Lied wird zum Ankerpunkt des Bandes zwischen Mutter und Kind und reicht – denn es wird auch bei der Beerdigung gesungen – sogar über den Tod hinaus. Das Lied ist eines der Mittel, um das Kind an die Welt der Mutter und des Stammes zu binden. Es erzeugt eine so enge Verbindung, dass die Mutter, wenn ihr Kind nicht in ihrer Nähe ist und an irgendwelchen körperlichen Beschwerden leidet, diese im gleichen Augenblick am eigenen Leib verspürt, wie dies in etwa auch bei meinem Patienten der Fall war.

Die Meditierenden, die ich im vorigen Kapitel beschrieben habe, kannten und mochten sich bereits vor dem Experiment, waren jedoch durch die Meditation noch tiefer aufeinander bezogen. Sicherlich ist es viel wert, in einer sozialen Beziehung zueinander zu stehen, Mann und Frau oder Bruder und Schwester zu sein, doch damit sich nichtörtliche Kommunikation ereignen kann, ist außerdem eine Verbindung auf einer noch tieferen Ebene erforderlich. So betrachtet könnte man meinen, es sei entsetzlich schwierig, eine derartige Verbindung herzustellen. Tatsächlich jedoch befinden wir uns unablässig im Kontakt mit nichtörtlicher Intelligenz. Allein schon die Existenz unseres Körpers ist ganz und gar abhängig von nichtörtlicher Kommunikation.

Wie kann es sein, dass etwas so Reales und Substanzielles wie unser Körper auf virtuelle Kommunikation angewiesen ist? Gehen Sie davon aus, dass der menschliche Körper aus ungefähr hundert Billionen Zellen besteht; das heißt, auf jeden hellen Stern in der Milchstraße kommen ungefähr eintausend Zellen. Es sind, angefangen bei der befruchteten Eizelle, nur ungefähr fünfzig Verdopplungen erforderlich, um hunderttausend Milliarden Zellen zu produzieren. Aus der ersten Verdopplung erhalten wir zwei Zellen. Die zweite erbringt vier Zellen. Die dritte bereits sechzehn und so weiter. Nach der fünfzigsten Verdopplung haben Sie hunderttausend Milliarden Zellen in Ihrem Körper, und damit ist der Verdopplungsprozess abgeschlossen.

Alle Zellen Ihres Körpers haben ihren Ausgangspunkt in nur einer Zelle. Diese eine Zelle verdoppelt sich wieder und wieder, und an irgendeiner Stelle dieses Prozesses schlagen die Zellen dann plötzlich einen unterschiedlichen Entwicklungsweg ein. Der menschliche Körper setzt sich aus ungefähr zweihundertfünfzig verschiedenen Zellarten zusammen, angefangen bei der einfachen runden Fettzelle bis hin zu der dünnen, verzweigten Nervenzelle. Wissenschaftlern ist es noch immer ein Rätsel, wie aus einer einzigen Zelle so viele verschiedene Zellarten hervorgehen können, die sich dann ihrerseits zu einem Magen ordnen oder ein Gehirn, Haut, Zähne und all die anderen hochspezialisierten Körperteile ausbilden.

Davon abgesehen, dass jede Zelle im Körper eine ganz spezifische Aufgabe zu erfüllen hat, erledigt sie, um funktionsfähig zu bleiben, eine Sekunde um die nächste auch noch ein paar Millionen anderer Dinge:

Proteine herstellen, die Membrandurchlässigkeit regulieren, Nährstoffe verstoffwechseln, um nur einige zu nennen. Außerdem muss jede Zelle wissen, was alle anderen tun, sonst würde der Körper bald auseinander fallen. Der menschliche Körper funktioniert nur, wenn er in allen Teilen gut aufeinander abgestimmt ist – allein nichtörtliche Korrelation kann diese Voraussetzung schaffen. Wie sonst sollten einhundert Billionen Zellen, von denen eine jede in einer Sekunde eine Million Aufgaben erledigt, ihre Tätigkeiten koordinieren, um diesen lebendigen, atmenden Organismus zu tragen? Wie sonst sollte ein menschlicher Körper Gedanken hervorbringen, Gifte ausschwemmen und einem Kind zulächeln oder gar ein Kind zeugen, und das alles gleichzeitig?

Damit ich mit den Zehen wackeln kann, muss ich zuerst einmal auf den Gedanken kommen, das tun zu wollen. Der Gedanke aktiviert meine Großhirnrinde, die einen Nervenimpuls die Wirbelsäule und mein Bein hinunterschickt und meine Zehen in Bewegung setzt. Das allein ist schon ein Wunder. Wo hat der Gedanke seinen Ursprung? Vor dem Zustandekommen des Gedankens war keine Energie da, doch kaum waren der Gedanke und die Intention, mit meinen Zehen zu wackeln, geboren, da entstand ein kontrollierter elektromagnetischer Sturm in meinem Gehirn, der sich bis in die Nerven hinein fortsetzte und sie veranlasste, einen bestimmten Stoff auszuschütten. Erst dann wackelten meine Zehen. Sieht man zunächst einmal von dem Gedanken ab, der alles überhaupt erst in Gang gesetzt hat, dann handelt es sich bei diesem Ablauf um ein äußerst lineares, mechanisches und lokales Phänomen. Doch wie hat der Gedanke den elektrischen Impuls in meinem Gehirn erzeugt? Wissenschaftler können sich die Mechanismen des Körpers erklären – Aktionspotenzial, Neurotransmitter, Muskelkontraktionen und was sonst noch alles. Doch niemandem ist es bisher gelungen, experimentell nachzuweisen, wo der Gedanke seinen Ursprung hat. Der Gedanke ist unsichtbar, und doch wären wir ohne ihn gelähmt. Kein Gedanke, kein Zehenwackeln. Irgendwie verwandelt sich Bewusstsein in Information und Energie. Doch wo und wie geschieht das?

Die Antwort lautet: Der Gedanke muss seinen Ursprung im virtuellen Bereich haben.

In unserem Körper sind alle Abläufe aufeinander abgestimmt und synchronisiert. Bei der kleinsten lokalen Unruhe reagiert das gesamte System. Lassen Sie uns zum Beispiel annehmen, dass Sie den ganzen Tag noch nichts gegessen haben und deshalb Ihr Blutzuckerspiegel langsam abfällt. Sofort kommt eine fein aufeinander abgestimmte Vielzahl von Abläufen in Gang, deren Aufgabe es ist, zu gewährleisten, dass Ihr Blutzuckerspiegel wieder steigt. Die Bauchspeicheldrüse schüttet ein Hormon namens Glukagon aus, das in der Leber eingelagerten Zucker in Glukose verwandelt und so für die unmittelbare Bereitstellung von Energie sorgt. Außerdem setzen Fettzellen Fettsäuren und Glukose in den Blutstrom frei, und das Nervensystem stimuliert die Muskulatur, sich von ihrer eingelagerten Glukose zu trennen. All dies geschieht gleichzeitig. Der Insulinspiegel sinkt, und die Herzfrequenz steigt, um Energie zu mobilisieren. Fast eine Million Vorgänge laufen im Körper ab mit dem Ziel, den Zuckerspiegel wieder zu normalisieren. Und das ist nur eine einzige Funktion unter all den anderen, die sich überall im Körper gleichzeitig abspielen. All dies kann nur aufgrund nichtörtlicher Kommunikation möglich sein, durch Informationen, die schneller als in Lichtgeschwindigkeit und jenseits der Grenzen physikalischer Gesetze korrelieren.

Man hat vermutet, dass die nichtörtliche Kommunikation durch die Resonanz der elektrischen Tätigkeit unseres Herzens vorbereitet wird. Das Herz verfügt über eine Art Schrittmacher, der dafür sorgt, dass die normale Frequenz von etwa zweiundsiebzig Schlägen pro Minute eingehalten wird. Dieser Schrittmacher in Ihrem Herzen setzt alle paar Sekunden einen elektrischen Impuls frei, der die mechanische Kontraktion des Herzens bewirkt. Immer wenn Strom fließt, ist das Stromleitsystem von einem elektromagnetischen Feld umgeben. (Ein elektromagnetisches Feld besteht im Wesentlichen aus Photonen, die ein bestimmtes Verhalten an den Tag legen.) Folglich verbreitet das Herz mit jedem Schlag sein elektromagnetisches Feld im gesamten Körper. Es verbreitet sein elektromagnetisches Feld jedoch auch außerhalb des Körpers. (Wird es verstärkt, ist es anderen Menschen sogar möglich, den Empfang der Signale zu registrieren!) Die Energie wird im gesamten Körper verbreitet. So gesehen ist das Herz der Hauptschwingungserzeuger des Körpers der darüber hinaus auch noch über ein eigenes elektromagnetisches Feld verfügt. Das Herz erzeugt ein Resonanzfeld, welches dafür sorgt, dass jede Zelle im Körper mit jeder anderen korreliert und alle Zellen gemeinsam ein großes synchronisiertes und aufeinander abgestimmtes Ganzes bilden.

Wenn sich Zellen im gleichen Resonanzfeld befinden, dann tanzen sie alle zu ein und derselben Musik. Untersuchungen haben gezeigt, dass ein kreativ, friedfertig oder liebevoll gestimmter Mensch ein äußerst kohärentes elektromagnetisches Feld aufweist. Dieses kohärente elektromagnetische Feld wirkt sich auf den gesamten Körper aus und erzeugt ein Resonanzfeld, in dem alle Körperzellen miteinander synchron sind. Jede Zelle weiß, was alle anderen Zellen tun, denn ihre Ausrichtung ist einheitlich, auch wenn jede Zelle darüber hinaus ihre eigentliche Funktion effizient erfüllt: Magenzellen stellen Salzsäure her, Immunzellen produzieren Abwehrstoffe, die Zellen der Bauchspeicheldrüse erzeugen Insulin und so weiter.

In einem gesunden Körper ist diese Synchronizität vollendet reguliert. Gesunde Menschen ruhen ganz und gar in diesen Rhythmen. Kommt es zum Ausbruch einer Krankheit, ist zuvor einer der Rhythmen zusammengebrochen. Stress ist dabei der größte Störfaktor. Wenn Sie unter Stress stehen oder Feindseligkeit empfinden, dann gerät Ihr Körper aus dem Gleichgewicht. Stress zerstört unsere nichtörtliche Anbindung an die Umwelt. Krankheit bedeutet somit nichts anderes, als dass ein bestimmter Bereich Ihres Körpers eine massive Einschränkung erfährt. Er ist herausgefallen aus dem nichtörtlichen Intelligenzfeld.

Es gibt zahlreiche Emotionen, die das elektromagnetische Feld des Herzens beeinträchtigen, am gründlichsten erforscht sind dabei Wut und Feindseeligkeit. Sobald die Synchronizität gestört ist, fragmentiert das Verhalten Ihres Körpers. Das Immunsystem erfährt eine Einschränkung seiner Funktion und wird anfällig gegenüber Krebs, Infektionen und beschleunigten Alterungsprozessen. Der Einfluss einiger Emotionen auf den

Körper ist so stark, dass ihn manche Tiere wahrnehmen. Ein Hund zum Beispiel reagiert auf einen feindselig gestimmten Menschen nicht selten seinerseits mit Bellen und Aggression. Wo immer Sie sich aufhalten, Sie übermitteln Ihrer Umgebung, welcher Mensch Sie tief im Innern in diesem Augenblick gerade sind.

Doch unsere Verbindung mit der nichtörtlichen Intelligenz hört nicht an den Grenzen unseres Körpers auf. Das gleiche Ziel wie unser Körper, der sein Gleichgewicht anstrebt und aufrechtzuerhalten versucht, strebt auch das Universum an und bringt dies in seinen Rhythmen und Zyklen zum Ausdruck.

Auf ihrer Reise um die Sonne bringt die Erde ihre jahreszeitlichen Rhythmen hervor. Winter wird zu Frühling, die Vögel beginnen ihren Zug in den Norden, Fische machen sich auf den Weg zu ihren Laichplätzen, Blumen erblühen, die Knospen der Bäume brechen auf, Früchte reifen, Küken schlüpfen. Diese eine kleine jahreszeitliche Veränderung in der Natur – hervorgerufen durch die leichte Neigung der Erdachse – verursacht einen ganzen Strom nichtörtlicher Ereignisse. Die gesamte Natur reagiert, als sei sie ein einziger in sich geschlossener Organismus. Sogar die Menschen fühlen sich, abhängig von den Jahreszeiten, von einem jeweils ganz besonderen Lebensgefühl erfasst. Manche werden im Winter depressiv oder neigen dazu, sich im Frühling neu zu verlieben. Unser Körper reagiert biochemisch auf die Bewegungen unseres Planeten. Die gesamte Natur ist eine große Symphonie, und wir Menschen haben unseren festen Platz in ihrem Orchester.

Die Drehung der Erde um ihre Achse beschert uns den so genannten zirkadianer oder Tagesrhythmus. Nachtaktive Tiere erwachen, wenn es dunkel wird, und verschlafen den Tag. Vögel haben bestimmte bevorzugte Tageszeiten, in denen sie auf Nahrungssuche gehen. Der menschliche Körper ist gleichfalls auf den zirkadianer Rhythmus abgestimmt. Ich verbringe den Großteil des Jahres in Kalifornien, und ohne dass es dazu eigens einer Anstrengung bedarf, ordnet sich mein Körper in Übereinstimmung mit der Zeitzone dem Tagesrhythmus Kaliforniens unter. Mein Körper wird bei Sonnenaufgang aktiv und gestattet es mir, jeden Tag um etwa die gleiche Zeit aufzuwachen, und er macht gegen Abend langsamer, damit ich mich auf den Schlaf vorbereiten kann. Auch während ich schlafe, ist mein Körper noch erstaunlich aktiv. Er geleitet mich durch die einzelnen Schlafphasen und verändert meine Hirnstromwellen entsprechend. Selbst in der Nacht werden weiterhin Hormone, die bestimmte Körperfunktionen kontrollieren und regulieren, produziert und ausgeschüttet, wobei das Mengenverhältnis ein anderes ist als während der Wachstunden. Während der Körper als Ganzes den Nachtzyklus absolviert, geht jede Zelle für sich auch weiterhin ihren zahllosen unterschiedlichen Tätigkeiten nach.

Auf der Erde spüren wir den zirkadianer Rhythmus in der Wirkung der Sonne und im Zunehmen und Abnehmen des Mondes. Die Zyklen des Mondes beeinflussen direkt unseren Körper, denn er korreliert unmittelbar mit den Bewegungen der Planeten. Der achtundzwanzigtägige Menstruationszyklus von Frauen wird vom Mond beeinflusst, und es gibt darüber hinaus noch andere, subtilere Monatszyklen, die auf die Stimmung und Leistungsfähigkeit aller Menschen einwirken. Der Gravitationseinfluss der Sonne und des Mondes auf die Erde ruft die Gezeiten der Meere hervor, die gleichfalls den menschlichen Körper beeinflussen. Schließlich waren ja auch wir vor Millionen Jahren einmal Meeresbewohner. Selbst nachdem wir schließlich ans Ufer gespült wurden, konnten wir unsere Herkunft nie gänzlich abschütteln. Achtzig Prozent unseres Körpers weist die gleiche chemische Zusammensetzung auf wie der Ozean, der einstmals unser Zuhause war, und wird noch immer vom Gezeitensog beeinflusst.

All diese Rhythmen – der zirkadianer, der lunare und der jahreszeitliche – sind aufeinander abgestimmt. Ein Rhythmus setzt sich aus anderen Rhythmen zusammen, denen wiederum weitere Rhythmen zugrunde liegen. Und diese Trommelschläge ertönen überall um uns her wie auch in uns. Wir sind bei dem Prozess keine unbeteiligten Zuschauer; wir sind ein fester Bestandteil und pulsieren im Takt des Universums. Wir sind von nichtörtlicher Intelligenz umgeben und durchdrungen. Sie ist Geist und das Potenzial, in dem alles seinen Ursprung hat. Geist ist die Grundlage unseres Seins; er ist ohne Dimensionen, besitzt kein Volumen, keine Energie, keine Masse und nimmt keinen Raum ein. Auch die Zeit ist ohne Einfluss auf den Geist. All unsere Erfahrungen sind lokalisierte Projektionen, die wir in dieser nichtörtlichen Wirklichkeit machen. In diesem singulären, geeinten Potenzial ist alles untrennbar eins. Auf der tieferen Ebene dieser Wirklichkeit *sind* Sie diese nichtörtliche Intelligenz – ein universelles Wesen, das sich selbst durch ein menschliches Nervensystem wahrnimmt. So, wie ein Prisma einen einzelnen Lichtstrahl in die Farben des Spektrums zerlegt, so spaltet auch die nichtörtliche Intelligenz, indem sie sich selbst beobachtet, eine einzige Wirklichkeit in eine Vielzahl von Erscheinungen.

Sie müssen sich das Universum als einzelnen, riesigen, in sich geschlossenen Organismus vorstellen. Seine gewaltigen Ausmaße sind eine projizierte Wahrnehmungswirklichkeit. Auch wenn Sie »da draußen« ein Fußballstadion voll von Tausenden von Menschen sehen, das eigentliche Phänomen ist ein kleiner elektrischer Impuls in Ihrem Gehirn, den Sie, das nichtörtliche Wesen, als Fußballspiel interpretieren. Im »Yoga Vasishta«, einem alten vedischen Text, heißt es: »Die Welt ist wie eine riesige von einem Spiegel reflektierte Stadt. Folglich ist auch das Universum ein gewaltiges Spiegelbild deiner selbst in deinem eigenen Bewusstsein.«

Das Universum ist, anders ausgedrückt, die Seele aller Dinge.

3

Das Wesen der Seele

In der unendlichen Weite des Ozeans gibt es kein Ego. Aus großer Entfernung betrachtet, etwa vom Mond oder von einem Satelliten aus, wirkt das Meer ruhig und leblos – eine große blaue Fläche, welche die Kontinente umschließt. Doch je mehr wir uns dem Meer nähern, desto deutlicher sehen wir, dass es unablässig in Bewegung, aufgewühlt von Strömungen und Gezeiten, von Strudeln und Wellen ist. Wir empfinden diese Erscheinungen als voneinander unabhängige Wesenheiten. Bei jeder Welle können wir beobachten, wie sie sich aufbaut, bricht und auf den Strand zurast. Dennoch ist es unmöglich, die Welle im Ozean zu isolieren. Es ist unmöglich, mit einem Eimer eine Welle herauszuschöpfen und mit nach Hause zu nehmen. Wenn Sie ein Foto von einer Welle machen und am nächsten Tag damit an den Strand zurückkehren, werden Sie keine Welle finden, die jener auf dem Foto genau gleicht.

Bei dem Versuch, die Seele zu begreifen, bietet sich das Meer als wunderbare Analogie an. Stellen Sie sich das Meer als nichtörtliche Wirklichkeit, als das Feld unendlicher Möglichkeiten, als die virtuelle Existenzebene vor, die alles synchronisiert. Jeder Mensch ist wie eine Welle in diesem Ozean. Wir sind aus ihm hervorgegangen, und er bildet den Kern unserer Identität. Genauso wie jede Welle eine ganz eigene Form annimmt, so bringen auch wir ganz eigene Formen nichtörtlicher Wirklichkeit hervor. Dieser unendliche Ozean der Möglichkeiten ist die Essenz aller Dinge in der physischen Welt. Das Meer steht für das Nichtörtliche, die Welle für das Örtliche. Beide sind untrennbar miteinander verbunden.

Sobald wir die Seele über ihren Ursprung im nichtörtlichen, virtuellen Reich definieren, gewinnt der Platz, den wir im Universum einnehmen, auf bemerkenswerte Weise an Deutlichkeit: Wir sind zugleich örtlich und nichtörtlich, ein individuelles Muster, hervorgegangen aus der nichtörtlichen Intelligenz, die in allen anderen Lebewesen zum Ausdruck kommt und die wir folglich mit allen anderen Lebewesen gemeinsam haben. Somit können wir uns die Seele als zweigeteilt vorstellen. Die unendliche, nichtörtliche Seele existiert auf der virtuellen oder Geistesebene. Sie ist mächtig, rein und zu allem fähig. Der persönliche, örtliche Teil der Seele existiert auf der Quantenebene. Genau dieser Teil eben beeinflusst unseren Alltag und beinhaltet die Essenz unserer Identität. Die örtliche Seele ist ebenfalls mächtig, rein und zu allem fähig. Das gleiche grenzenlose Potenzial des unendlichen Geistes wohnt auch in jedem einzelnen Menschen. Unsere persönliche Seele, die wir meinen, wenn wir über unser »Selbst« nachdenken, ist ein in uns sichtbar gewordener Teil der ewigen Seele.

Wenn es uns gelänge, von der Ebene der Seele aus zu leben, dann würden wir erkennen, dass der beste, strahlendste Teil von uns mit allen Rhythmen des Universums verbunden ist. Wir würden uns selbst als den Wundermacher erkennen, der wir tatsächlich sein können. Wir würden die Angst verlieren und mit ihr unsere verzweifelten Sehnsüchte, unseren Hass und unser Zaudern. Ein auf der Basis der Seele gelebtes Leben heißt, das Ego und die Begrenzungen des Verstandes, der uns an Ereignisse und Ergebnisse der physischen Welt bindet, zu umgehen.

In der unendlichen Weite des Ozeans gibt es kein individuelles »Ich«, das lautstark Aufmerksamkeit fordert. Es gibt Wellen und Wirbel und Gezeiten, doch sie alle sind letztendlich nichts als Erscheinungen des Meeres. Jeder Mensch ist eine örtliche Erscheinung des Nichtörtlichen. Doch zum Schluss ist alles, wir selbst eingeschlossen, Geist.

Trotzdem *empfinden* wir uns alle als recht individuell, nicht wahr? Unsere Sinne versichern uns, dass unser Körper real ist, und wir denken unsere eigenen, äußerst persönlichen Gedanken. Wir lernen, verlieben uns, arbeiten an unserem beruflichen Vorankommen. Wie ist es möglich, dass wir nichts von dem endlosen Ozean spüren, der in uns tost? Warum fühlt sich unser Leben so eingeschränkt an? All diese Fragen führen uns zurück zu den drei Existenzebenen.

Auf der physischen Ebene, die wir als die reale Welt bezeichnen, ist die Seele der Beobachter inmitten der Beobachtung. Jedes Mal, wenn Sie etwas beobachten, sind drei Komponenten beteiligt. Die erste, die der physischen Welt zuzurechnen ist, stellt das Objekt Ihrer Beobachtung dar. Die zweite Komponente, die sich auf der Ebene des Verstandes zuträgt, ist der Beobachtungsprozess selbst. Die dritte ist der eigentliche Beobachter, den wir als die Seele bezeichnen.

Wir wollen nun diese drei Komponenten der Beobachtung anhand eines einfachen Beispiels betrachten. Im ersten Schritt wird ein vierbeiniges, mit einem Fell versehenes Tier zum Objekt Ihrer Beobachtung. Im zweiten Schritt empfangen Ihre Augen ein Bild von dem Objekt und übertragen das Signal an Ihr Gehirn, welches das Objekt als Hund interpretiert. Doch *wer* beobachtet den Hund? Richten Sie Ihre Aufmerksamkeit nach innen, dann wird Ihnen eine Wesenheit in Ihnen bewusst. Diese Wesenheit ist Ihre Seele, die Verlängerung der unendlichen nichtörtlichen Intelligenz, die sich in Ihnen manifestiert. Das heißt, der Verstand ist am Wissensprozess beteiligt, doch das Wissende ist die Seele. Diese Wesenheit, dieses Bewusstsein, dieses Wissende, diese Seele ist unveränderlich. Die Seele ist der unveränderliche Bezugspunkt inmitten der sich wandelnden Landschaft der physischen Welt.

Jeder Mensch besitzt eine Seele, und weil ein jeder von seinem eigenen Standpunkt aus beobachtet und seine ganz persönlichen Erfahrungen macht, beobachten wir niemals dieselben Dinge auf genau die gleiche

Weise. Die Variationen unserer Beobachtungen basieren auf den Interpretationen unseres Verstandes. Wenn beispielsweise Sie und ich einen Hund beobachten würden, dann hätten wir dabei unterschiedliche Gedanken. Ich könnte den Hund als wildes Tier begreifen und Angst bekommen. Sie sehen in demselben Hund vielleicht einen guten Kameraden. Ihr Verstand und mein Verstand interpretieren die Beobachtung unterschiedlich. Wenn ich einen Hund sehe, dann mache ich mich aus dem Staub. Wenn Sie einen Hund sehen, dann locken Sie ihn vielleicht zu sich, um mit ihm zu spielen.

Interpretation geschieht auf der Ebene des Verstandes. Unsere individuelle Seele jedoch wird durch unsere Erfahrungen konditioniert, und durch die Erinnerung an diese zurückliegenden Erfahrungen beeinflusst die Seele dann unsere Entscheidungen und wie wir das Leben interpretieren. Die winzigen Samenkörner der Erinnerung sammeln sich im Lauf eines Lebens in der individuellen Seele an, und diese Kombination aus Erinnerung und auf Erfahrung basierender Vorstellung wird als Karma bezeichnet. Karma konzentriert sich im persönlichen Teil der Seele, der Welle im Kern unseres Seins, und färbt sie. Diese persönliche Seele beherrscht das Gewissen und liefert eine Schablone für die Art Mensch, als die ein jeder von uns sich schließlich erweist. Außerdem können unsere Handlungen Einfluss auf diese persönliche Seele nehmen und unser Karma zum Guten oder zum Schlechten verändern.

Der universelle, nichtörtliche Teil unserer Seele bleibt von unseren Handlungen unberührt, ist vielmehr verbunden mit einem reinen und unveränderlichen Geist. Tatsächlich lautet die Definition von Erleuchtung: »Sie ist die Erkenntnis, dass ich ein grenzenloses Wesen bin, das von einem bestimmten und örtlichen Standpunkt aus sieht und gesehen wird wie auch beobachtet und beobachtet wird.« Was immer wir sonst noch sind und egal welches Chaos wir in unserem Leben angerichtet haben, wenn wir Einfluss auf unseren Lebensweg nehmen wollen, dann haben wir jederzeit die Möglichkeit, Anschluss an den Teil der Seele zu finden, der universell ist und ein unendliches Feld reinen Potenzials darstellt. Das ist es, was der Begriff »Synchroschicksal« bedeutet – den Vorteil dieser Verbindung zwischen der persönlichen und der universellen Seele zu nutzen, um Einfluss auf unser Leben zu nehmen.

Die Samen der Erinnerung, hervorgebracht von unseren Erfahrungen, helfen also zu bestimmen, wer wir sind. Doch die Individualität unserer persönlichen Seele wird nicht allein durch unser Karma geformt; unsere zwischenmenschlichen Beziehungen spielen gleichfalls eine wichtige Rolle beim Bau der Seele. Lassen Sie mich dies näher erklären, indem ich die verschiedenen Aspekte unserer Existenz untersuche. Wenn wir uns mit unserem physischen Körper beschäftigen, dann stellen wir fest, dass wir faktisch eine Ansammlung von wiederaufbereiteten Molekülen sind. Die Zellen unseres Körpers entstehen, sterben ab und werden ersetzt – ein Prozess, der sich viele Male im Lauf unseres Lebens wiederholt. Wir sind ständig damit beschäftigt, uns zu erneuern. Damit wir uns regenerieren können, verwandelt unser Körper die Nahrung, die wir zu uns nehmen, in die Grundbausteine des Lebens. Die Erde selbst liefert die Nährstoffe, die wir für unsere Erneuerung brauchen, und wenn wir verbrauchte Zellen abstoßen, dann kehren sie zur Erde zurück. Man könnte also behaupten, dass wir unseren physischen Körper unablässig transformieren, indem wir Erde recyceln.

Als Nächstes wollen wir uns mit unseren Emotionen befassen. Emotionen sind nichts als aufbereitete Energie. Emotionen haben ihren Ursprung nicht in uns. Sie kommen und gehen abhängig von Situationen, Umständen, Beziehungen und Ereignissen. Am 11. September 2001 waren Angst und Entsetzen, ausgelöst durch die katastrophalen Ereignisse im World Trade Center an diesem Tag, weit verbreitete Emotionen. Diese mächtigen Emotionen hielten monatelang an. Emotionen entstehen nie in einem isolierten Raum; sie stellen sich immer dann ein, wenn Menschen in eine Wechselwirkung mit ihrer Umgebung treten. Ohne die entsprechenden Umstände oder zwischenmenschlichen Beziehungen kann es keine Emotionen geben. Also auch wenn ich einen Wutanfall habe, dann ist es nicht im eigentlichen Sinn *meine* Wut, die ich zum Ausdruck bringe, sondern eine Wut, die im Augenblick von mir Besitz ergriffen hat.

Denken Sie an das letzte Mal, als Sie von Menschen umgeben waren, die alle von den gleichen Emotionen ergriffen waren – von einer wütenden Menschenmenge, den trauernden Teilnehmern einer Beerdigung oder von den Fans einer siegreichen Mannschaft. Da eine von vielen Menschen gleichzeitig zum Ausdruck gebrachte Emotion so mächtig ist, scheint es nahezu unmöglich, sich nicht von ihr anstecken zu lassen. Doch in solchen Situationen handelt es sich nicht um »Ihre« Wut, Trauer oder Freude. Jede Emotion ist abhängig von dem Zusammenhang, den Umständen und Beziehungen, die Ihre Wirklichkeit in diesem Augenblick definieren.

Und was sind Gedanken? Nun, unsere Gedanken sind wiederaufbereitete Informationen. Jeder Gedanke, den wir hervorbringen, ist sozusagen Bestandteil einer kollektiven Datenbank. Vor einhundert Jahren wäre ein Satz wie »Ich fliege mit Delta Airlines nach Disney World« undenkbar gewesen. Es gab allgemein noch keine Vorstellung von solchen Dingen, folglich konnte ein derartiger Gedanke nicht entstehen. Es gab damals weder ein Disney World noch Delta Airlines, von einer kommerziell betriebenen Fluggesellschaft ganz zu schweigen. Mit Ausnahme wahrhaft origineller Gedanken sind alle übrigen aufbereitete Informationen, und selbst die originellsten Gedanken sind eigentlich kreative Quantensprünge, die ihren Ursprung in derselben kollektiven, wiederaufbereiteten Informationsdatenbank haben.

Obgleich der Begriff »Quantensprung« in Alltagsgesprächen weit verbreitet ist, hat er tatsächlich eine ganz bestimmte Bedeutung. Wenn wir in der Schule etwas über Atome lernen, dann sagt man uns meist, dass sie aus einem Kern bestehen, der sich aus Protonen und Neutronen zusammensetzt, und dass dieser Kern von Elektronen in gleich bleibenden Orbits umkreist wird, deren Entfernung vom Kern je nach Atom unterschiedlich ist.

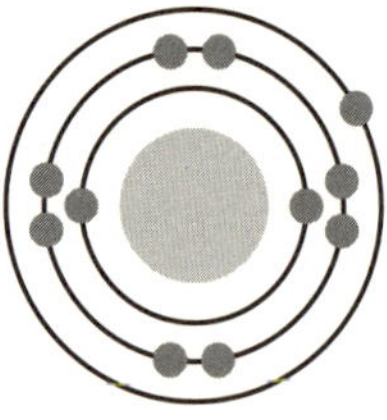

Natriumatom (NA)

Wir erfahren, dass Elektronen in der Regel in ihrem jeweiligen Orbit bleiben, unter bestimmten Voraussetzungen ihre Umlaufbahnen aber auch wechseln können. Wenn ein Elektron Energie aufnimmt, dann kann es auf einen höheren Orbit springen, gibt es Energie ab, dann sinkt es auf einen niedrigeren. Meistens erklärt man uns jedoch nicht, dass dieses seine Umlaufbahn wechselnde Elektron den zwischen dem alten und dem neuen Orbit liegenden Bereich nicht passiert; vielmehr befindet es sich im ersten Augenblick noch auf Orbit A und im nächsten auf Orbit B, *ohne den Raum zwischen beiden zu durchqueren.* Das ist es, was der Begriff »Quantensprung« eigentlich beschreibt. Ein Quantensprung ist eine Statusveränderung, die unmittelbar erfolgt, und zwar ohne dass zwischen dem einen und dem anderen Status ein Zwischenraum durchlaufen werden muss.

Wissenschaftler können nicht vorhersagen, wann es zu einem Quantensprung kommt. Sie sind in der Lage, mathematische Modelle zu erstellen, die eine Aussage über die Größenordnung des Quantensprungs ermöglichen, zu einer exakten Vorausberechnung jedoch sind sie nicht fähig. Auf der subatomaren Ebene erscheint diese geringfügige Unvorhersagbarkeit unmaßgeblich. Wenn ein Elektron von einem Orbit zum nächsten springt, was hat das mit mir zu tun? Nun, wenn wir weltweit alle Atome und diese geringfügige Unvorhersagbarkeit in Betracht ziehen, dann sind wir plötzlich gezwungen, die Welt aus einer vollkommen neuen Perspektive zu betrachten.

Die Wissenschaft weiß um die Unvorhersagbarkeit der Natur und hat versucht, sie zu verstehen. Selbst die scheinbar allereinfachsten Abläufe werden von dieser Unvorhersagbarkeit beherrscht. Wann und wo erscheinen die Gasblasen in einem Topf mit kochendem Wasser? Welche Figuren wird der Rauch einer Zigarette hervorbringen? In welcher Beziehung steht die Position von Wassermolekülen am oberen Ende eines Wasserfalls zu ihrer abschließenden am unteren Ende? Wie James Gleick es in seinem Buch »Chaos: die Ordnung des Universums« ausgedrückt hat, ist es gemäß der klassischen Physik ebenso gut denkbar, dass Gott all diese Wassermoleküle unter der Hand persönlich umhergeschoben hat.

Die neue Wissenschaft der Chaostheorie versucht, das Unvorhersagbare mit Hilfe von ausgeklügelten mathematischen Modellen vorherzusagen. In dem klassischen Beispiel flattert ein Schmetterling in Texas mit den Flügeln, und in Tokio entsteht sechs Tage später ein Wirbelsturm. Die Verbindung zwischen beiden Ereignissen ist vielleicht nicht offensichtlich, existiert aber dennoch. Die durch den Schmetterling hervorgerufene winzige Luftdruckveränderung kann, multipliziert und vergrößert, schließlich tatsächlich einen Wirbelsturm hervorbringen. Hundertprozentig vorhersagbar jedoch kann sie niemals sein. Das ist der Grund, warum Wettervorhersagen sich so oft als falsch erweisen und warum sie, wenn sie über achtundvierzig Stunden hinausgehen, meist gänzlich unzuverlässig sind. Und trotzdem ist das Wetter unter all den möglichen Erscheinungen auf unserem Planeten vermutlich leichter vorhersagbar als irgendetwas sonst.

Auf der spirituellen Ebene bedeutet dies, dass wir niemals wirklich wissen können, welche Richtung das Leben einschlagen und wie sich das Flügelflattern der Intentionen und Handlungen auf unser Schicksal auswirken wird. Und außerdem sagen uns diese Zusammenhänge, dass wir niemals ernsthaft herausfinden können, was in Gottes Kopf vorgeht. Wir werden niemals das Wie, Wo und Wann von auch nur irgendetwas verstehen und sei es auch nur etwas so Simples wie kochendes Wasser. Wir müssen uns der Unsicherheit anheim stellen, während wir zugleich ihre verspielte Schönheit bewundern.

Jegliche Kreativität basiert auf Quantensprüngen und Unsicherheit. In bestimmten Augenblicken entspringen dem kollektiven Informationspool wahrhaftig neuartige Ideen. Diese Ideen haben ihren Ursprung nicht in dem glücklichen Individuum, das sie für sich beansprucht, sondern im kollektiven Bewusstsein. Das ist der Grund, warum bedeutende wissenschaftliche Entdeckungen oft unabhängig voneinander von mehreren Personen gleichzeitig gemacht werden. Die Ideen zirkulieren bereits im kollektiven Bewusstsein, und entsprechend vorbereiteten Denkern gelingt es dann, diese Information zu übersetzen. Typisch für das Genie ist seine Fähigkeit, das Wissenswerte festzuhalten, noch bevor irgendjemand sonst sein Vorhandensein erkennt. Zu einem beliebig Zeitpunkt existiert die Innovation oder kreative Idee noch nicht, und schon im nächsten Augenblick ist sie ein Bestandteil unserer bewussten Welt. Doch wo war sie zwischenzeitlich? Sie hat ihren Ursprung im virtuellen Bereich, auf der Ebene des universellen Geistes, wo alles reines Potenzial ist. Manchmal bringt dieses Potenzial etwas Vorhersagbares hervor, manchmal etwas wirklich Neuartiges, jedenfalls sind alle Möglichkeiten in diesem Reich bereits existent.

Wenn also unser Körper wiederaufbereitete Erde ist,

unsere Emotionen wiederaufbereitete Energie und unsere Gedanken wiederaufbereitete Information, was macht Sie dann zu einem einzigartigen Individuum? Und wie steht es um Ihre Persönlichkeit? Nun, unsere Persönlichkeit entspringt gleichfalls nicht uns selbst. Persönlichkeit entsteht durch selektive Identifikation mit bestimmten Situationen und durch zwischenmenschliche Beziehungen. Denken Sie an einen engen Freund. Wie definieren Sie diese Person? Die meisten Menschen tun dies, indem sie die Person anhand der Bezugspersonen in ihrem Leben beschreiben – anhand der Ehepartner, Kinder, Eltern, Kollegen. Oder wir wählen, um die Person zu beschreiben, einen situativen Kontext – den Beruf, Wohnort, die Hobbys. Was wir als Persönlichkeit bezeichnen, baut auf einem Geflecht aus zwischenmenschlichen Beziehungen und Situationen auf.

Nun können wir uns also fragen: »Wenn mein Körper, meine Emotionen, Gedanken und meine Persönlichkeit ihren Ursprung nicht in mir haben oder von mir erschaffen werden, wer bin ich dann eigentlich wirklich?« Vielen bedeutenden spirituellen Traditionen zufolge lautet eine der großen Wahrheiten: »Ich bin der andere.« Ohne den anderen würden wir nicht existieren. Ihre Seele ist die Reflektion aller Seelen. Stellen Sie sich vor, Sie versuchten, das komplizierte Netz aus persönlichen Interaktionen zu begreifen, das Sie zu dem Menschen gemacht hat, der Sie heute sind – all Ihre Familienangehörigen und Freunde, jeden Einzelnen Ihrer Lehrer und Klassenkameraden, jeden Verkäufer in jedem Landen, den Sie jemals aufgesucht haben, jeden Kollegen, mit dem Sie zu irgendeinem Zeitpunkt in Ihrem Leben zusammengearbeitet haben oder mit dem Sie in Kontakt gekommen sind. Und damit Sie all diese Menschen und den Einfluss, den sie auf Sie ausgeübt haben, verstehen können, müssen Sie nun herausfinden, wer *sie* wirklich sind. Nun müssen Sie also das Beziehungsgeflecht beschreiben, das jeden Einzelnen dieser Menschen, die zu Ihrem Beziehungsgeflecht gehören, umgibt. Zum Schluss werden Sie feststellen, dass Sie das ganze Universum beschreiben müssen, nur um eine einzige Person zu definieren. Tatsächlich *ist* also jede einzelne Person das gesamte Universum. Sie sind das Unendliche – betrachtet von einem bestimmten, örtlichen Blickpunkt aus. Ihre Seele ist der Teil Ihrer selbst, der zugleich universell und individuell ist, und sie ist eine Reflexion aller übrigen Seelen.

Die Seele auf diese Weise zu definieren heißt also zu begreifen, dass Ihre Seele zugleich individuell und universell ist – ein Umstand der Bedeutung und Auswirkungen hat, die über Ihre persönliche Lebenserfahrung hinausgehen. Die Seele ist der Beobachter, der in einem Zusammenfluss von zwischenmenschlichen Beziehungen interpretiert und Entscheidungen trifft. Diese Beziehungen stellen Hintergrund, Umstände, Figuren und Ereignisse dar, die unsere Lebensgeschichte formen. So, wie die Seele aus Beziehungen erwächst und ein Spiegelbild von Beziehungen darstellt, so entsteht Lebenserfahrung aus dem sinnhaften Kontext.

Mit *sinnhaftem Kontext* meine ich alles, was uns umgibt und uns die Bedeutung von individuellen Handlungen, Aussagen, Ereignissen und allem sonst nur Denkbaren vermittelt. Eine Aussage zum Beispiel kann abhängig von ihrem Kontext verschiedene Bedeutungen haben. Wenn ich etwa das Wort »laden« sage, ohne einen Kontext mitzuliefern, dann wissen Sie nicht, ob ich »Laden« oder »laden« meine. Aus dem Zusammenhang gerissen kann eine Aussage leicht missverstanden werden, weil erst der Kontext den Sinn entscheidend beeinflusst. Die Sinnhaftigkeit entspricht dem Lebensfluss. Der Kontext, in dem wir leben, bestimmt, wie wir interpretieren, was uns im Leben widerfährt, und diese Interpretationen werden zu unserer Lebenserfahrung.

Schließlich gelangen wir nun zu einer vollständigeren Definition des Begriffs »Seele«: *Eine Seele ist der Beobachter, der interpretiert und Entscheidungen auf der Basis seines Karmas trifft; sie ist außerdem ein Zusammenfluss von Beziehungen, aus denen sinnhafter Kontext erwächst, und dieser Zusammenfluss von Kontext und Sinnhaftigkeit wiederum erzeugt Lebenserfahrung.* Folglich erschaffen wir unser Leben durch die Seele.

Wie ich später noch erläutern werde, stellt Meditation den besten Weg dar, um das zweigeteilte Wesen der Seele zu begreifen und um Zugang zum nichtörtlichen Potenzialfeld zu erlangen. Meditation gestattet es uns, die Ebene der Seele zu erreichen und dabei die Fallstricke aus Emotionen und Gedanken, die unsere Aufmerksamkeit für gewöhnlich an die physische Welt binden, zu umgehen. Wenn wir unsere Augen schließen, um zu meditieren, dann springen Gedanken spontan in unser Bewusstsein. Es gibt lediglich zwei Arten von Gedanken: Erinnerungen und Vorstellungen. Doch wie wir wissen, haben diese Gedanken ihren Ursprung nicht in unserem physischen Körper.

Versuchen Sie es einmal mit folgendem kleinen Gedankenexperiment: Denken Sie an das Abendessen, das Sie gestern zu sich genommen haben. Erinnern Sie sich daran, was Sie gegessen haben? Wie hat es geschmeckt? Welche Gespräche wurden rings um Sie her geführt? Und jetzt sagen Sie mir: Wo befanden sich diese Informationen, bevor ich Ihnen diese Fragen gestellt habe? Das Abendessen hat stattgefunden, aber die Information darüber existierte bestenfalls als potenzielle Information. Wenn ein Chirurg sich Zugang zu Ihrem Gehirn verschaffte, dann fände er dort nicht die geringste Information über die Speisen, die Sie zu sich genommen haben. Erinnerungen befinden sich, bis wir sie abrufen, auf der Ebene der Seele. Sobald wir uns bewusst entscheiden, uns an unser Abendessen zu erinnern, zeigen elektrische Aktivität und die Ausschüttung von chemischen Stoffen an, dass unser Gehirn bei der Arbeit ist. Doch bevor wir die Erinnerung zutage fördern, ist sie nicht in unserem Gehirn lokalisiert. Das einfache Stellen einer Frage oder der Versuch, sich an ein Ereignis zu erinnern, verwandelt eine virtuelle Erinnerung in eine reale.

Das Gleiche gilt für Vorstellungen. Bis ein Gedanke aus der virtuellen Ebene aufsteigt, existiert er in unserem mentalen oder physischen Leben nicht. Vorstellungen können jedoch einen starken Einfluss auf Verstand und Körper ausüben. Ein wohl bekanntes und überzeugendes Gedankenexperiment besteht darin, dass Sie sich in allen Einzelheiten vorstellen, wie Sie eine Zitrone zerteilen, sich ein Viertel davon in Ihren Mund stecken und mit den Zähnen in die Frucht hineinbeißen. Malen Sie sich aus, wie der Saft in Ihren Mund spritzt, während Sie die Kiefer aufeinander pressen. Wenn Sie reagieren wie die meisten Menschen, dann sorgt diese Vorstellung dafür, dass sich in Ihrem Mund Speichel sammelt. Damit teilt Ihnen Ihr Körper mit, dass er glaubt, was Ihr Verstand ihm vorgaukelt. Und wieder stellt sich die Frage: Wo war die Zitrone, bevor ich Sie aufgefordert habe, an sie zu denken? Sie existierte nirgendwo sonst als auf der Ebene der Potenziale.

Intention, Vorstellung, Einsicht, Intuition, Inspiration, Sinnhaftigkeit, Zweck, Kreativität und Verständnis haben also nichts mit dem Gehirn zu tun. Zwar werden sie in ihrer Aktivität *durch* das Gehirn orchestriert, doch sind sie Qualitäten der nichtörtlichen Domäne, die sich außerhalb von Zeit und Raum befindet. Nichts desto weniger spüren wir ihren Einfluss überaus deutlich. Sobald sie Eingang in unseren Verstand gefunden haben, müssen wir etwas mit ihnen anfangen, und was wir mit ihnen anfangen, bestimmt, wenigstens teilweise, wie wir uns selbst definieren. Das liegt daran, dass unser Verstand rational funktioniert, sowie an unserem Bedürfnis, diese Gedanken in eine Geschichte einzuweben. Vielleicht denken Sie: »Mein Mann liebt mich.« Oder: »Meine Kinder sind glücklich.« Oder: »Ich habe Freude an meiner Arbeit.« Sie schaffen um diese Gedanken rationale Geschichten, um dann Sinn aus ihnen zu beziehen. Anschließend gehen Sie hin und leben diese Geschichten in der physischen Welt aus, und das ist es dann, was wir als unser Alltagsleben bezeichnen.

Unsere Geschichten sind aus zwischenmenschlichen Beziehungen abgeleitet, und Sinnhaftigkeit wird durch Erinnerungen ausgelöst, die ihren Ursprung im Karma und in Erfahrungen haben. Indem wir diese Geschichten ausleben, erkennen wir, dass sie nicht aus uns herrühren. Obgleich sich die Einzelheiten dieser Geschichten von einem Individuum zum nächsten unterscheiden, sind die Themen und Motive zeitlose, grundlegende Archetypen, die wir endlos abspielen: Helden und Schurken; Sünde und Erlösung; das Göttliche und das Teuflische; verbotene Wollust und bedingungslose Liebe. Es sind exakt diese Stoffe, die viele von uns an Seifenopern, in den Klatschkolumnen und in der Regenbogenpresse so faszinierend finden, selbst wenn sie dort in etwas übertriebener Weise ausgebreitet werden. Wir sind fasziniert, weil wir in diesen Geschichten bestimmte Aspekte unserer eigenen Seele wiedererkennen. Es sind die gleichen Archetypen, die in übersteigerter Form in Mythologien verarbeitet werden. Ob wir nun indische, griechische oder ägyptische Mythen heranziehen, stets stoßen wir auf dieselben Themen und Motive. Die Dramatik dieser Geschichten ist überzeugender als jeder Roman, weil sie in unserer Seele wiederhallen.

Somit können wir nun unsere Definition des Begriffes »Seele« noch weiter verfeinern: *Die Seele ist der Zusammenfluss von sinnhaftem Kontext, Beziehungen und mythischen Geschichten oder archetypischen Themen, die alltägliche Gedanken, Erinnerungen und Wünsche (konditioniert durch das Karma) verursachen und ihrerseits wiederum die Geschichten hervorbringen, in denen wir mitspielen.*

Bei fast jedem geschieht dieses Mitspielen in den Geschichten unseres Lebens automatisch und unbewusst. Wir leben wie Schauspieler, die immer nur jeweils eine einzelne Textzeile erhalten und die Ereignisse ohne Wissen um die Zusammenhänge durchlaufen. Doch sobald Sie Verbindung zu Ihrer Seele aufnehmen, sehen Sie das vollständige Drehbuch des Dramas. Sie verstehen. Sie sind noch immer in die Geschichte eingebunden, doch nun nehmen Sie freudig, bewusst und vollständig daran teil. Sie können Entscheidungen treffen, die auf Wissen basieren und auf Ihrer Freiheit. So erhält jeder Augenblick eine höhere Qualität, die ihren Ursprung in Ihrer Wertschätzung dessen hat, was der Augenblick im Kontext Ihres Lebens bedeutet.

Noch überwältigender ist die Tatsache, dass wir selbst fähig sind, das Stück umzuschreiben oder unsere Rolle darin zu modifizieren, indem wir Intention einbringen, die günstigen Gelegenheiten aufgreifen, die sich uns zufällig bieten, und indem wir der Berufung unser Seele treu bleiben.

4

Intention

Jedes Kind, das schon einmal von Aladin und seiner Wunderlampe gehört hat, hätte gern so eine Lampe, an der man nur reiben muss, um den dienstbaren Geist zu rufen, der einem dann jeden Wunsch erfüllt. Als Erwachsene begreifen wir, dass es weder eine solche Lampe noch einen dienstbaren Geist gibt, folglich stauen sich all unsere Wünsche in uns auf. Doch was wäre, wenn Wünsche tatsächlich wahr würden? Welche Wünsche würden Sie sich dann erfüllen? Was würde Ihre Bedürfnisse auf der tiefsten Ebene befriedigen? Was würde es Ihrer Seele ermöglichen, ihr Schicksal zu erfüllen?

Alles, was sich im Universum ereignet, beginnt mit einer Intention. Ob ich mich entscheide, mit den Zehen zu wackeln, meiner Frau ein Geburtstagsgeschenk zu kaufen, eine Tasse Kaffee zu trinken oder dieses Buch zu schreiben, immer geht der Handlung eine Intention voraus. Diese Intention hat ihren Ursprung im nichtörtlichen oder universellen Geist, ist jedoch im individuellen Geist lokalisierbar. Und sobald sie lokalisiert ist, wird sie physische Wirklichkeit.

Tatsächlich würde es die physische Wirklichkeit ohne Intention gar nicht geben. Intentionen aktivieren nichtörtliche, synchronisierte Korrelationen im Gehirn. Wann immer es zu einer Wahrnehmung der physischen Wirklichkeit kommt, weisen bestimmte Regionen im Gehirn »das Einsetzen von Phase und Frequenz« im Hinblick auf die Kommunikationsmuster individueller Nervenzellen auf. Diese nichtörtliche Synchronizität besitzt eine Frequenz von etwa vierzig Hertz (vierzig Zyklen pro Sekunde). Ohne diese Synchronizität sind Kognitionsprozesse nicht möglich. Ohne sie würden Sie eine Person nicht als Person sehen, ein Haus nicht als Haus, einen Baum nicht als Baum oder ein fotografiertes Gesicht mit dem echten verwechseln. Möglicherweise würden Sie nur schwarze und weiße Punkte, verstreute Linien und Flächen aus Hell und Dunkel wahrnehmen. Tatsächlich werden die Objekte Ihrer Wahrnehmung in Ihrem Gehirn nur als elektrische Signale registriert, die entweder vorhanden sind oder ausbleiben. Durch Intention geordnete Synchronisation gibt einzelnen Punkten, verstreuten Linien, elektrischen Impulsen und Lichtflächen eine geschlossene Gestalt und schafft ein Bild von der Welt als subjektiver Erfahrung. Die Welt existiert nicht als Bild, sondern lediglich als ein Flickenteppich aus empfangenen oder ausgebliebenen Impulsen, Flecken, Punkten und digitalen Kodes in scheinbar willkürlichen elektrischen Zündfolgen. Synchronisation durch Absicht ordnet sie im Gehirn zu einer Sinneswahrnehmung – zu einem Klang, einer Oberflächenbeschaffenheit, einer Form, einem Geschmack oder einem Geruch. Als nichtörtliche Intelligenz »benennen« Sie diese Sinneswahrnehmungen, und mit einem Mal existieren materielle Objekte in einem subjektiven Bewusstsein.

Die Welt ähnelt einem Rorschach Klecksbild, das wir durch intentionsorchestrierte Synchronisation in eine Welt aus materiellen Objekten verwandeln. Die Welt, bevor sie beobachtet wird, und das Nervensystem, bevor die Intention, etwas zu beobachten, hinzukommt, sind dynamische, nichtlineare, chaotische, instabile Aktivitätenfelder. Erst die Intention verwandelt diese im höchsten Maße veränderlichen, scheinbar chaotischen und zusammenhangslosen Aktivitäten in einem nichtörtlichen Universum zu einem sich selbst ordnenden, synchronisierten, dynamischen System, das sich gleichzeitig als beobachtete Welt und als jenes Nervensystem manifestiert, durch das hindurch diese Welt wahrgenommen wird. Die Intention hat ihren Ursprung nicht im Nervensystem, wird allerdings durch es orchestriert. Doch die Intention ist für mehr verantwortlich als Kognition und Wahrnehmung. Jeglichem Lernen, Erinnern, Argumentieren und jeglicher motorischer Aktivität geht eine Absicht voraus. Intention ist die unverzichtbare Grundlage der Schöpfung.

In dem alten vedischen Text, den »Upanishaden«, heißt es: »Du bist dein tiefstes Verlangen. Dein Verlangen geht einher mit deiner Intention. Deine Intention geht einher mit deinem Willen. Dein Wille geht einher mit deiner Handlung. Deine Handlung geht einher mit deinem Schicksal.« Zuletzt hat unser Schicksal seinen Ursprung auf der tiefsten Ebene unseres Verlangens und unserer Intention. Beide sind aufs Engste miteinander verbunden.

Was ist Intention? Die meisten Menschen halten Intention für einen Gedanken im Hinblick auf etwas, das man im Leben oder für sich erreichen will. Doch tatsächlich ist Intention noch sehr viel mehr. Eine Intention ist ein Mittel, mit dessen Hilfe Sie sich ein bestimmtes Bedürfnis erfüllen, gleichgültig ob es sich dabei um etwas Materielles, um eine Beziehung, um spirituelle Erfüllung oder um Liebe handelt. Intention ist ein Gedanke, der Ihnen hilft, einen Wunsch wahr zu machen. Und die logische Folge ist, dass Sie, sobald dieser Wunsch wahr geworden ist, glücklich sind.

So betrachtet zielen all unsere Intentionen nur darauf ab, uns Glück und Erfüllung zu verschaffen. Wenn man uns fragt, was wir uns wünschen, dann antworten wir vielleicht mit: »Ich möchte mehr Geld.« Oder mit: »Ich sehne mich nach einer neuen Beziehung.« Wird genauer nachgehakt, entgegnen wir vielleicht: »Nun, damit ich mehr Zeit mit meinen Kindern verbringen kann.« Werden wir aufgefordert, diesen Wunsch zu erklären, dann sagen wir zuletzt etwas wie: »Weil mich das glücklich macht.« Damit zeigt sich, dass das letztendliche Ziel aller Ziele die Erfüllung auf der spirituellen Ebene ist, die wir als Glück oder Freude oder Liebe bezeichnen.

Jegliche Aktivität im Universum wird durch Intention hervorgerufen. Im »Vedanta« heißt es: »Die Absicht ist eine Naturkraft.« Intention bewahrt das Gleichgewicht all jener universellen Elemente und Kräfte, die dem Universum eine fortgesetzte Entwicklung ermöglichen.

Selbst Kreativität wird durch Intention orchestriert. Sie ereignet sich überwiegend auf der individuellen Ebene, aber durchaus auch auf der universellen Ebene, auf der sie der Welt ab und an evolutionäre Quantensprünge gestattet. Den letztendlichen kreativen Quantensprung tut die Seele bei unserem Tod. In Wirklichkeit sagt sie: »Es ist an der Zeit für mich, Ausdruck in einem neuen Körper-Geist-System oder in einer neuen Inkarnation zu finden.« Folglich hat Absicht ihren Ursprung in der universellen Seele, siedelt sich in der individuellen Seele an und wird schließlich durch einen individuellen, örtlichen Geist zum Ausdruck gebracht.

Die in der Vergangenheit gemachten Erfahrungen speichern wir als Erinnerungen ab, welche die Basis für Vorstellungskraft und Sehnsüchte darstellen. Sehnsüchte wiederum sind das Fundament unseres Handelns. Und so erhält sich der Kreislauf aus eigener Kraft aufrecht. In der vedischen Tradition und im Buddhismus kennt man diesen fortgesetzten Kreislauf als das »Rad von Samsara«, die Grundlage unserer irdischen Existenz. Auf seinem Weg durch den karmischen Prozess wird das nichtörtliche zum örtlichen »Ich«.

Wenn Intention sich unablässig wiederholt, entsteht daraus Gewohnheit. Je häufiger eine Intention wiederholt wird, desto wahrscheinlicher ist es, dass sich das gleiche Muster im universellen Bewusstsein ausbildet und sich schließlich die Intention in der physischen Welt manifestiert. Erinnern Sie sich an die vorangegangene Diskussion über Physik: Eine Materiewelle in einem unbeobachteten geschlossenen Kasten ist zugleich eine Welle und ein Teilchen und erhält erst dann eine definitive Form, wenn sie beobachtet wird. Im Augenblick der Beobachtung kollabiert die Wahrscheinlichkeit in eine definitive Form. Das Gleiche trifft auch auf die Manifestation von Intentionen zu, nur sorgt hier die Wiederholung dafür, dass das Muster im nichtörtlichen Geist in Richtung Ihrer Intention kollabiert und sich in der physischen Wirklichkeit materialisiert. Die Art dieses Prozesses fördert die Illusion, dass etwas leicht oder schwer, möglich oder unmöglich ist. Deshalb müssen Sie, wenn Sie das Banale wirklich hinter sich lassen wollen, lernen, das Unmögliche zu denken und zu träumen. Nur durch die Wiederholung des Gedankens kann die Intention des nichtörtlichen Geistes das Unmögliche möglich machen.

Der nichtörtliche Geist in Ihnen ist derselbe wie der nichtörtliche Geist in mir oder gar in einem Rhinozeros oder einer Giraffe, in einem Vogel oder in einem Wurm. Selbst ein Stein ist von nichtörtlicher Intelligenz durchdrungen. Dieser nichtörtliche Geist, dieses reine Bewusstsein, verleiht uns unser Ichgefühl, das »Ich«, das sagt: »Ich bin Deepak«, das »Ich«, das sagt: »Ich bin ein Vogel«, das »Ich«, das sagt, wer Sie sind und für wen Sie sich halten. Dieses universelle Bewusstsein ist das einzige »Ich«, das es gibt. Doch dieses einzige universelle »Ich« erscheint in endlos vielen Gestalten. Es nimmt Form in einer unendlichen Zahl von Beobachtern und Beobachteten an, von Sehern und Gesehenem, Organischem und Anorganischem – es umfasst all die Lebewesen und Objekte, welche die physische Welt ausmachen. Diese Gewohnheit des universellen Bewusstseins, in die

Gestalt eines einzelnen Bewusstseins zu schlüpfen, geht der Interpretation voran. Bevor das »Ich bin« also sagt: »Ich bin Deepak« – oder eine Giraffe oder ein Wurm –, sagt es einfach: »Ich bin.« Das grenzenlos kreative Potenzial des »Ichs« teilt das gemeinschaftliche »Ich« in ein »Ich«, das Sie sind oder ich oder irgendein beliebiges anderes Objekt im Universum.

Das hier zugrunde liegende Konzept ist das gleiche wie jenes von den beiden Seelenebenen in Form einer universellen und einer individuellen Seele, nur steht es diesmal in einem persönlichen Kontext. Als Menschen sind wir es gewohnt, unser individuelles Ich für das eigentliche »Ich« zu halten, ohne das größere, universelle »Ich«, das auch unsere universelle Seele ist, zur Kenntnis zu nehmen oder zu wertschätzen. Die Verwendung des Wortes »ich« verschafft uns lediglich einen klug ausgedachten Bezugspunkt, der es uns gestattet, unseren einzigartigen Standpunkt in der universellen Seele zu lokalisieren. Doch wenn wir uns ausschließlich mit unserem individuellen »Ich« identifizieren, dann verlieren wir die Fähigkeit, Vorstellungen jenseits der Grenzen dessen zu entwickeln, was traditionell als möglich erachtet wird. Im universellen »Ich« ist nicht nur alles möglich, es existiert bereits und bedarf lediglich der Intention, um in die Wirklichkeit der physischen Welt hineinzukollabieren.

Die nachfolgenden Tabellen machen den Unterschied zwischen dem individuellen »Ich« oder örtlichen Geist und dem universellen »Ich« beziehungsweise nichtörtlichen Geist deutlich sichtbar:

Örtlicher Geist

1. Ego
2. Individueller Geist
3. Individuelles Bewusstsein
4. Konditioniertes Bewusstsein
5. Linear
6. Funktioniert im Rahmen von Raum, Zeit, Kausalität
7. Zeitgebunden und begrenzt
8. Rational
9. Konditioniert auf gewohnte Denk- und Verhaltensprozesse, geformt durch individuelle und kollektive Erfahrung
10. Unterteilt
11. Innerer Dialog: Das bin ich und gehört mir
12. Angst dominiert
13. Benötigt Energic
14. Benötigt Zustimmung
15. Unterscheidet das »Ich« im Beobachter vom »Ich« im Beobachteten
16. Denkt in Ursache-Wirkung-Modalitäten
17. Algorithmisch
18. Fortdauernd
19. Bewusst
20. Aktiv, wenn Sinne aktiv, weil die Sinneserfahrung eine örtliche Erfahrung ist
21. Drückt sich durch das willkürliche Nervensystem aus (individuelle Wahl)

Nichtörtlicher Geist

1. Geist
2. Seele
3. Universelles Bewusstsein
4. Reines Bewusstsein
5. Synchronistisch
6. Funktioniert außerhalb von Raum, Zeit, Kausalität
7. Zeitlos und unendlich
8. Intuitiv/kreativ
9. Unkonditioniert, grenzenlos korreliert, unendlich kreativ
10. Vereint
11. Innerer Dialog: All dies bin ich und gehört mir
12. Liebe dominiert
13. Funktioniert ohne Energie
14. Immun gegen Kritik und Schmeichelei
15. Weiß, dass er sowohl das »Ich« im Beobachter wie im Beobachteten ist
16. Erkennt akausale Verbindungen oder wechselseitig voneinander abhängige Korrelationen
17. Nicht algorithmisch
18. Nicht fortdauernd
19. Überbewusst
20. Immer aktiv, doch besser verfügbar, wenn die Sinne ruhen oder abgezogen sind wie im Schlaf, bei Träumen, Meditation, Schläfrigkeit, Trance, im Gebet
21. Drückt sich selbst durch autonome und endokrine Systeme und insbesondere durch die Synchronisation dieser Systeme aus (und außerdem durch die Synchronisation des Einzelnen und des Universellen, des Mikrokosmos und des Makrokosmos)

Der Unterschied zwischen örtlichem und nichtörtlichem Geist ist der Unterschied zwischen dem Gewöhnlichen und dem Außergewöhnlichen. Der örtliche Geist eines jeden Menschen ist persönlich und individuell. Er enthält unser Ego, das selbst definierte »Ich«, das als Sklave unserer selbst konditionierten Gewohnheiten durchs Leben geht. Von Natur aus trennt uns der örtliche Geist vom Rest der Schöpfung. Er errichtet dicke künstliche Mauern, die zu verteidigen sich die meisten Menschen gezwungen sehen, auch wenn das bedeutet, dass sie sich von den freudigen und sinnhaften Verbindungen abschneiden, die entstehen, wenn man sich als Bestandteil des Universellen empfindet. Der örtliche Geist ist schwerfällig, anstrengend und rational und hat keinerlei Sinn für Kapriolen oder Kreativität. Er bedarf ständiger Aufmerksamkeit und Zustimmung und ist daher anfällig für Angst, Enttäuschung und Schmerz.

Der nichtörtliche Geist andererseits ist reine Seele, reiner Geist, universelles Bewusstsein. Da er außerhalb der Grenzen von Raum und Zeit funktioniert, ist er die große ordnende und einende Kraft des Universums; er verfügt über endlose Entfaltungsmöglichkeiten und unbegrenzte Ausdauer. Seinem Wesen gemäß verbindet er alle Dinge, denn er *ist* alle Dinge. Er braucht keine Aufmerksamkeit, keine Energie, keine Zustimmung; er genügt sich selbst und zieht daher Liebe und Vertrauen an. Er ist nicht nur kreativ, er ist die Quelle jeglicher Kreativität. Der nichtörtliche Geist gestattet es uns, über die Grenzen dessen, was der örtliche Geist für »möglich« hält, hinauszublicken und an Wunder zu glauben.

Die Existenz der kreativen Quantensprünge, zu denen der nichtörtliche Geist fähig ist, wurde von der Wissenschaft nachgewiesen. Lücken im fossilen Protokoll der Erdgeschichte legen Kreativsprünge der Imagination in der Natur selbst nahe, eine Hypothese, die als unterbrochenes Gleichgewicht bezeichnet wird. Beispielsweise kennen wir Fossilien von Amphibien und Vögeln, jedoch keine, die den Übergang von einer Spezies zur anderen herstellen würden. Dieser Umstand lässt auf einen Imaginationsquantensprung schließen, dem zufolge sich Amphibien, die fliegen lernen wollten, als Konsequenz ihrer Intention übergangslos als Vögel manifestierten. Wissenschaftler gehen davon aus, dass Primaten sich zu Menschen entwickelten, doch gibt es auch hier keine Fossilien, die Zeugnis von den Zwischenstufen ablegen – das entscheidende Kettenglied fehlt. Zuerst gab es also nur Primanten, und dann waren plötzlich Menschen da. Und dazwischen? Nichts.

Diese Imaginationssprünge gruppieren sich unablässig zu dem, was wir als das Universum betrachten. Im Lauf unseres Daseins haben wir erlebt, wie sich Fernsehen, Internet, E-Mail-Technologie, Kernenergie und Raumfahrt entwickelt haben. Die Imagination führt uns, wohin wir auch gehen wollen. Und obgleich sie eine Eigenschaft des universellen Bewusstseins ist, wird sie doch von diesen örtlichen Ausdrucksformen konditioniert. Den Menschen steht es frei, noch darüber hinauszugehen. Der örtliche Geist beziehungsweise das örtliche »Ich« verschafft ihnen die Möglichkeit, ausgehend von ihren Intentionen zu wählen. Und der nichtörtliche Geist beziehungsweise das nichtörtliche »Ich« sorgt dafür, dass die Details in synchronisierter Form die Intention erfüllen. So werden Träume Wirklichkeit.

Lassen Sie mich Ihnen dies anhand eines Beispiels

erklären. Das örtliche »Ich« namens Deepak will sich wohl fühlen, indem es Sport treibt und abnimmt. Folglich geht Deepak, das örtliche »Ich«, jeden Tag laufen, und zwar entweder am Strand oder auf dem Laufband. Das nichtörtliche »Ich« Deepaks ermöglicht dies, indem es Deepaks Körper viele Funktionen gleichzeitig erfüllen lässt: Das Herz muss schneller schlagen und mehr Blut pumpen, die Gewebe müssen mehr Sauerstoff aufnehmen, die Lungen schneller und tiefer atmen, und der Zucker, der den Treibstoff des Systems darstellt, muss rasch zu Kohlendioxid und Wasser verbrannt werden, damit Energie entstehen kann. Wenn die Energiezufuhr abfällt, muss Insulin ausgeschüttet werden, damit das in der Leber gespeicherte Glykogen als Treibstoff zur Verfügung gestellt wird. Da ich im Freien laufe, muss das Immunsystem stimuliert werden, um mein Körper-Geist-System gegen Infektionen zu schützen. Diese Liste ist nur eine äußerst vereinfachte Darstellung der vielen Prozesse, die sich gleichzeitig und aufeinander abgestimmt ereignen müssen, damit meine Intention zu laufen sich realisieren lässt. Tatsächlich spulen sich zugleich Billionen und Aberbillionen von nichtörtlichen Aktivitäten ab, die es Deepak überhaupt erst ermöglichen, sein Laufen zu genießen.

Wie wir sehen, werden die Funktionen des Körpers durch den nichtörtlichen Geist geordnet. Und während all diese Aktivitäten synchronisiert werden, hat Deepak seinen Spaß am Laufen. Er muss sich keine Sorgen machen, ob sein Herz auch genug Blut in Umlauf bringt oder ob seine Leber vielleicht vergisst, Glykogen in Zucker umzuwandeln. Das ist die Aufgabe der nichtörtlichen Intelligenz. Das örtliche »Ich« beabsichtigt und synchronisiert alle für die Erfüllung der Intention erforderlichen Einzelschritte.

Doch nicht immer kooperiert das örtliche »Ich«, und manchmal trifft es schlechte Entscheidungen. Denken Sie sich einen Mann namens Hans Müller. Er befindet sich auf einer Party, und der örtliche Hans Müller sagt: »Ich amüsiere mich gut auf dieser Party.« Er nippt ein wenig am Champagner, wird lockerer und macht neue Bekanntschaften. Der nichtörtliche Hans Müller hat ebenfalls seinen Spaß auf der Party. Er genießt es, Kontakte herzustellen, und freut sich am Augenblick. Doch was ist, wenn sein örtliches »Ich« beschließt: »Das macht einen Riesenspaß. Vielleicht sollte ich mich ja betrinken?« Übermäßiger Alkoholgenuss zerstört Beziehungen, auch solche, die eben erst geknüpft wurden und noch im Entstehen begriffen sind. Folglich lässt das nichtörtliche »Ich« das örtliche wissen, dass diese Entscheidung ihren Preis hat. Das nichtörtliche »Ich« verpasst dem örtlichen »Ich« am nächsten Morgen einen Kater und Kopfschmerzen. Auf diese Weise teilt es sich dem örtlichen »Ich« mit und sagt ihm sozusagen: »Wenn du dich selbst schlecht behandelst, dann wirst du krank.«

Wenn das örtliche »Ich« den Versuch des nichtörtlichen »Ichs« ignoriert, es von seiner Entscheidung abzubringen, dann wird es die Folgen zu spüren bekommen. Lässt also beispielsweise das örtliche »Ich« diese Botschaft außer Acht und betrinkt sich jeden Tag, dann verliert der örtliche Hans Müller vielleicht Arbeit und Einkommen, erlebt möglicherweise die Zerrüttung seiner Familie, erkrankt an Leberzirrhose und stirbt schließlich. Warum? Weil die Entscheidung, dem Alkohol zu verfallen, weder dem örtlichen noch dem nichtörtlichen

Hans Müller nützt. Die Intention war nicht rein, weil das örtliche »Ich« sie entstellt hatte. Auf ihrem Weg vom nichtörtlichen zum örtlichen Geist veränderte sie ihre Form. Eine Intention kann nur dann synchronistisch zur Erfüllung gelangen, wenn sie den Bedürfnissen beider, nämlich des örtlichen und des nichtörtlichen »Ichs« dient. Die nichtörtliche Intention zielt immer auf Entwicklung ab und bevorzugt daher harmonische Interaktionen, die dem großen Ganzen dienen.

Intention hat stets im universellen Bereich ihren Ursprung. Letztendlich ist es die universelle Intention, welche die örtliche erfüllt, vorausgesetzt, sie kommt den Bedürfnissen des örtlichen Geistes (mir) und jenen des nichtörtlichen Geistes (dem universellen Geist) entgegen. Nur dann kooperieren örtlicher und nichtörtlicher Geist. Doch ist dabei ein verwirrender Faktor im Spiel. Es gibt Milliarden Menschen und Billionen anderer Lebewesen auf der Erde, die allesamt ihre eigenen örtlichen Intentionen haben. Angenommen ich will eine Party feiern, auf der es Gebäck und Kuchen geben soll. Im Rahmen meiner Vorbereitungen habe ich Mehl, Zucker und all die sonst erforderlichen Zutaten eingekauft und in meiner Speisekammer deponiert. Dort ziehen die Lebensmittel Mäuse und Ameisen an, deren Intention es ist, Mehl und Zucker aufzufressen. Als ich ihrem Treiben auf die Schliche komme, kaufe ich Mausefallen und ein Insektenbekämpfungsmittel. Einige der Mäuse sterben. Bakterien kommen hinzu und beginnen, ihre Kadaver zu zersetzen.

Wenn wir einen Schritt beiseite treten und das Gesamtbild betrachten, dann erkennen wir, wie sich die Ereignisse geradezu verschwörerisch miteinander verbinden und sich gegenseitig hervorbringen. Damit dieses Szenario stattfinden kann, müssen Weizen und Zuckerrüben angebaut werden. Dies wiederum erfordert Bauernhöfe, Bauern, Regen, Sonnenschein, Traktoren, Konsumenten, Händler, Großhändler, Lastwagenfahrer, Eisenbahnlinien, Finanzmärkte, Lebensmittelgeschäfte und ihre Angestellten, Investoren, Insektenbekämpfungsmittel, Chemiefabriken, chemische Kenntnisse und so weiter und so weiter. Die Zahl der beteiligten örtlichen Geiste ist gewaltig.

Damit stellt sich die Frage, wer denn hier was beeinflusst. Wessen Intention ruft all diese Ereignisse hervor? Meine Intention war es, Gebäck und Kuchen zu backen. Beeinflusst meine Intention denn das Verhalten des gesamten Planeten, angefangen bei den Bauern bis hin zu den Börsenmaklern und Weizenpreisen – ganz zu schweigen vom Verhalten der Ameisen und Mäuse in meiner Vorratskammer und von den Aktivitäten anderer Elemente und Kräfte im Universum? War die Intention, meinen Gästen Gebäck und Kuchen vorzusetzen, die einzige, welche die Mitwirkung des Universums erforderte? Eine Maus – geht man einmal davon aus, dass sie fähig ist, ihre Intention zu hinterfragen – könnte der Auffassung sein, dass *ihre* Intention für das Zustandekommen der gesamten Ereigniskette, angefangen bei den Aktivitäten des Getreidegroßhändlers und den Wetterbedingungen bis hin zu meiner Entscheidung, Kuchen zu backen, verantwortlich sei. Genauso richtig könnten auch die Bakterien annehmen, dass *ihre* Absicht die Aktivitäten des gesamten Universums orchestriere, darunter auch meine Entscheidung, Insektenvertilgungsmittel zu kaufen, das dann unfreiwillig für die Bereitstellung der für sie erforderlichen Proteine sorgt. Die Verwirrung ist groß, sobald man sich fragt, wessen Intention denn eigentlich eine beliebige Ereigniskette orchestriert hat.

Aber wessen Intention bewirkt denn nun *wirklich* all diese Aktivitäten? In der grundlegenderen Wirklichkeit ist es das nichtörtliche, universelle »Ich«, das all diese Ereignisse orchestriert. Diese ordnende Kraft koordiniert und synchronisiert gleichzeitig eine unendliche Zahl von Ereignissen. Der nichtörtliche Geist verwandelt sich immerfort in sich selbst, erneuert sich und seine Kreativität, sodass das Alte niemals schal, sondern unablässig und in jedem Augenblick neugeboren wird. Obgleich die Intention ihren Ursprung im singulären nichtörtlichen »Ich« hat, aus meiner Perspektive – und aus der der Katze, der Maus, der Ameisen, der Bakterien und meiner Gäste – ist sie die Intention des persönlichen »Ichs«.

An jedem Ort könnte jeder Organismus der Meinung sein: »Es ist meine Intention, die die Weichen stellt!« Jeder und alles glaubt, sein persönliches örtliches »Ich« sei für die Geschehnisse verantwortlich. Doch im Gesamtzusammenhang der Einzelaspekte bedingen all diese verschiedenen örtlichen Geiste einander, weil dies die Intention des nichtörtlichen Geistes ist. Die Bäume müssen Sauerstoff produzieren, damit ich atmen kann. Die Flüsse müssen fließen, damit mein Blut zirkuliert. Letztendlich gibt es nur ein einziges lebendiges, üppiges, ewiges, rhythmisches, unteilbares »Ich«. Jegliche Teilung ist Illusion. Das örtliche »Ich« erkennt sich selbst nur dann als das nichtörtliche, wenn beide in Verbindung miteinander stehen. Erst dann spüren Sie, dass es nur ein universelles »Ich« gibt. Und wenn Sie die Verbindung herstellen, dann erleben Sie Vertrauen, Liebe, Vergebung, Dankbarkeit, Mitgefühl, Hingabe, reines Sein. So funktionieren Gebete. Der große englische Dichter Lord Alfred Tennyson sagte einmal: »Mehr Dinge werden durch das Gebet errungen, als sich diese Welt auch nur vorstellen kann.« Doch das Gebet erzwingt nicht die Intention; es sind Geschick, Timing, Hingabe, Dankbarkeit, Vertrauen, Liebe und Mitgefühl, die es mir, dem örtlichen »Ich«, gestatten, zum nichtörtlichen »Ich« zu werden und mich als solches zu fühlen.

Wir hängen so sehr an unserem örtlichen, individuellen, persönlichen »Ich«, dass wir gegenüber der Herrlichkeit, die jenseits von ihm liegt, blind sind. Unwissenheit ist nichts anderes als eingeschränktes Bewusstsein. Um etwas zu bemerken, muss man alles andere ignorieren. So wird aus nichtörtlich örtlich. Wenn ich etwas wahrnehme, dann setzt dies voraus, dass ich alles andere um dieses Etwas herum, das natürlich zu seiner Existenz beiträgt und deshalb ein Teil von ihm ist, außer Betracht lasse. Wenn das »Ich«, das mein Ego ist, beobachtet, dann beobachtet es nur das Einzelne und ignoriert das Universelle. Doch wenn das »Ich« meines nichtörtlichen Geistes sieht, dann nimmt es den Fluss des Universums wahr, der das Einzelne überhaupt erst möglich macht.

Diese Verflechtung und Untrennbarkeit macht Leben aber nicht nur möglich, sondern es verleiht ihm den Hauch des Wunderbaren. Das Meer der Verflechtungen auf unserem Planeten kollabiert zu individuellen Wellen; diese treiben in schäumenden Tropfen, die wie Diamanten glitzern und einander einen Moment reflektieren, auseinander, nur um wieder in die Tiefen des Ozeans zu sinken. Es gibt nur einen ewigen Augenblick – eine ewige Liebe, einen ewigen Geist oder ein ewiges

Bewusstsein –, der unablässig Sehender und Gesehenes wird. Wir sind diese kristallenen Tropfen, ein jeder einen Moment lang einzigartig in seiner Schönheit, ein jeder ein Teil des anderen, ein jeder den anderen reflektierend. Wir alle haben unseren Ursprung in ewiger Liebe, Geist oder Bewusstsein, sind ein Abbild des universellen »Ichs«. Während Interpretation, Erinnerung und Gewohnheit eine Illusion von Vertrautheit oder Identität schaffen, von unserer Kontinuität von einer Minute zur nächsten, enthält unser Kern in Wahrheit unendlich viele Möglichkeiten, die nichts als einer Intention bedürfen, um sie zu verwirklichen.

Intention orchestriert eine unendliche Zahl von Möglichkeiten. Vielleicht fragen Sie sich ja, wie die ideale Art Absicht aussieht. Was würden Sie erbitten, wenn Ihre Intention umgehend realisiert werden könnte? Ist sie eine rein persönliche Angelegenheit und dient nur Ihnen selbst, dann könnte die Übereinstimmung von örtlichem und nichtörtlichem »Ich« ausbleiben. Wie oft haben Sie schon Leute sagen hören, dass sie sich wünschten, im Lotto zu gewinnen? Der Wunsch könnte wahr werden, aber nur dann, wenn dies dem Individuum *und* dem großen Ganzen dient. Sie könnten sich sagen: »Ich wünschte, ich würde im Lotto gewinnen, damit ich mir einen neuen BMW kaufen kann.« Selbst diese Intention nützt vielen Menschen: Ihnen, dem Hersteller, seinen Angestellten, Investoren und der Wirtschaft. Doch ist diese Absicht nicht so wirkungsvoll wie etwa jene einer Mutter Teresa. Deren Intention, Geld zu sammeln, entsprang nämlich dem Bedürfnis, anderen Erfüllung zu bringen, anderen zu geben und auf einer tieferen, nichtmateriellen Ebene zu empfangen – und damit der langen Kette des Seins zu dienen. Wenn die Absicht des nichtörtlichen Geistes vom örtlichen Geist bedient wird, dann ist der Vorgang ganzheitlicher und somit wirkungsvoller.

Wir könnten uns bei jeder Intention fragen: »Wie würde mir und allen Menschen, mit denen ich in Berührung komme, ihre Verwirklichung nutzen?« Und wenn die Antwort lautet, dass sie in mir und allen, die von meinen Handlungen berührt werden, wahre Freude und Erfüllung brächte, dann würde sie zusammen mit der Hingabe an den nichtörtlichen Geist ihre eigene Realisierung orchestrieren. Wir werden uns später noch mit den Techniken befassen, die helfen, die reine und eigentliche Intention zu erkennen, die Ihrem Leben bestimmt ist. Zunächst ist es jedoch erforderlich, als Ausgangspunkt ein stilles und zur Ruhe gebrachtes Bewusstsein zu fördern, das es Ihnen gestattet, die richtige Intention in Ihrem Herzen hervorzubringen, um dann Ihr örtliches »Ich« mit dem nichtörtlichen »Ich« zu verschmelzen, damit Gottes Wille durch Sie geschehen kann. Ich habe diese Techniken vielen Tausend Menschen vermittelt, und sie sagten mir, dass sie bei ihnen ebenso Wirkung zeigen wie bei mir selbst.

Ein Teil der Schwierigkeiten besteht darin, eine Intention zu entwickeln, die sich den Absichten des Universums nicht in den Weg stellt. Kürzlich haben Wissenschaftler versucht, in Entwicklungsländern, die unter Nahrungsmittelknappheit leiden, so genannten »goldenen Reis« einzuführen – eine genetisch modifizierte Variante, die immun gegen Insekten ist und daher potenziell großen Ertrag verspricht. Doch kam es zu unerwarteten Problemen. Der genetisch modifizierte Reis besitzt nicht die Duftstoffe, die bestimmte, für die Aufrechterhaltung der Nahrungskette erforderliche Insekten anlocken. Ökologen fürchten, dass der Reis das örtliche Ökosystem durcheinander bringen und schließlich das Klima ungünstig beeinflussen könnte – mit gravierenden Folgen für den gesamten Planeten. Eingeschränktes oder örtliches Bewusstsein zieht lediglich eine bestimmte Situation in Betracht und versucht, sie lokal zu lösen. Erweitertes Bewusstsein, das nichtörtliche »Ich«, berücksichtigt darüber hinaus die Beziehungen – die Vögel, die Bienen, die Eichhörnchen, die Murmeltiere und das Wetter (eine bestimmte Flora und Fauna ist erforderlich, um eine bestimmte Art Wetter zu ermöglichen). Eine gute Intention kann nach hinten losgehen, wenn die Absicht des nichtörtlichen »Ichs« ignoriert wird. Die komplizierten Bindungen globaler Verflechtung verlangen nicht nur Selbstlosigkeit, sondern auch gute Koordination mit allen anderen individuellen »Ichs«, die gleichfalls von dem universellen »Ich« herrühren.

Die Erfüllung einer Intention kann weder mit Gewalt durchgesetzt noch erzwungen werden. Stellen Sie sich die Situation so vor, als würden Sie versuchen, Seifenblasen in der Luft zu fangen. Ein solches Unterfangen ist schwierig und darf nicht übereilt oder unter Druck in Angriff genommen werden. Das Gleiche gilt auch für Meditation und Schlaf. Man kann weder Meditation noch Schlaf gewaltsam erzwingen. Beides setzt Loslassen voraus, und je mehr Sie sich bemühen, desto geringer sind Ihre Aussichten auf Erfolg. Meditation geschieht; Schlaf tritt unwillkürlich ein. Ebenso verhält es sich mit Intention. Je weniger wir eingreifen, desto deutlicher erkennen wir, dass sie über ihre eigene »unendlich ordnende Kraft« verfügt. So, wie ein Samen alles in sich trägt, was erforderlich ist, um sich zu einem Baum zu entwickeln, Blüten zu treiben und Früchte auszubilden, so trägt auch die Intention in sich bereits den Mechanismus, der ihre Erfüllung bewirkt. Mit dem Samenkorn muss ich nichts tun. Ich muss es lediglich in die Erde legen und gießen. Das Samenkorn sorgt dann von sich aus und ohne irgendeine Veranlassung meinerseits für alles Weitere.

Intention ist ein Samenkorn in der Erde des Bewusstseins oder Geistes. Wenn Sie dies berücksichtigen, dann kann Ihre Absicht selbst für ihre Verwirklichung sorgen. Die unendliche ordnende Kraft der Intention ist fähig, zahllose Einzelheiten gleichzeitig zu orchestrieren.

Intention erzeugt Zufälle; deshalb passiert so manches, woran Sie intensiv denken, ganz unvermittelt. Intention ist die Ursache für die spontane Remission oder Selbstheilung mancher Menschen. Intention orchestriert jegliche Kreativität im Universum. Und Menschen sind fähig, durch ihre Absicht positive Veränderungen in ihrem Leben zu bewirken. Aber wie ist uns diese Fähigkeit abhanden gekommen? Wir verlieren sie, sobald unser Selbstbild das Selbst überschattet und sobald wir unserem Ego unser höheres Selbst opfern.

Die Einsicht, dass »Ich« und »Du« voneinander getrennte Entitäten sind, entsteht im Alter von ungefähr zwei oder drei Jahren. Zu diesem Zeitpunkt beginnt ein Kleinkind zwischen »ich« und »mein« sowie »nicht ich« und »nicht mein« zu unterscheiden. Diese Trennung erzeugt Angst. In Wahrheit ist die Welt nicht von uns getrennt, sondern wie wir Bestandteil des Bewusstseinskontinuums. Intention funktioniert, indem das Universum die ihm innewohnenden kreativen Kräfte nutzt. Genauso wie wir über unsere persönliche Kreativität verfügen, besitzt auch das Universum Kreativität. Das Universum ist lebendig und bewusst, und es reagiert auf unsere Intention – vorausgesetzt wir pflegen eine intime Beziehung zu ihm und betrachten es nicht als von uns abgeschnitten, sondern als eine Erweiterung von uns selbst.

Wir können die Macht der Intention wiederherstellen, indem wir zum wahren Ich zurückkehren und unser Selbst verwirklichen. Wem diese Selbstverwirklichung gelingt, der erneuert seine Verbindung mit dem nichtörtlichen Geist. Solche Menschen haben kein Bedürfnis, andere zu manipulieren oder zu kontrollieren. Sie sind unabhängig von Kritik und Schmeichelei. Sie fühlen sich niemandem unterlegen, aber auch niemandem überlegen. Sie stehen in Verbindung mit ihrem inneren Bezugspunkt, also mit ihrer Seele und nicht mit ihrem Ego. Angst ist für sie kein Thema, da Angst dem Bedürfnis des Egos entspricht, sich zu schützen. Diese Angst aber ist es, die sich der Spontaneität der Intention in den Weg stellt. Die Intention aber ist der Mechanismus, mit dessen Hilfe sich Geist in materielle Wirklichkeit verwandelt.

Reife Spiritualität setzt bewusste Nüchternheit voraus. Wenn Sie nüchtern sind, dann reagieren Sie zwar auf ein Feedback, bleiben Kritik und Schmeichelei gegenüber jedoch immun. Sie lernen loszulassen und machen sich über die Folgen keine Gedanken mehr. Sie vertrauen darauf, dass alles gut ausgehen wird, und erkennen die Synchronizität, mit der alles um Sie her aufeinander abgestimmt ist. Intention hält gute Gelegenheiten bereit, auf die Sie gefasst sein müssen. Glück bedeutet das Zusammentreffen von guter Gelegenheit und Empfänglichkeit. Intention liefert Ihnen solche günstigen Gelegenheiten, doch sobald sie da sind, müssen *Sie* bereit sein und handeln.

Wann immer Sie Schritte unternehmen, tun Sie es mit der Geisteshaltung, dass nicht Sie es sind, der handelt. Stellen Sie sich vor, dass Ihre Handlungen in Wahrheit diejenigen der nichtörtlichen Intelligenz, des ordnenden universellen Geistes sind. Sie werden feststellen, dass diese Haltung die Angst erheblich reduziert. Außerdem klammern Sie sich auch weniger an das Ergebnis.

Stress ist eine Form von Angst. Wenn Sie in Stress geraten, dann sind Sie weit von Synchronizität entfernt. Synchronizität ist ein Mittel, um mit Gott in Verbindung zu treten. Sie stellt einen Weg in Ihrem Leben dar, der zu Sinnhaftigkeit und Erfüllung führt und Ihnen die Erfahrung von Liebe und Mitgefühl beschert. Sie ist ein Mittel, um eine Verbindung zu der nichtörtlichen Intelligenz im Universum herzustellen. Wenn ich im Geist mit Situationen beschäftigt bin, die mir Stress verursachen, dann ist es schwierig, Zugang zur Synchronizität zu erlangen. Damit Ihnen dies gelingt, muss Ihre Grundhaltung die der Hingabe an den universellen Bereich sein, der viel größer als alles ist, was Sie sich nur vorstellen können. Hingabe verlangt einen Vertrauensvorschuss, den Sprung ins Unbekannte. Ihr innerer Dialog kann diese Haltung unterstützen, wenn Sie sich beispielsweise Folgendes sagen: »Die Dinge laufen nicht so, wie ich es mir vorgestellt hatte. Deshalb verabschiede ich mich jetzt von meinen Vorstellungen. Ich muss mein Verständnis von ›ich und mein‹ erweitern.« Wenn Sie einen solchen

Vertrauensvorsprung wagen, dann ist Ihnen reiche Belohnung gewiss. Machen Sie sich Sorgen, wie Sie die Rechnungen im nächsten Monat bezahlen sollen, dann ist es vernünftig, sich daran zu erinnern, dass Sie nicht nur die Intention haben, Ihre Bedürfnisse zu erfüllen, sondern auch Ihre Kinder zur Schule schicken und einen Beitrag zur Gemeinschaft leisten wollen. Jeder Mensch möchte solche Bedürfnisse in seinem Leben erfüllen. Indem Sie Ihre Intention aussprechen, überantworten Sie sie dem unendlichen Geist und bringen damit sozusagen zum Ausdruck: »Ich stelle dir all dies anheim. Ich werde mir keine Sorgen mehr darüber machen, weil ich weiß, dass du, die nichtörtliche Intelligenz, die ein Teil von mir ist, dich darum kümmern wirst.«

Große Maler, Jazzmusiker, Schriftsteller und Wissenschaftler sagen, dass sie ihre individuelle Identität transzendieren müssen, um schöpferisch tätig zu sein. Ich habe mit zahlreichen Komponisten und Musikern zusammengearbeitet, und ich kenne nicht einen, der beim Komponieren an die Tantiemen denkt. Ein neues Lied oder Musikstück setzt Loslassen und Brüten im nichtörtlichen Bereich voraus. Der Komponist muss zulassen, dass die Musik zu ihm kommt. Alle kreativen Prozesse sind abhängig von Phasen des Brütens und Zulassens. In diesem Fall jedoch ist der kreative Geist der Kosmos selbst. Sobald sich Selbstbezogenheit auflöst, findet nichtörtliche Intelligenz Zugang.

Denken Sie daran, dass Ihre Gedanken nicht im Widerspruch zu den Plänen des Universums stehen dürfen. Sich einen Lottogewinn zu wünschen, kann Ihr Gefühl von Abgeschnittensein vom Kosmos sogar noch verstärken. Viele Lottogewinner berichten von einer Entfremdung von Freunden und Verwandten und keineswegs von größerem Glück. Wenn Geld allein zum Ziel wird, dann wirkt es entfremdend.

Wie können Sie nun wissen, welche Ihrer Intentionen Aussicht auf Erfüllung haben? Indem Sie auf die Fingerzeige achten, die der nichtörtliche Geist Ihnen gibt. Achten Sie auf die Zufälle in Ihrem Leben. Jedes günstige zufällige Zusammentreffen ist eine Botschaft. Sie sind Fingerzeige von Gott oder dem Geist oder der nichtörtlichen Wirklichkeit, die Sie drängen, aus Ihrer Konditionierung durch das Karma und aus Ihren vertrauten Denkmustern auszubrechen. Sie geben Ihnen Gelegenheit, Zugang zu einem Bereich des Bewusstseins zu erlangen, wo Sie sich von der unendlichen Intelligenz, die Ihre Quelle ist, geliebt und umsorgt fühlen. Spirituelle Traditionen bezeichnen dies als einen Zustand der Gnade.

5

Die Rolle der zufälligen, glücklichen Fügung

Wenn man über die glückliche Fügung als kodierte Botschaft der nichtörtlichen Intelligenz spricht, erhält das Leben den Anstrich eines Kriminalromans. Gut aufpassen, sorgfältig auf Hinweise achten, deren Bedeutung entschlüsseln, und zuletzt kommt die Wahrheit ans Licht. In vielerlei Hinsicht passiert tatsächlich genau das. Schließlich ist ja das Leben selbst der ultimative Roman.

Das Leben kommt uns vor allem deshalb wie ein Roman vor, weil wir nicht wissen, wie es ausgeht, und weil unser Schicksal vor uns verborgen bleibt. Erst rückblickend erkennen wir den Weg, dem wir ein Leben lang gefolgt sind, und mit einem Mal erscheint uns unsere Lebensgeschichte vollkommen schlüssig. Es fällt uns leicht, dem Kontinuitätsfaden zu folgen, an dem sich unsere Erfahrungen aufreihen wie Perlen auf einer Schnur. Selbst jetzt, egal an welchem Punkt in Ihrem Leben Sie gerade angelangt sind, erhalten Sie durch einen Rückblick den Eindruck, dass Ihr Leben bisher ganz natürlich von einem Meilenstein zum nächsten, von einem Ort oder Arbeitsplatz zum nächsten geflossen ist. Machen Sie sich bewusst, wie mühelos alles hätte ablaufen können, wenn Sie im Vorhinein gewusst hätten, wohin Ihr Weg Sie führen wird. Viele Menschen fragen sich beim Blick zurück: »Warum habe ich mir wegen diesem und jenem nur solche Sorgen gemacht? Warum war ich so hart zu mir oder zu den Kindern?«

Gelänge es uns, fortwährend von der Seelenebene aus zu leben, dann müssten wir uns nicht darüber beklagen, dass man immer erst im Nachhinein schlau genug ist, Verständnis für die großen Wahrheiten des Lebens aufzubringen. Wir würden sie im Voraus kennen. Wir hätten Anteil an der Erschaffung der Abenteuer in unserem Leben. Der Weg wäre deutlich sichtbar abgesteckt, und wir bedürften keiner Wegweiser oder Anhaltspunkte und auch keiner segensreichen Zufälle.

Die meisten Menschen leben nun aber einmal nicht von ihrer Seelenebene aus, und so kommt es, dass wir von glücklichen Fügungen abhängig sind, die uns den Willen des Universums kundtun. Wir alle wissen, was so ein zufälliges günstiges Zusammentreffen zum Ausdruck bringt. Der Begriff selbst gibt bereits Aufschluss über seine Bedeutung: Zwei oder mehrere Ereignisse treffen *zufällig* und *günstig* zusammen. Da jeder Mensch solche glücklichen Fügungen kennt, nehmen wir sie weitgehend als gegeben hin. Wir halten sie für die kleinen kuriosen Augenblicke des Lebens, über die wir einen Moment lang staunen, um sie dann rasch wieder zu vergessen.

Doch Zufälle sind weit mehr als nur amüsant. Eine glückliche Fügung ist ein Hinweis auf die Intention des universellen Geistes und aus diesem Grund äußerst bedeutsam. Manche Menschen sprechen von »bedeutsamen« Zufällen, um gleichzeitig stattfindende Ereignisse zu bezeichnen, die für die betreffende Person besonders wichtig sind. Doch meiner Meinung nach ist das Wort »bedeutsam« in diesem Zusammenhang überflüssig, weil nämlich *jeder* Zufall, *jede* glückliche Fügung bedeutsam ist; andernfalls würden sie sich gar nicht erst zutragen. Allein die Tatsache, dass sich Zufälle ereignen, verleiht ihnen Bedeutung. Manchmal gelingt es uns, ihre Bedeutung zu erfassen, und manchmal eben nicht.

Welche Bedeutung hat nun aber eine glückliche Fügung wirklich? Der tiefere Teil Ihrer selbst weiß die Antwort auf diese Frage bereits, doch muss Ihnen dies erst noch zu Bewusstsein gebracht werden. Die Bedeutung liegt nicht in der glücklichen Fügung, sondern in Ihnen, der Person, für die sich die Ereignisse günstig zusammenfügen. So gesehen ist natürlich jede Erfahrung, ja, das gesamte Universum ohne unsere Beteiligung bedeutungslos. Wir verleihen Ereignissen Bedeutung, und wir verleihen sie ihnen durch unsere Intention. Glückliche Fügungen sind Botschaften aus dem nichtörtlichen Reich, die unser Handeln so dirigieren, damit unsere Träume wahr werden und unsere Intentionen sich in der Wirklichkeit manifestieren. Zuerst einmal brauchen Sie also eine Intention, und dann müssen Sie Verbindung mit Ihrem spirituellen Selbst aufnehmen. Erst dann steht Ihnen der Weg offen, Zufälle zur Verwirklichung Ihrer Intention zu nutzen.

Es ist einfach, Intentionen zu entwickeln; ebenso einfach wie die Formulierung von Wünschen. Spirituell zu sein hingegen ist schwer. Viele Menschen, die sich für spirituell halten, haben noch immer keinen Zugang zum unendlichen Meer spiritueller Kraft gefunden. Stattdessen paddeln sie über die Oberfläche dieses Ozeans, ohne es je zu wagen, in die Tiefe der universellen Erfahrung einzutauchen.

Wunder in der wirklichen Welt

Wunder sind ein echtes Phänomen. Jede Tradition erkennt ihre Existenz an, doch eine jede tut es in einer anderen Sprache. Wir bezeichnen ein Ereignis als Wunder, wenn sich ein erwünschtes Ergebnis auf dramatische Weise manifestiert: Wir Suchen Heilung von einer schrecklichen Krankheit oder erlangen materiellen Reichtum oder entdecken unser Lebensziel. Wenn sich solche Ereignisse zutragen, dann rufen wir aus: »Oh, wie wunderbar!« Jemand hat eine Intention oder einen Wunsch oder einen Gedanken, und tatsächlich, sie oder er wird Wirklichkeit. Ein Wunder ist also ein sehr dramatisches Beispiel dafür, was geschieht, wenn es jemandem gelingt, Zugang zum spirituellen Bereich zu finden und Intention zur Manifestation von Wüschen zu instrumentalisieren.

Ich will Ihnen ein Beispiel für einen bemerkenswerten Zufall geben. David hatte sich in eine Frau namens Joanna verliebt. Er war verliebt bis über beide Ohren, zögerte jedoch ein wenig, eine Verpflichtung einzugehen und zu heiraten. Schließlich entschloss er sich, mit Joanna in einen Park zu gehen und ihr dort einen Heiratsantrag zu machen. Ihn überkamen noch immer gemischte Gefühle angesichts der einzugehenden Verpflichtung, doch als er am Morgen erwachte, war er erfüllt von innerem Frieden und der Gewissheit, dass alles gut werden würde. David breitete gerade die Picknickdecke aus und sammelte all seinen Mut, um die schwierige Frage zu stellen, als ein Flugzeug mit einem Werbespruchband über die beiden hinwegflog. »Was wohl auf dem Spruchband steht?«, fragte Joanna und blickte in den Himmel hinauf. Ohne nachzudenken platzte David hervor: »Da steht: ›Heirate mich, Joanna.‹« Die beiden nahmen das Werbeband näher in Augenschein und tatsächlich stand da: JOANNA, HEIRATE MICH. Sie fiel ihm in die Arme, sie küssten sich, und im gleichen Augenblick wusste David, dass es für ihn genau richtig war, diese Frau zu heiraten. Am nächsten Tag lasen sie im Lokalteil der Zeitung, dass jemand seiner Freundin, die gleichfalls Joanna hieß, im Park einen Antrag gemacht und zu diesem Zweck das Flugzeug bestellt hatte. Für David war das Flugzeug zufällig genau im richtigen Moment über den Park geflogen. Dieses bemerkenswerte und glückliche Zusammentreffen von Ereignissen war das Stichwort für Davids Zukunft, ein Wunder. Die beiden sind bis zum heutigen Tag glücklich verheiratet.

Personen, die sich nicht für Spiritualität interessieren, führen solche Ereignisse auf Glück zurück. Meiner

Meinung nach hat dies jedoch mit Glück im landläufigen Sinn nichts zu tun. Was die meisten Menschen als Glück bezeichnen, ist nichts anderes als das Einbringen von Synchronizität mit dem Ziel, unsere Intentionen zu realisieren. Louis Pasteur, der Wissenschaftler, der entdeckte, dass Mikroben Krankheiten verursachen können, sagte: »Das Glück bevorzugt den, der darauf vorbereitet ist.« Diese Aussage lässt sich in eine einfache Gleichung verwandeln: Gelegenheit + Vorbereitetsein = Glück. Die Lektionen, die ein synchronisiertes Schicksal lehren, erzeugen einen Geisteszustand, der die günstigen Augenblicke im Leben sichtbar macht. Wenn Sie diese schließlich wahrnehmen und nutzen, dann ändern sie alles. Glück ist das Wort, das wir in der westlichen Welt benutzen, um das Wunderbare zu benennen.

Synchronizität, bedeutsame Zufälle, glückliche Fügungen, Wunder, Glück – sie alle sind verschiedene Begriffe für ein und dasselbe Phänomen. Wie wir bereits gesehen haben, reagiert die Intelligenz des Körpers auf Zufälle und Synchronizität. Die erweiterte Intelligenz der Natur und das Ökosystem funktionieren gleichfalls auf der Basis zusammentreffender Ereignisse und Synchronizität. Gleiches gilt für die fundamentale Intelligenz des Universums.

Sobald Sie anfangen, günstiges zufälliges Zusammentreffen als die guten Gelegenheiten des Lebens zu erkennen, ist plötzlich jede glückliche Fügung bedeutsam. Jeder Zufall bietet Raum für Kreativität und gibt Ihnen die Möglichkeit, der Mensch zu werden, als den das Universum Sie gedacht hat.

Ein synchronisiertes Schicksal bedeutet: Alle Bereiche des Universums sind zu dem Zweck vereint, um Ihr persönliches Schicksal zu entfalten. Dazu bedient sich das Universum »akausaler nichtörtlicher Verbindungen«. Was sind nun solche akausalen Verbindungen? Wenn wir all die verschiedenen Ereignisse unseres Lebens genau in Augenschein nehmen, dann erkennen wir, dass sie alle eine Geschichte haben, die mit einem persönlichen Schicksal verwoben ist. Akausal heißt, dass die Ereignisse zwar miteinander verbunden sind, jedoch ohne in einer direkten Ursache-Wirkung-Beziehung zu stehen – zumindest auf den ersten Blick. *Akausal* ist Lateinisch und bedeutet »ohne ursächlichen Zusammenhang«. Um auf das Beispiel im ersten Kapitel zurückzukommen: Was hat das Interesse von Lady Mountbatten an meinem Vater mit meiner Lektüre von Sinclair Lewis' Büchern und meiner Inspiration durch die Freundschaft mit Oppo zu tun? Sieht man einmal davon ab, dass all diese Aspekte Bestandteil meiner Biografie sind und mich zu meinem persönlichen Schicksal geführt haben, gibt es keinen ursächlichen Zusammenhang. Keines dieser Ereignisse hat das Zustandekommen eines der anderen verursacht. Lady Mountbatten hat meinen Vater nicht angewiesen, mir ein Buch von Sinclair Lewis zu geben. Trotzdem haben diese beiden Elemente sich zusammengetan, um mein Schicksal zu formen. Auf einer tieferen Ebene waren sie alle miteinander verbunden.

Wir machen uns keine Vorstellung von der Komplexität der Kräfte, die hinter jedem Ereignis stehen, das in unserem Leben stattfindet. Wie bei einer Verschwörung der Zufälle wird nichtörtlich das karmische Netz oder Schicksal zum persönlichen Leben des Individuums verwoben – eines, Ihres. Wir erleben Synchronizität nur deshalb nicht im Alltag, weil wir nicht von der Ebene aus leben, auf der sie geschieht. Meist erkennen wir nur Beziehungen, die auf Ursache und Wirkung basieren: Dieses verursacht jenes, welches seinerseits jenes andere hervorruft und das wiederum noch ein Drittes – eine simple lineare Flugbahn. Doch unterhalb der Oberfläche passiert noch etwas anderes. Das gesamte darunter liegende Netz von Verbindungen ist für unsere Augen unsichtbar. Wird es jedoch erkennbar, dann begreifen wir, wie unsere Intentionen in dieses Netz hineingewoben sind, das viel stärker an den Kontext gebunden, viel ganzheitlicher, viel förderlicher und viel beziehungsrelevanter ist als unsere oberflächliche Erfahrung.

Es kommt häufig vor, dass wir mit unserem Leben in eingefahrene Gleise geraten; wir erhalten die Routine aufrecht und handeln einen Tag um den anderen auf die stets gleiche vorhersagbare Weise. Wir norden unseren Verstand auf eine bestimmte Verfahrensweise ein und spulen diese dann ab, ohne nachzudenken. Wie aber sollen sich Wunder ereignen, wenn wir ohne Sinn und Verstand durch unser Leben marschieren? Glückliche Fügungen sind wie Leuchtfeuer, die unsere Aufmerksamkeit auf ein wichtiges Detail in unserem Leben richten wollen, auf eine Ahnung dessen, was sich hinter all den alltäglichen Ablenkungen ereignet. Wir können uns entscheiden, diese Leuchtfeuer zu ignorieren, und weiterhasten, oder aber wir berücksichtigen sie und leben das Wunder aus, das auf uns wartet.

Als ich dem Ende meiner medizinischen Ausbildung entgegenging, war mir klar, dass mein besonderes Interesse der Neuroendokrinologie galt – dem Studium der Gehirnchemie. Auch damals schon erkannte ich, dass dies ein Gebiet ist, auf dem sich Wissenschaft und Bewusstsein begegnen, und genau das reizte mich daran. Ich bewarb mich um ein Forschungsstipendium bei einem der weltweit anerkanntesten Endokrinologen. Dieser renommierte Wissenschaftler arbeitete an Projekten, die sich in Nobelpreisregionen bewegten, und ich war begierig, von ihm zu lernen. Von den Tausenden von Bewerbern war ich einer der sechs, die ausgewählt worden waren, um in diesem Jahr an seiner Seite zu arbeiten. Schon bald stellte ich jedoch leider fest, dass es in seinem Labor mehr um Egobefriedigung ging als um echte Wissenschaft. Man behandelte uns Labortechniker wie Maschinen, von denen ein gewisser Mindestausstoß an zur Veröffentlichung geeignetem wissenschaftlichem Forschungsmaterial erwartet wurde. Die Arbeit war öde und unbefriedigend. Und es war entsetzlich entmutigend, mit einem derart respektierten und berühmten Wissenschaftler zusammenzuarbeiten und trotzdem so unglücklich zu sein. Ich hatte meinen Posten mit so viel Idealismus angetreten, und nun tat ich den ganzen Tag nichts anderes, als Ratten irgendwelche Chemikalien zu injizieren.

Enttäuscht durchforstete ich jeden Morgen die Stellenanzeigen im »Boston Globe«, meinte aber, ich müsse den einmal eingeschlagenen Weg ohne Wenn und Aber fortsetzen. Ich erinnere mich noch, wie ich auf eine Anzeige stieß, die eine Position in der Notaufnahme eines kleinen örtlichen Krankenhauses offerierte. Um die Wahrheit zu sagen: Mein Blick fiel jeden Tag aufs Neue auf diese Anzeige, sobald ich die Zeitung aufschlug. Selbst wenn ich die Zeitung nur in aller Eile durchblätterte, immer schlug sie ausgerechnet auf der Seite auf, auf der sich auch die kleine Anzeige befand. Ich sah sie, kümmerte mich aber nicht weiter darum. Tief in meinem Innern konnte ich mir durchaus vorstellen, in der Notaufnahme eines Krankenhauses zu arbeiten und den Menschen dort wirklich zu helfen, anstatt nur irgendwelche Chemikalien in irgendwelche Ratten zu spritzen. Doch mein Traum war nun mal gewesen, den Posten bei diesem weltbekannten Endokrinologen zu ergattern.

Eines Tages ging mich der Endokrinologe auf gemeine und demütigende Weise an. Wir stritten uns, und ich machte mich davon, um in der Eingangshalle wieder zu mir zu kommen. Dort lag auf dem Tisch der »Boston Globe« – aufgeschlagen auf genau der Seite, auf der sich die Anzeige befand, die ich seit Wochen nicht zur Kenntnis hatte nehmen wollen. Dieser Zufall war einfach zu gewaltig, als dass ich ihn noch länger hätte ignorieren können. Auf einmal fand alles ganz wie von selbst an seinen Platz. Mit einem Mal wusste ich, dass ich mich am falschen Ort befand und das Falsche tat. Ich hatte die Routine satt, das aufgeblasene Ego dieses Endokrinologen, die Ratten und das Gefühl, etwas zu machen, das nicht aus meinem Herzen kam. Ich ging also in sein Büro und kündigte. Er folgte mir bis auf den Parkplatz und schrie mir hinterher, meine Karriere sei ja wohl am Ende und er werde dafür sorgen, dass kein Mensch mir je wieder eine Chance geben würde.

Mit seiner Stimme im Ohr fuhr ich direkt zu dem kleinen Krankenhaus mit der Notaufnahme, bewarb mich um den Posten und fing noch am gleichen Tag dort zu arbeiten an. Zum ersten Mal in meinem Leben begegnete und behandelte ich Menschen, die wirklich litten. Zum ersten Mal seit langer Zeit war ich wirklich glücklich. Die Anzeige im »Boston Globe« hatte seit Wochen versucht, mich zu erreichen, doch ich hatte sie lieber ignoriert. Schließlich konnte ich die Fügung nicht mehr länger übersehen und war fähig, mein Schicksal zu ändern. Obgleich Laborarbeit eigentlich das zu sein schien, was ich mein Leben lang angestrebt hatte, konnte ich, weil ich die Fügung wahrgenommen hatte, meine gewohnten Muster durchbrechen. Die Botschaft war an niemand anderen gerichtet als an mich, sie war mein eigenes, ganz persönliches Leuchtfeuer. Alles, was ich bis zu diesem Augenblick getan hatte, war nichts als Vorbereitung auf die Veränderung gewesen. Manche Leute meinten, das endokrinologische Forschungsstipendium selbst sei bereits ein Fehler gewesen. Doch ohne es wäre ich vielleicht nie nach Boston gekommen. Und ohne die Arbeit im Labor des Endokrinologen hätte ich die Anzeige möglicherweise nie gesehen und nie zu meiner wahren Berufung gefunden. Zahllose Einzelheiten mussten an die richtigen Stellen gerückt werden, damit dieser Teil meines Lebens sich auf diese Weise entfalten konnte.

In einem Gedicht von Rumi, einem meiner Lieblingsdichter und -philosophen, heißt es: »Dies ist nicht die wirkliche Wirklichkeit. Die wirkliche Wirklichkeit verbirgt sich hinter einem Vorhang. Tatsächlich sind wir gar nicht hier. Wir sind unser Schatten.« Was wir als alltägliche Wirklichkeit erleben, ist nichts als ein Schattenspiel. Hinter dem Vorhang aber ist die Seele, lebendig und dynamisch und unsterblich, unerreichbar für Zeit und Raum. Indem wir von dieser Ebene aus handeln, können wir unser Schicksal bewusst beeinflussen. Dies geschieht, indem wir scheinbar *akausale* Beziehungen *synchronisieren* und daraus ein *Schicksal formen* – deshalb sprechen wir von einem synchronisiertem Schicksal. In der Synchronisation unseres Schicksals beteiligen wir uns aktiv an der Erschaffung unseres Lebens, indem wir die Welt jenseits unserer Sinne verstehen, die Welt der Seele.

Die glückliche Fügung des Universums

Ohne eine ganze Reihe glücklicher Fügungen würde nichts, absolut gar nichts existieren. In einem wissenschaftlichen Artikel habe ich irgendwann einmal gelesen, dass der Urknall zur Geburt unseres Universums geführt hat. Im Augenblick des Urknalls war die Zahl der entstandenen Teilchen geringfügig größer als die der Antiteilchen. Danach kollidierten die Teilchen mit den Antiteilchen, löschten einander aus und füllten das Universum mit Photonen. Aufgrund des vorausgegangenen Ungleichgewichts waren nach der Auslöschung noch ein paar Teilchen übrig, und diese Teilchen waren schließlich verantwortlich für die Entstehung der materiellen Welt. Sie und ich und alles andere im Universum, darunter auch all die Sterne und Galaxien, sind aus dem Augenblick der Schöpfung übrig gebliebene Reste. Die Gesamtzahl der übrig gebliebenen Teilchen belief sich auf 10^{80} (eine Eins gefolgt von achtzig Nullen). Hätte die Zahl der Teilchen auch nur geringfügig höher gelegen, dann hätten Gravitationskräfte dafür gesorgt, dass das junge Universum an sich selbst kollabiert wäre. Dabei wäre ein gewaltiges schwarzes Loch entstanden, und es gäbe heute weder Sie noch mich, noch Sterne und

Galaxien. Wäre die Zahl der Materieteilchen andererseits nur geringfügig kleiner gewesen, dann hätte sich das Universum so rasch ausgedehnt, dass die Galaxien nicht genug Zeit zur Verfügung gehabt hätten, um sich auszubilden.

Die ersten Atome waren Wasserstoffatome. Wären die gewaltigen Kräfte, die einen Atomkern zusammenhalten, auch nur um ein Winzigstes geringer gewesen, dann wäre kein schwerer Wasserstoff (Deuterium) entstanden – ein Übergangszustand, den Wasserstoff durchläuft, bevor er zu Helium wird – und das Universum wäre reiner Wasserstoff geblieben. Wären andererseits die Kräfte auch nur um ein Winzigstes größer gewesen, dann wäre aller Wasserstoff rasch verbrannt und hätte keinen Treibstoff für die Entstehung der Sterne zur Verfügung gestellt. Gravitationskräfte und elektromagnetische Kräfte mussten im genau richtigen Maß vorhanden sein – weder geringfügig mehr, noch geringfügig weniger –, damit Sterne sich zu Supernovae entwickeln und schwere Elementarteilchen ausbilden konnten.

Die Entwicklung von Kohlenstoff und Sauerstoff, eine entscheidende Voraussetzung für das Entstehen biologischer Organismen, setzte das zufällige und günstige Zusammentreffen unendlich vieler Ereignisse voraus. Dass es Sie und mich gibt, dass Sterne, Galaxien und Planeten existieren, ist einer Kette im höchsten Grade unwahrscheinlicher Ereignisse zu verdanken! Ein absoluter Zufall! Ein Wunder, das sich am Anfang der Zeit zutrug.

Wenn Sie zu einem beliebigen Zeitpunkt während der Entstehungsphase ins Universum hätten hinausblicken können, dann hätten Sie das sich entfaltende Gesamtmuster nicht erkennen können. Nachdem die Sterne am Himmel hingen, wäre es Ihnen niemals eingefallen, dass es auch Planeten geben könnte, ganz zu schweigen von Giraffen und Spinnen und Vögeln und Menschen. Als sich das Spermium und das Ei trafen, um Sie zu erschaffen, da hätte sich niemand auch nur vorstellen können, welch eine bemerkenswerte Geschichte Ihr Leben einmal abgeben würde, welch unglaubliche Wendungen und Windungen Ihre Vergangenheit nehmen, welche Menschen Ihnen begegnen, welche Kinder Sie haben, welche Liebe Sie erwecken und welchen Eindruck Sie auf dieser Erde hinterlassen würden. Und doch sitzen Sie mit diesem Buch in der Hand da – ein lebendiger Beweis für ein alltägliches Wunder. Nur weil wir Wunder nicht wie Zaubertricks auf der Bühne und mit sofortiger Befriedigung beobachten können, heißt das nicht, dass es sie nicht gibt. Viele Wunder brauchen lange, um sich zu offenbaren und als solche anerkannt zu werden.

Hier ist ein weiteres Beispiel aus meinem Leben, das zeigt, wie langsam sich Synchronizität entfalten kann. Der Prozess begann eines Tages, als ich ungefähr zehn oder elf Jahre alt war. Mein Vater nahm mich und meinen Bruder mit, um ein Kricketmatch zwischen Indien und den Westindischen Inseln anzusehen. Die Länder der Karibik verfügten über beeindruckende Spieler, von denen einige den Ball auf über hundertfünfzig Stundenkilometer beschleunigen konnten. Bei dem besagten Spiel wurde Indien von Westindien nach allen Regeln der Kunst in die Pfanne gehauen. Und dann traten plötzlich zwei junge Spieler auf den Plan. Um ihre Privatsphäre zu schützen, will ich sie Saleem und Mohan nennen.

Die beiden waren schier unglaublich. Diese Burschen

zähmten das Spiel, kämpften um jeden einzelnen Ball und errangen jedes Mal, wenn sie an der Reihe waren, »Sechser«. Nur dank dieser beiden Spieler gewann Indien schließlich das eigentlich völlig aussichtslose Match. Die Zuschauer waren außer Rand und Band. In ihrer Begeisterung verbrannten die Leute sogar die Wickets. Für meinen Bruder und mich waren diese beiden Kricketspieler hinfort unsere Helden. Wir träumten von nichts anderem mehr als vom Kricket. Wir gründeten einen Kricketklub und trugen in einem Heft alle Informationen zusammen, die wir über Saleem und Mohan ergattern konnten.

Vierzig Jahre später reiste ich mit drei Freunden durch Australien. Wir konnten kein Taxi zum Flughafen auftreiben, weil alle von den Besuchern eines wichtigen Kricketspiels zwischen Australien und den Westindischen Inseln mit Beschlag belegt wurden. Es war nicht einmal mehr möglich, einen Wagen zu mieten. Schließlich ließ uns der Concierge des Hotels wissen, dass demnächst eine Limousine zum Flughafen fahre, es säßen noch ein paar andere Personen mit drin, doch mache es ihnen nichts aus, uns mitzunehmen. Wir waren dankbar für die Mitfahrgelegenheit und kletterten in den Wagen. Darin befanden sich eine Frau namens Kamla und ein Mann. Auf dem Weg zum Flughafen hörten wir den Fahrer immer wieder einmal aufschreien, und wir fragten uns, was das wohl zu bedeuten habe. Er erklärte uns, dass das westindische Kricketteam im Begriff sei, den Australiern die Ohren lang zu ziehen. In diesem Moment überflutete mich mein Bewusstsein schier mit Erinnerungen an jenes Spiel, das mich in meiner Kindheit so entzückt hatte. Ich war von den einhergehenden

Gefühlen so sehr überwältigt, dass ich meinen Mitreisenden die Geschichte erzählte. Das Spiel lag Jahrzehnte zurück, und dennoch konnte ich jede einzelne Szene genauestens beschreiben.

Als wir schließlich zum Flugschalter gelangten, erklärte der Angestellte Kamla, dass ihr Flug erst am Nachmittag des nächsten Tages fällig sei. Sie war am falschen Tag gekommen! Sie wollte wissen, ob es möglich sei, umzubuchen, doch es waren an diesem Tag keine Plätze mehr zu haben. Sie rief im Hotel an, um eine weitere Übernachtung zu reservieren, doch auch das Hotel war aufgrund des Kricketspiels nun voll belegt. Wir schlugen Kamla deshalb vor, mit uns nach Brisbane zu fliegen. Einer meiner Freude erklärte ihr, was es mit der Verschwörung der Unwahrscheinlichkeiten auf sich habe und dass glückliche Fügungen ein Fingerzeig auf den Willen des Universums seien. Schließlich schloss sie sich uns tatsächlich an. Im Flugzeug erkannte mich der Inder, der neben mir saß, und zog mein Buch »Die sieben geistigen Gesetze des Erfolgs« aus der Tasche, das er gerade las. Er bat mich, es für ihn zu signieren. Ich fragte ihn nach seinem Namen, und er sagte: »Ramu.« – »Gut, Ramu«, erwiderte ich, »aber wie lautet Ihr Nachname?« – »Menon«, antwortete er. »Sind Sie etwa Mohan Menons Sohn?«, wollte ich verdutzt wissen, und er nickte. Mohan Menon war vor Jahrzehnten, seit jenem Kricketmatch, das ich mit meinem Bruder gesehen hatte, mein Held gewesen! Wir unterhielten uns zwei Stunden lang blendend. Ich fühlte mich von meinen Gefühlen überwältigt. Für mich war das, als unterhielte ich mich mit dem Sohn von Franz Beckenbauer. Ich wollte wissen, ob er gleichfalls Kricket spiele. Er meinte, jetzt nicht mehr, aber früher habe er mit ein paar großartigen Sportlern zusammengespielt. Als ich fragte, wer seine Mitspieler gewesen seien, antwortete er: »Ravi Mehra.« Sobald er die Worte ausgesprochen hatte, tat Kamla hinter uns einen überraschte Ausruf: Ravi Mehra sei ihr Bruder! Als Ramu Monan und Kamla sich nun zu unterhalten begannen, stellte sich heraus, dass beide über Geschäftsverbindungen verfügten, die dem jeweils anderen nutzen konnten, und sie halfen einander später auf eine Weise, die beiden erheblichen Wohlstand brachte. Und ich war der glückliche Katalysator gewesen, der das Leben dieser beiden Fremden, denen ich selbst eben zum ersten Mal begegnet war, transformiert hatte! Vierzig Jahre nach diesem ersten Kricketspiel hatte das unvorhersehbare und komplizierte Beziehungsgeflecht der Synchronizität neue gute Gelegenheiten geschaffen. Man kann niemals wissen, wann sich eine alte, zurückliegende Lebenserfahrung reaktiviert. Sie können nie wissen, ob nicht eines Tages eine unvorhersehbare glückliche Fügung Ihnen die beste Chance Ihres Lebens verschafft.

Aufmerksamkeit und Intention

Das Bewusstsein stimmt seine Aktivitäten gleichermaßen auf Aufmerksamkeit und Intention ab. Worauf auch immer Sie Ihre Aufmerksamkeit richten, der betreffende Gegenstand beziehungsweise die betreffende Person wird energetisch aufgeladen. Wo Sie Ihre Aufmerksamkeit abziehen, dort schwindet die Energie. Andererseits haben wir bereits gesehen, dass die Intention der Schlüssel zur Transformation ist. Man könnte also sagen: Aufmerksamkeit aktiviert das Energiefeld, und Intention aktiviert das Informationsfeld, was wiederum Transformation bewirkt.

Jedes Mal, wenn Sie das Wort ergreifen, übermitteln Sie mittels Schallwellen Information in ein Energiefeld. Jedes Mal, wenn Sie eine E-Mail senden oder empfangen, nutzen Sie sowohl Information als auch Energie. Die Information steckt in den Wörtern, die Sie gewählt haben, und die Energie ist der elektromagnetische Impuls, der durch den Cyberspace rast. Information und Energie sind untrennbar miteinander verbunden.

Ist Ihnen je aufgefallen, dass ein Wort oder eine Farbe oder auch ein Gegenstand, mit dem Sie sich gerade intensiv beschäftigen, in Ihrer Umgebung plötzlich häufiger in Erscheinung zu treten scheint? Mein erster eigener Wagen war ein VW Käfer. Ich interessierte mich nicht besonders für Autos, und Volkswagen fielen mir im Straßenverkehr nicht sonderlich auf. Doch nachdem ich mir einen Käfer angeschafft hatte, sah ich plötzlich überall Autos des gleichen Fabrikats. Mir kam es so vor, als ob jedes dritte Auto auf der Straße ein rotes Käfer-Cabrio sei! Es war keineswegs so, dass diese Fahrzeuge im Universum eine größere Rolle zu spielen hatten, doch durch meinen Kauf waren sie mit einem Mal in mein Blickfeld gerückt, und alles, was ihnen auch nur entfernt ähnelte, schien sich hinfort in mein Bewusstsein zu drängen.

Millionen Dinge bestürmen uns Tag für Tag, ohne je Zugang zu unserem bewussten Verstand zu finden: Straßengeräusche, Gesprächsfetzen der Menschen um uns her, Zeitungsartikel, die wir mit den Augen überfliegen, Stoffmuster von Kleidungsstücken, die Farbe von Schuhen, Gerüche, Oberflächenbeschaffenheiten, Geschmäcke. Unser Bewusstsein ist auf die Verarbeitung einer bestimmten Informationsmenge beschränkt, folglich sind wir auf eine selektive Wahrnehmung angewiesen. Sobald wir jedoch unsere Aufmerksamkeit auf etwas Bestimmtes richten, passiert es unbehelligt unser Filtersystem. Stellen Sie sich zum Beispiel vor, dass ich mich auf einer Party mit Ihnen unterhalte. Vor dem Hintergrund der vom Rest der Gesellschaft erzeugten Geräuschkulisse führen wir beide ein interessantes Gespräch. Doch dann hören Sie plötzlich, dass jemand am anderen Ende des Raumes Ihren Namen nennt und über Sie spricht, und Sie hören zu. Mit einem Mal ist für Sie die Geräuschkulisse verschwunden, und selbst wenn ich unmittelbar neben Ihnen stehe und Ihnen direkt ins Ohr spreche, hören Sie mich nicht. So entscheidend ist Aufmerksamkeit.

In der physischen Welt verfügen wir über zahlreiche verschiedene Methoden, um an Information zu gelangen: Zeitungen, Bücher, Fernsehen, Radio, Telefon, Funk – all diese Hilfsmittel und viele mehr dienen dem Anzapfen unterschiedlichster Informationsquellen und stehen uns jederzeit zur Verfügung. Sie können sie sich problemlos unter Zuhilfenahme Ihrer Sinneswerkzeuge zugänglich machen – betrachten, hören, riechen, schmecken und fühlen Sie Ihre Umwelt. Doch wenn Sie Zugang zu der Information suchen, die auf der Ebene der Seele existiert, dann benötigen Sie andere Hilfsmittel.

Wir sind es nicht gewohnt, unsere Aufmerksamkeit auf diese unsichtbare Dimension zu richten, doch alles, was sich in der sichtbaren Welt ereignet, hat dort seine

Wurzeln. Alles steht mit allem anderen in Verbindung, und erst in der spirituellen Welt werden diese Verbindungen sichtbar. In der physischen Welt erahnen wir sie lediglich anhand der Fingerzeige, die glückliche Fügungen für uns darstellen. Während unsere Aufmerksamkeit Energie erzeugt, bewirkt Intention die Transformation dieser Energie. Aufmerksamkeit und Intention sind die wirkungsvollsten Werkzeuge für den spirituellen Meister. Sie sind Auslösemechanismen, die sowohl eine bestimmte Art Energie als auch bestimmte Information anziehen.

Je mehr Aufmerksamkeit Sie also zufälligem günstigem Zusammentreffen schenken, desto mehr glückliche Fügungen ziehen Sie an, und das hilft Ihnen dann dabei, ihre Bedeutung zu entschlüsseln. Zufällen Beachtung zu schenken zieht deren Energie an, und die Frage nach der Bedeutung dieser Zufälle wiederum lockt Information an. Die Antwort tritt in Erscheinung als Einsicht, intuitives Gefühl, Begegnung oder neue Bekanntschaft. Möglicherweise erleben Sie ja vier scheinbar zusammenhangslose Zufälle, dann sehen Sie im Fernsehen die Tagesschau, und plötzlich wird Ihnen alles klar. »Aha! Das also bedeuten sie für mich!« Je mehr Beachtung Sie glücklichen Fügungen schenken und je mehr Sie ihre Bedeutung hinterfragen, desto häufiger werden sie sich zutragen und desto größere Klarheit gewinnen Sie über ihren Sinn. Sobald Sie glückliche Fügungen besser wahrnehmen und interpretieren, zeichnet sich Ihr Weg zur Erfüllung deutlicher ab.

Für die meisten Menschen existiert die Vergangenheit nur in der Erinnerung und die Zukunft ausschließlich in der Vorstellung. Doch auf spiritueller Ebene existieren

Vergangenheit, Zukunft und die unterschiedlichen Möglichkeiten des Lebens alle gleichzeitig. Alles geschieht zur gleichen Zeit. Es verhält sich so, als würde ich eine CD abspielen, die fünfundzwanzig Stücke enthält, im Augenblick aber nur den ersten Titel anhören. Die anderen vierundzwanzig Stücke befinden sich trotzdem auf der CD, ich kann sie nur gerade nicht hören. Wäre ich mir im Unklaren über ihr Vorhandensein, könnte ich annehmen, dass sie gar nicht existierten. Wenn ich eine Fernbedienung für meine Lebenserfahrungen hätte, dann könnte ich mit Leichtigkeit und nach Belieben die »Stücke« Gestern, Heute und Morgen anhören. Wer auf sein höheres Selbst eingestimmt ist, hat Zugang zu diesem höheren Bereich, da es eine Trennung zwischen dem Selbst und dem Universum nicht gibt. Die Buddhisten sagen, das Selbst sei ein Zwischenwesen, weil es eine Verbindung zwischen allem, was existiert, herstellt. Sie sind ein untrennbarer Bestandteil der kosmischen Quantensuppe.

Glückliche Fügungen fördern

Nun wissen wir also, dass man das Zustandekommen von glücklichen Fügungen fördern kann, indem man ihnen Aufmerksamkeit schenkt, und dass das Einbringen von Intention ihre Bedeutung offenbart. Bei dieser Konstellation werden Zufälle zu Fingerzeigen des Universums, machen seine Synchronizität für uns sichtbar und verschaffen uns Zugang zu den grenzenlosen günstigen Gelegenheiten des Lebens. Doch wie sollen wir bei den Millionen von Informationsfragmenten, die jeden Tag auf uns einströmen, wissen, auf welche dieser Fragmente wir unsere Aufmerksamkeit richten sollen? Sollen wir denn auf dem Grund jeder Teetasse, in jedem Werbespot und in den Augen eines jeden Fremden, dem wir auf der Straße begegnen, nach einer Botschaft suchen? Und wie können wir uns davor schützen, dass uns eine wertvolle Gelegenheit entgeht?

Auf diese Fragen gibt es keine einfachen Antworten. Wer sein Schicksal in synchronisierter Form ausleben will, der muss lernen, seine Sinne zu schärfen und seine Umgebung bewusst wahrzunehmen. Schließen Sie also einen Moment lang die Augen und versuchen Sie, alles in Ihrer Umgebung zu erfassen. Welche Geräusche hören Sie? Was riechen, fühlen oder schmecken Sie in diesem Moment? Konzentrieren Sie sich einen Augenblick lang mit aller Kraft auf jeden Einzelnen Ihrer Sinne.

Falls Sie diese einfache Übung nicht bereits aus anderem Zusammenhang kennen, ist anzunehmen, dass Ihnen der eine oder andere alltägliche Reiz entgangen ist – nicht, weil er nur schwach ausgeprägt wäre, sondern weil wir so sehr an ihn gewöhnt sind, dass wir ihm keine Beachtung mehr schenken. Was zum Beispiel haben Sie *gefühlt*? War Ihnen warm oder kalt? Befanden Sie sich in einem Luftzug, oder war die Luft bewegungslos? Welche Teile Ihres Körpers berührten den Stuhl, auf dem Sie gerade gesessen sind? Haben Sie den Druck an der Rückseite Ihrer Oberschenkel und an Ihrem Rücken bemerkt? Welche Geräusche waren zu hören? Die meisten Menschen tun sich leicht, das entfernte Bellen eines Hundes oder die Geräusche spielender Kinder im Nachbarzimmer zu vernehmen, aber wie steht es mit den subtileren Geräuschen? Haben Sie das Anspringen der Zentralheizung oder der Klimaanlage gehört? Ihren eigenen Atem? Das Knurren Ihres Magens? Und wie steht es mit dem gleich bleibenden Summton des Verkehrs?

Wer sich der Ereignisse und Reize in seiner Umgebung bewusst ist, dem werden auch die vom Universum eingebrachten glücklichen Fügungen nicht entgehen. Die Fingerzeige, die wir erhalten, flattern nicht immer mit der Post ins Haus oder blitzen für Sekundenbruchteile auf dem Fernsehbildschirm auf (obgleich auch das nicht ausgeschlossen ist). Fingerzeige können so subtil sein wie der Duft einer Tabakspfeife, der durch das offene Fenster zu Ihnen hereinweht, Sie an Ihren Vater denken lässt und damit an ein Buch erinnert, das er besonders gerne hatte und das nun plötzlich eine besondere Rolle in Ihrem gegenwärtigen Leben spielt.

Konzentrieren Sie sich wenigstens einmal täglich auf einen Ihrer fünf Sinne - Sehen, Hören, Schmecken, Fühlen, Riechen - und nehmen Sie so viele verschiedene Einzelheiten mit diesem Sinneswerkzeug wahr wie nur möglich. Anfangs werden Sie sich dazu zwar bewusst zwingen müssen, doch mit der Zeit gelingt es Ihnen leicht und natürlich. Schließen Sie Ihre übrigen Wahrnehmungen aus, wenn Sie sich durch sie abgelenkt fühlen. Zum Beispiel könnten Sie verschiedene Nahrungsmittel probieren, während Sie sich zugleich die Nase zuhalten und die Augen schließen; konzentrieren Sie sich ganz auf die Beschaffenheit der Speisen, ohne sich von ihrem Anblick oder Geruch ablenken zu lassen.

Die ausgeprägtesten und ungewohntesten Reize werden Ihre Aufmerksamkeit natürlich stärker erregen. Sie sind es, auf die Sie besonders achten müssen, denn je unwahrscheinlicher eine glückliche Fügung ist, desto bedeutender ist der Fingerzeig. Wenn Sie mit dem Gedanken spielen, sich zu verheiraten, dann ist die Ihnen plötzlich ins Auge fallende Anzeige für Eheringe ein kleinerer Zufall, da solche Anzeigen in großer Zahl vorhanden sind. Doch wenn ein Flugzeug mit einem Werbespruchband, auf dem JOANNA, HEIRATE MICH steht, vorbeifliegt, noch während Sie darüber nachdenken, Ihrer Freundin Joanna einen Antrag zu machen, dann ist das ein überaus deutlicher Hinweis des Universums auf den Weg, den Sie einschlagen sollen.

Begegnen Sie einer glücklichen Fügung, dann ignorieren Sie diese nicht. Fragen Sie sich: Welche Botschaft hat sie für mich? Welche Bedeutung hat sie? Sie müssen nicht krampfhaft nach einer Antwort suchen. Die Antwort wird offensichtlich, sobald Sie die Frage stellen. Sie kann als plötzliche Einsicht in Erscheinung treten, als spontaner kreativer Impuls oder auch in ganz anderer Gestalt. Vielleicht lernen Sie ja auch einen Menschen kennen, der irgendwie mit der betreffenden glücklichen Fügung in Verbindung steht. Eine Begegnung, eine neue Beziehung, ein zufälliges Zusammentreffen, eine Situation, ein Umstand in dieser Situation enthält immer auch einen Hinweis auf seine Bedeutung. »Ach so, darum geht es also!«

Erinnern Sie sich noch, wie mein Streit mit dem Endokrinologen schließlich der kleinen Anzeige im »Boston Globe«, die ich zwar bemerkt, der ich aber keine Bedeutung beigemessen hatte, eine ganz andere Wertigkeit verliehen hat? Entscheidend ist, aufmerksam zu sein und nachzuforschen.

Auch das Führen eines Tagebuchs ist ein gutes Mittel, um das Zustandekommen von glücklichen Fügungen zu fördern. Nachdem ich mir jahrelang über die so genannten Zufälle des Lebens Notizen gemacht habe, klassifiziere ich sie nun als klein, mittel, prächtig und superprächtig. Sie können sich Ihr eigenes Schema ausdenken. Viele Menschen führen ein Tagebuch und unterstreichen oder markieren die Wörter und Sätze, die eine glückliche Fügung beschreiben. Andere wiederum haben ein Heft, in das sie ausschließlich Zufälle eintragen. Für jede wirklich wichtige glückliche Fügung beginnen Sie eine neue Seite und notieren auf derselben Seite Zusammenhänge und Verbindungen, die für das Ereignis relevant sind.

Wer sich in aller Gründlichkeit mit glücklichen Fügungen beschäftigen möchte, dem empfehle ich einen Prozess, den ich als Rekapitulation bezeichne. Er beinhaltet, dass Sie sich in die Position des Beobachters Ihres eigenen Lebens und Ihrer Träume begeben, um so Verbindungen, Themen, Bilder und Zufälle deutlicher zu erkennen. Das Einbeziehen von Träumen ist wichtig, weil wir in ihnen in viel engerer Beziehung zur universellen Seele stehen und somit Zugang zu einer ganz neuen Ebene von Zufällen erhalten.

Wenn Sie abends ins Bett gehen, dann setzen Sie sich vor dem Einschlafen noch einmal kurz auf und sehen sich auf dem inneren Bildschirm Ihres Bewusstseins ein weiteres Mal alle Ereignisse dieses Tages an. Spulen Sie Ihren Tagesablauf wie einen Film ab. Beobachten Sie sich dabei, wie Sie morgens aufstehen, Ihre Zähne putzen, frühstücken, zur Arbeit fahren, Ihrem Beruf nachgehen, nach Hause kommen, Ihr Abendessen einnehmen – alles, was der Tag Ihnen geboten hat bis zu dem

Augenblick, da Sie zu Bett gegangen sind. Sie müssen das, was Sie sehen, nicht analysieren, bewerten oder einschätzen. Sehen Sie sich einfach nur den Film an. Vom Anfang bis zum Ende. Vielleicht werden Sie sogar auf Einzelheiten aufmerksam, die Ihnen in der Situation selbst nicht wichtig schienen. Möglicherweise bemerken Sie beim zweiten Durchgang, dass die Haarfarbe der Frau an der Kasse die gleiche war, wie die Ihrer Mutter in Ihrer Kindheit. Oder Ihnen fällt im Nachhinein ein kleines Kind auf, das weinte, weil seine Mutter ihm im Supermarkt nicht seinen Willen gelassen hat. Es ist erstaunlich, wie viele Informationen man einem Tag abends beim Rekapitulieren noch entlocken kann.

Wenn Sie sich schon die Mühe machen, Ihren Tag Revue passieren zu lassen, dann nutzen Sie auch die sich damit bietende Gelegenheit, sich selbst objektiv zu sehen. Gut möglich, dass Ihnen in Ihrem Tagesablauf etwas auffällt, worauf Sie besonders stolz sind oder aber was Sie als beschämend empfinden. Es geht bei dieser Übung jedoch nicht darum, Ihr Handeln und Verhalten zu bewerten. Vielmehr ist es Ihr Ziel, den Hauptdarsteller Ihres Films – diese Figur, die Sie selbst sind – besser kennen zu lernen.

Sobald Sie mit Ihrer Rekapitulation fertig sind, was fünf Minuten aber auch eine halbe Stunde in Anspruch nehmen kann, sagen Sie sich: »Alles, was ich in diesem Film über einen Tag in meinem Leben gesehen habe, ist nun sicher verwahrt. Ich kann die Bilder jederzeit auf den Bildschirm meines Bewusstseins zurückrufen, doch sobald ich mit ihnen fertig bin, verschwinden sie.« Der Film ist vorbei. Bevor Sie einschlafen, sagen Sie sich auch noch: »Ich beauftrage meine Seele, meinen Verstand und mein Unbewusstes, meine Träume so bewusst anzusehen, wie ich soeben meinen Tag rekapituliert habe.« Anfangs werden Sie vielleicht kaum eine Veränderung wahrnehmen. Doch wenn Sie diesen Ablauf ein paar Wochen lang durchziehen, werden Sie sich sehr bald klar und deutlich als den Betrachter Ihrer Träume erleben. Rekapitulieren Sie morgens beim Aufwachen die Nacht auf die gleiche Weise, wie Sie es mit dem Tag vor dem Einschlafen tun.

Sobald es Ihnen erst einmal gelingt, sich an Ihre Träume zu erinnern, machen Sie sich daran, einige der denkwürdigeren Szenen aufzuschreiben, am besten in Ihrem Tagebuch. Heben Sie dabei die glücklichen Fügungen hervor – die nichtörtliche Intelligenz versorgt uns in unseren Träumen ebenso mit Fingerzeigen wie während des Tages. Im Lauf eines Tages lerne ich Leute kennen, trete mit ihnen in Interaktion, finde mich in Situationen und Umständen wieder, in Ereignissen, Beziehungen ... Und während der Nacht im Traum verhält es sich nicht anders. Der Unterschied besteht darin, dass die Geschehnisse des Tages sich logischen, rationalen Erklärungen nicht verschließen. Unsere Träume hingegen sind nicht nur Projektionen unseres Bewusstseins, sie sind die Interpretationen unseres Lebensweges. Doch sind beide, der Mechanismus von Träumen wie auch jener der so genannten Realität, die gleichen Projektionen der Seele. Wir sind lediglich Zeugen.

Schon bald sehen wir die Wechselbeziehungen zwischen Träumen und Alltagswirklichkeit und erkennen die Bilder, die sich in beiden wiederholen. Weitere zufällige Begebenheiten versorgen uns mit Fingerzeigen, die unserem Verhalten die Richtung weisen. Die Zahl der sich bietenden guten Gelegenheiten nimmt zu. Wir haben öfter »Glück«. Glückliche Fügungen weisen uns den Weg, den wir im Leben einschlagen sollen. Der Prozess der Rekapitulation macht wiederkehrende Muster sichtbar, und langsam beginnen wir, die Geheimnisse des Lebens zu entwirren.

Dieser Prozess ist besonders hilfreich, wenn man sich von destruktiven Gewohnheiten befreien will. Das Leben verfügt über bestimmte Themen, die es ausspielt. Gelegentlich gereichen uns diese Themen zum Vorteil. Manchmal erweisen sie sich jedoch auch als nachteilig, insbesondere dann, wenn wir sie in der Hoffnung, ein anderes Ergebnis zu erzielen, immer aufs Neue wiederholen. Beispielweise finden sich viele Geschiedene, wenn sie sich neu verlieben, häufig in einer analogen Beziehungskonstellation wieder. Sie wiederholen das gleiche Trauma, durchleiden die gleichen Qualen und wollen dann wissen: »Warum passiert mir das bloß immer wieder?« Der Rekapitulationsprozess hilft uns, die zugrunde liegenden Muster zu durchschauen, und gestattet es uns, in der Folge eine bewusstere Wahl zu treffen. Ein Tagebuch zu führen ist keine zwingende Notwendigkeit, doch ermöglicht es uns wichtige Erkenntnisse über uns selbst und macht uns glückliche Fügungen bewusst.

Halten Sie also die Augen offen, beobachten Sie zufälliges Zusammentreffen während des Tagesablaufs und in Ihren Träumen, und achten Sie besonders aufmerksam auf alles, was die Schallmauer der Wahrscheinlichkeitsamplitude durchbricht – die statistische Wahrscheinlichkeit eines Ereignisses in der Raum-Zeit. Wir alle müssen unser Leben bis zu einem gewissen Grad planen, müssen Vermutungen über das Morgen anstellen, auch wenn wir keine Vorstellung davon haben, was sich in der Zukunft ereignen wird. Alles, was unsere Pläne in Frage stellt und was uns von der Flugbahn abbringt, auf der wir uns unserer Meinung nach gerade befinden, kann uns tief greifende Einsichten bescheren. Auch das Ausbleiben von erwarteten Ereignissen kann ein Hinweis auf die Intention des Universums sein. Menschen, denen es schwer fällt, morgens aus dem Bett zu kommen und an einen Arbeitsplatz zu gehen, den sie hassen, die Schwierigkeiten haben, sich mit ihrem Beruf zu identifizieren, und sich nach einem Tag im Büro emotional »tot« fühlen, müssen diese Gefühle näher untersuchen. Sie sind wichtige Hinweise darauf, dass es für sie eine bessere Möglichkeit geben muss, Erfüllung im Leben zu finden. Vielleicht ist ein Wunder im Anzug. Sie werden es nie herausfinden, es sei denn, Sie ringen sich zu einer Intention durch, geben Acht auf die Fingerzeige des Universums, gehen der Abfolge von zufälligen glücklichen Fügungen nach und tragen selbst dazu bei, das Schicksal zu erschaffen, das Sie sich selbst am meisten wünschen.

Es stimmt natürlich, das Leben kann schwierig sein, und ein jeder von uns hat seine Verantwortungen und Verpflichtungen, durch die er sich vielleicht überfordert fühlt. Entweder Sie werden von allen Seiten mit glücklichen Fügungen bombardiert, oder sie scheinen plötzlich wie aus dem Konzept des Universums gestrichen zu sein. Wie sollen Sie in einer so komplizierten Welt Ihren Weg finden? Nehmen Sie sich jeden Tag fünf Minuten Zeit, um einfach still dazusitzen. Stellen Sie sich in dieser Zeit folgende Fragen: »Wer bin ich?«, »Wie stelle ich mir mein Leben vor?«, »Was wünsche ich mir heute für mein Leben?«. Dann lassen Sie los und geben Ihrem Bewusstseinsstrom, der leiseren kleinen Stimme in Ihrem Innern die Gelegenheit, Ihnen eine Antwort zu liefern. Sobald die fünf Minuten abgelaufen sind, schreiben Sie die Antworten, die Sie erhalten haben, auf. Tun Sie dies jeden Tag, und Sie werden überrascht sein, wie sich Situationen, Umstände, Ereignisse und Menschen günstig um diese Antworten gruppieren. So nimmt die Synchronisation Ihres Schicksals langsam Gestalt an.

Manchen Menschen bereitet es Schwierigkeiten, wenn sie zum ersten Mal solche Fragen beantworten sollen. Viele sind es nicht gewohnt, in den Kategorien ihrer eigenen Bedürfnisse und Wünsche zu denken, und falls sie es doch tun, dann bestimmt nicht im Hinblick auf ihre mögliche Erfüllung. Was also sollen Sie tun, wenn Sie Ihr Lebensziel bisher nie für sich definiert haben? Es wäre wunderbar, wenn uns das Universum einen unzweifelhaften, überzeugenden Hinweis schicken oder einen Kompass zur Verfügung stellen würde, der uns genau die Richtung weist, die für uns die richtige ist. Sie werden es kaum glauben, aber diesen Kompass gibt es tatsächlich. Um ihn zu finden, müssen Sie lediglich in Ihr Inneres blicken und den reinsten Wunsch Ihrer Seele finden. Halten Sie still. Sobald Sie diesen Wunsch kennen und sein Wesen begreifen, verfügen Sie über einen Wegweiser, den Sie in Form von archetypischen Symbolen manifestieren können.

6

Wünsche und Archetypen

Wir kommen nun zum Kernstück dessen, was ein synchronisiertes Schicksal ausmacht. Wir haben das doppelte Wesen der Seele entdeckt und wissen, dass wir ebenso Bestandteil der nichtörtlichen Intelligenz sind, wie eine Welle Bestandteil des Ozeans ist. Wir haben die Synchronizität aller Dinge erkannt und damit die Matrix, die uns an die Quelle des Universums bindet. Wir haben gelernt, Zufälle oder glückliches Zusammentreffen als Botschaften der nichtörtlichen Intelligenz zu bewerten, die uns die Richtung zur Erfüllung unseres Schicksals weisen, und wir sind uns darüber im Klaren, dass wir mit unseren Intentionen Einfluss auf diese Richtung nehmen können. All diese Erkenntnisse sind entscheidende Voraussetzungen für ein erfülltes Leben. Doch wenn wir Führung im Hinblick darauf suchen, wie wir unseren Alltag gestalten sollen, dann fehlt uns noch immer die Antwort auf die zentrale Frage des Selbst: »Welche Träume und Wünsche habe ich?« Und sie lässt sich nur beantworten, wenn man noch zusätzlich herauszufinden versucht: »Wer bin ich?«, »Was will ich?«, »Welche Aufgabe habe ich mit diesem Leben zu erfüllen?«.

Wir wissen, dass unsere tiefsten Beziehungen und unsere Sinnhaftigkeit und das Gefüge, in dem sie stehen, ihren Ursprung in unserer Seele haben. Und unsere Aspiration, jenes großartige, wunderbare und mystische Etwas, das zu tun wir uns sehnen, rührt gleichfalls von der Seele her. In unserer Zeit hier auf Erden kann diese Seele keine Erfüllung finden, es sei denn, sie vollendet ihre mystische Suche, die wir uns als den großen Plan denken können, um den herum das Schicksal eines jeden angeordnet ist. Jeder Mensch trägt in seinem Innern ein alles überspannendes Thema, eine Schablone für ein heldenhaftes Leben, einen Gott oder eine Göttin in Embryoform, der oder die sich danach sehnt, geboren zu werden. Als dieses Wesen waren wir gemeint, doch die meisten Menschen verbieten sich, zu diesem Gott oder dieser Göttin zu werden, weil sie das Feld grenzenlosen Potenzials, das uns offen steht, nicht erkennen. Dieses heldenhafte Selbst ist unser höheres, unser egoloses Selbst, jenes Stückchen Universum, das durch uns zum Guten aller wirkt.

Menschen, die ein gewöhnliches, banales Leben führen, sind mit dem mythischen Wesen in ihrem Innern bisher nicht in Berührung gekommen. Sie können Ihren Weg zur Erleuchtung verkürzen, indem Sie den Plan verstehen, der Ihrer Seele bestimmt ist, indem Sie die Beziehungen fördern, die Ihrem Leben Kontext und Sinn verleihen, und indem Sie Ihr persönliches mythisches Drama zur Aufführung bringen. Daraus erwachsen Liebe und Mitgefühl. Und sie wiederum sind der Ursprung von Erfüllung und Vervollkommnung.

Diese mystischen Geschichten, diese Helden und Heldinnen im Innern nennt man Archetypen. Archetypen sind immer währende Themen, deren Ursprung die Ebene der kollektiven, universellen Seele ist. Auf diese Weise symbolisiert, bringt unsere kollektive Seele ihre Sehnsucht, ihre Phantasie und ihre tiefsten Wünsche zum Ausdruck. Archetypische Themen gibt es seit Anbeginn der Zeit. Wir begegnen ihnen in den Sagen alter Kulturen und in der Literatur aller Jahrhunderte. Ihre Form mag sich abhängig von unserem Standpunkt in der Geschichte verändern, doch im Kern bleiben sie immer gleich. Heutzutage erwecken wir diese Archetypen in unseren Kinofilmen, in unseren Fernsehserien und in den Klatschspalten zum Leben. Jedes Mal, wenn ein Protagonist größer scheint als das Leben selbst und somit zum Helden wird, sehen wir einen zum Leben erweckten Archetypen. Solche Figuren geben sich für gewöhnlich unkompliziert und präsentieren ihre Absicht, egal welche, klar und unverfälscht. Göttlich oder teuflisch, heilig oder profan, der Sünder oder der Heilige, der Abenteurer, der Weise, die Suchende, der Retter, das Liebesobjekt, der Erlöser – sie alle sind der übersteigerte energetische Ausdruck der kollektiven Seele.

Archetypen haben ihren Ursprung in der kollektiven Seele, auf die Bühne der Welt gestellt werden sie jedoch durch die individuelle Seele. Ihre mystischen Dramen kommen in unserer physischen Welt täglich zur Aufführung. Denken wir an Marilyn Monroe, erkennen wir in ihr problemlos die Verkörperung Aphrodites, der Göttin von Sexualität und Schönheit. Robert Downey Jr. ist der lebendig gewordene Dionysos oder Bacchus, der ungezähmte, vergnügungssüchtige Geist. Prinzessin Diana war Artemis, die Nonkonformistin, die Wilde, die Regelbrecherin, die furchtlose Kriegerin, die für das kämpft, woran sie glaubt.

Jeder Mensch ist eingestellt auf einen oder mehrere Archetypen. Jeder von uns ist auf der Ebene der Seele so mit dem Universum verkabelt, dass wir archetypische Eigenschaften zum Leben erwecken. Sie sind uns als Samenkorn in die Wiege gelegt. Wenn ein Samenkorn aufgeht, dann setzt es die formgebende Kraft frei, die bestimmt, zu welcher Pflanze es sich entwickeln wird. Ein Tomatensamenkorn wird immer eine Tomatenpflanze hervorbringen und nicht etwa einen Rosenstock. Die Aktivierung eines Archetypen setzt seine formgebende Kraft frei, die es uns gestattet, unser Schicksal zu erfüllen. In unseren Wünschen und Intentionen spiegeln sich unsere individuellen Archetypen wieder. Wer also sind Sie? Was wollen Sie erreichen? Was ist der Sinn und Zweck Ihrer Existenz? Um die Antwort zu finden, müssen Sie diese Fragen auf der tiefsten Ebene an Ihre Seele richten, und zwar an ihren einzigartigen Teil. Und indem Sie dies tun, lernen Sie, Ihren individuellen Archetypen zu definieren.

Wir leben in einer Gesellschaft, die zielorientiert ist

und alles mit einem Etikett versehen muss. Geht es jedoch darum, das Wesen unserer Seele zu untersuchen, dann ist diese Herangehensweise wenig hilfreich. Manche Menschen bezeichnen mich als Schriftsteller, andere sehen in mir einen spirituellen Denker, einen Körper-Geist-Arzt oder einen persönlichen Ratgeber. Meine Kinder betrachten mich als ihren Vater, und meine Frau sieht mich als ihren Lebenspartner. All diese Etiketten machen es meinen Mitmenschen leichter, mich einzuordnen, doch wer ich wirklich bin, stellt sich erst mit der langsamen Entfaltung meines Schicksals heraus. Wenn Sie sich mit einem Etikett versehen, dann bleiben Sie an ihm kleben wie die Fliege an der Marmelade. Sich auf einen Archetypen festzulegen ist etwas anderes, denn hierbei geht es nicht um das Ziehen enger Grenzen. Ganz im Gegenteil. Archetypen sind Modelle des Lebens, Bilder und Vorstellungen, die Ihrem Leben die Richtung zum letztendlichen Schicksal Ihrer Seele weisen. Es gehört zu den Schönheiten eines von der Seelenebene aus geführten Lebens, Ihr wahres Wesen zu erkennen und es erblühen zu sehen – Sie werden zum Helden oder zur Göttin einer mythischen Sage.

Kräfte der physischen Welt, seien sie nun wohlmeinend oder nicht, bringen uns ins Wanken und locken uns fort von der Erfüllung unseres Seelenschicksals. Wir beginnen, uns nach Dingen zu verzehren, die vielleicht gar nicht für uns gedacht sind; wir entwickeln Intentionen, die sich nicht mit den Intentionen decken, die das Universum für uns bestimmt hat. In welcher Form begegnen uns solche Kräfte? Sie können als unschuldige Ratschläge von Freunden daherkommen, die sie uns in unserem besten Interesse geben; sie können vereinnahmend wie Werbebotschaften sein, die uns verleiten, unser Geld für eine ausufernde Palette von Produkten auszugeben; sie können so verführerisch sein wie ein Eckbüro im obersten Stockwerk, an dessen Tür »Vizepräsident« steht, und ein siebenstelliges Gehalt. Solche Botschaften haben ihren Ursprung in der physischen Welt, nicht im Universum. Die Blaupause, die das Universum Ihnen zugedacht hat, findet sich auf der Seelenebene. Wir erhalten Fingerzeige durch Zufälle oder glückliche Fügungen und Führung durch Archetypen.

Woher aber sollen Sie wissen, welches Schicksal für Sie bestimmt ist und welche Ihrer Träume lediglich die Produkte unserer Massenkonsumkultur sind? Wie viele kleine Mädchen träumen davon, die nächste Britney Spears zu sein? Wie viele kleine Jungen versuchen, in die Fußstapfen von Michael Jordan zu treten? Wir eifern diesen Berühmtheiten nach, weil sie ihre eigenen Archetypen ausleben und es schaffen, ihrer persönlichen inneren mystischen Suche treu zu bleiben. Auch Ihnen wird es gelingen, Ihre Archetypen und Ihr Schicksal zu finden. Indem Sie tief in Ihr Inneres blicken, Ihre innersten Wünsche definieren, den Archetypen wählen, der Ihre Intentionen am deutlichsten zum Ausdruck bringt, und seinem uralten Muster folgen, finden Sie Zugang zum Willen der universellen Seele und zu Ihren Archetypen.

Sinn und Zweck von Archetypen

Die eigenen Archetypen zu finden ist eine höchst persönliche Erfahrung. Kein anderer, selbst wenn er Sie gut kennt, ist dazu fähig, sie anzusehen und zu sagen: »Ja, du bist dieser und jener Archetyp.« In den »Veden«, den alten Weisheitsbüchern Indiens, heißt es, dass das Leben eines jeden Menschen, dem es nicht gelingt, mit dem Gott oder der Göttin in Embryoform in seinem Innern in Beziehung zu treten, banal sein muss. Doch sobald sich der Gott oder die Göttin durch einen Menschen zum Ausdruck bringt, kann dieser Mensch Großartiges und Erstaunliches vollbringen.

Heutzutage begnügen wir uns gern mit den durch irgendwelche Berühmtheiten symbolisch zum Ausdruck gebrachten Archetypen, doch entbindet uns dies nicht von der Notwendigkeit, die Archetypen in unserem eigenen Innern zum Leben zu erwecken. Sie sind Bestandteil dessen, was uns erschaffen hat. Sie sind der Stoff, aus dem unsere Träume sind. Sie geben den Inhalt ab für Sagen, Lagerfeuergeschichten und Legenden. Sie finden sich in herausragenden Filmen. In »Star Wars« ist Luke Skywalker der lebendig gewordene Archetyp des ewigen Abenteurers, der bereitwillig Risiken eingeht, um das Unbekannte zu erforschen. Prinzessin Leia ist Artemis, die unabhängige Jägerin, die Beschützerin. Yoda stellt den weisen Seher dar, den Bewahrer grenzenlosen Wissens, der fest mit der nichtörtlichen Intelligenz verbunden ist. Sie alle sind nichts anderes als Protagonisten unserer kollektiven Phantasie und uralte Archetypen in einem futuristischen Gewand.

Archetypen sind die entscheidende Voraussetzung,

damit wir verstehen können, wer wir als individueller Ausdruck des kollektiven Bewusstseins sind. Mythologie ist die Urquelle unserer Zivilisation. Dass sich junge Menschen in Straßenbanden zusammenrotten, kann eine typische Folge sein, wenn man ihnen ihre Mythologie vorenthält. Warum? Weil Banden von einem Anführer, von Gefolgschaft und Verbrüderung handeln, Rituale und Initiation kennen – also genau den Stoff verarbeiten, der sich auch in Mythen findet. Auf der Suche nach mythischen Erfahrungen schließen sich unsere Kinder Banden an. Jedes Mal, wenn ein Mensch eine bemerkenswerte Leistung vollbringt – wenn Kosmonauten auf dem Mond spazieren gehen, einem Piloten die erste Atlantiküberquerung gelingt –, dann ist dies Ausdruck eines mystischen Strebens; es ähnelt jenem des Jason nach dem Goldenen Vlies oder des Ikarus, der sich mit Flügeln aus Federn und Wachs zur Sonne erheben wollte. Angefangen bei der von Pluto entführten Persephone bis hin zu Orpheus, der seine Braut unter den Schattengestalten in der Unterwelt sucht, Apollo und Krishna und all den Helden aus der keltischen Mythologie – ihre Geschichten sind der Urquell unserer Zivilisation und Identität.

Banden und Filme und Seifenopern und Vorabendserien und Berühmtheiten sind genau deshalb ein Anreiz, weil sie in uns diese mythische Seite ansprechen. Doch sind sie lediglich ein zweitklassiger Ersatz für die eigentliche Mythologie. Echte Archetypen werden ausgelebt von Menschen wie Mahatma Gandhi, Martin Luther King, Florence Nightingale und Personen, die über das Alltägliche hinaus in den Bereich des Wunderbaren vorstoßen. Solche Menschen vollbringen Großes, weil sie ihren Zugang zum kollektiven Unbewussten gefunden haben. Das kollektive Unbewusste ermöglicht es ihnen, mehrere Ereignisketten gleichzeitig zu sehen und basierend auf den Entscheidungen des Augenblicks Einblick in die Zukunft zu nehmen. Von Mahatma Gandhi heißt es, dass er, als er in Durban, Südafrika, aus dem Zug geworfen wurde, den Niedergang des Britischen Weltreichs vorausgesehen habe. Diese eine kleine Episode hat den Gang der Geschichte verändert.

Ereignisse wie diese bewirken eine Verschiebung der Kognition und der Wahrnehmungsmechanismen. Normalerweise erlaubt uns unsere Wahrnehmung nur das zu sehen, was hier und jetzt direkt vor uns geschieht. Doch von Zeit zu Zeit gelingt es uns, schlafende Potenziale zu wecken, Weisheit zu finden und sich ihrer sogar zu bedienen. Im Sanskrit heißen diese schlafenden Potenziale *siddhis*; sie bezeichnen übernatürliche Fähigkeiten – außersinnliche Wahrnehmung, Synchronizität, Telepathie –, die allesamt Produkte der nichtörtlichen Domäne sind. Sie sind die Kräfte, die im Mythos zum Erblühen kommen.

Die eigenen Archetypen finden

Die Suche nach den eigenen Archetypen sollte einen freudigen Prozess darstellen. Machen Sie sich keine Sorgen darüber, ob Sie womöglich die falsche Wahl treffen könnten. Da Archetypen ihren Ursprung im kollektiven Unbewussten haben, ist jedes archetypische Urbild in jedem Menschen gleichermaßen angelegt. Manche Archetypen sind in Ihnen jedoch stärker ausgeprägt als andere. Ihr Ziel ist es, ein, zwei oder gar drei Archetypen zu finden, die in Ihnen am stärksten widerhallen und die Ihr Herz repräsentieren. Wählen Sie nicht den Archetypen aus, der Sie gerne wären, und auch nicht die Eigenschaften, die Sie am meisten bewundern, sondern die Qualitäten, zu denen Sie sich hingezogen fühlen, die Sie motivieren und inspirieren. Sie werden sie als die Richtigen erkennen, sobald Sie diese gefunden haben. Das Beste an dieser Fragestellung ist, dass es keine falschen Antworten gibt.

Um Ihnen bei Ihrer Suche nach Ihren Archetypen zu helfen, sollten Sie es mit der nachfolgenden Übung versuchen, die ich dem Buch »A Mythical Life: Learning to Live Our Greater Story« meiner Freundin Jean Houston entnommen und unseren Bedürfnissen angepasst habe. In ihren Büchern, die ich nur wärmstens empfehlen kann, beschreibt Jean Houston noch zahlreiche weitere, für uns nützliche Übungen.

Entspannen Sie sich und leeren Sie Ihren Verstand. Im Idealfall werden Ihnen die nachfolgenden Absätze vorgelesen, während Sie die Augen geschlossen halten. Am besten ist es, wenn Sie den Text für sich selbst auf Kassette aufnehmen – so haben Sie den Kopf frei, um sich die Szenen deutlicher vorzustellen. Doch die Übung funktioniert auch, wenn Sie offen sind und sich den Text langsam selbst vorlesen.

Beginnen Sie, indem Sie ein paar tiefe Atemzüge machen. Atmen Sie langsam ein und aus und bauen Sie dabei alle Spannungen und Widerstände ab, die Sie möglicherweise in Ihrem Körper gespeichert haben. Fahren Sie fort, langsam, tief und gleichmäßig zu atmen, und lassen Sie es zu, dass jedes Ausatmen Sie auf eine höhere, ruhigere und entspanntere Ebene tief in Ihr Inneres führt.

Nun stellen Sie sich vor, dass Sie, weit fort vom Trubel der Stadt, auf einem wunderschönen, von Bäumen gesäumten Weg entlanggehen. Ihre Aufmerksamkeit ist ganz und gar auf die üppige Natur gerichtet – auf die Vögel, die über Ihnen in den Himmel steigen, auf die Kaninchen, die vor Ihnen über den Pfad hoppeln, auf die Schmetterlinge, die Sie ein Stück weit auf Ihrem Weg begleiten. Schließlich gelangen Sie auf eine Lichtung und sehen dort ein entzückendes, kleines, strohgedecktes Haus. Die Tür steht offen und lädt Sie zum Eintreten ein. Sie spähen hinein und sehen ein gemütliches Zimmer und einen Korridor, der zum Hinterausgang führt. Sie fühlen sich in den Räumen äußerst sicher und wohl, als seien Sie nach langer Zeit in die vertraute Umgebung Ihres Zuhauses zurückgekehrt. Sie gehen den Korridor entlang bis zu einem kleinen Zimmer. Darin sehen Sie eine Schranktür, die Sie öffnen. Als Sie die Kleider beiseite schieben, entdecken Sie in der rückwärtigen Wand des Schrankes einen Durchgang. Sie betreten ihn und gelangen zu einer alten Wendeltreppe aus Stein, die Sie eine Windung um die andere immer weiter nach unten führt. Das Licht ist schwach, deshalb setzen Sie vorsichtig einen Fuß vor den anderen und halten sich gut am Geländer fest, damit Sie nicht fallen. Tiefer und tiefer gelangen Sie nach unten. Schließlich erreichen Sie das Ende der Wendeltreppe und befinden sich am Ufer eines breiten Flusses, auf dessen Wasseroberfläche sich das silberne Mondlicht spiegelt. Sie lassen sich an der Uferböschung nieder, lauschen dem zarten Plätschern des vorbeiströmenden Wassers und blicken hinauf in die mit Sternen betupfte Ewigkeit des Nachthimmels.

Nicht weit von Ihnen gleitet ein kleines Segelboot auf Sie zu. Es legt an, und eine Gestalt in einer langen Robe fordert Sie auf einzusteigen. Da Sie sich sicher und beschützt fühlen, kommen Sie der Aufforderung bedenkenlos nach. Sie erhalten ein altes fließendes und mit antiken Symbolen besticktes Gewand und legen es an. Das Boot segelt durch einen engen Tunnel, der sich endlos auszudehnen scheint. Der bärtige Fährmann im Achterschiff beginnt, Ihnen unbekannte Mantras vorzusummen. Nach einer Weile fällt Ihnen auf, dass Ihre Sinne hellwach sind. Sie sind entspannt und zugleich von einer lebhaften Neugier ergriffen.

Ein Licht taucht am Ende des Tunnels auf und wird langsam stärker. Als Sie sich dem Licht nähern, wird Ihnen bewusst, dass es eine Einladung zum Betreten des virtuellen Bereiches darstellt. Sobald Sie das Licht annehmen und darin eintauchen, werden Sie schwerelos. Sie schweben aus dem Boot hinaus und verschmelzen mit diesem belebenden Licht. Sie werden zu dem Licht. Nun sind Sie ein virtuelles Wesen, eine Kugel aus pulsierendem Licht. Aus diesem Reich reinen Potenzials haben Sie in jeder Form oder Gestalt und zu jedem gewählten Ort innerhalb der Raum-Zeit Zugang.

Sie sammeln sich im Kern Ihrer Lichtgestalt und treten in Erscheinung als die Göttin Hera, die Königin des Olymp und aller Götter Griechenlands, das Symbol hoheitsvoller Macht und Schönheit. Sie haben Macht über die Welt, Sie sind erfüllt von Zutrauen und Autorität. Ihre Untertanen sind auf Ihre Zuversicht und Ihre Kraft angewiesen. Sie sind die Verkörperung der Selbstsicherheit. Machen Sie sich bewusst, was es bedeutet, über das Bewusstsein dieser mächtigen Göttin zu verfügen. Spüren Sie, wie es sich anfühlt, sich in ihrem Körper zu bewegen. Spüren Sie, wie es sich anfühlt, ihre Gesten zu vollführen, ihre Sprache zu besitzen und ihren Gesichtsausdruck. Betrachten Sie die Welt durch ihre Augen. Hören Sie die Welt mit ihren Ohren.

Nun verabschieden Sie sich von dieser Göttin und kehren zurück in Ihre virtuelle Lichtgestalt. Sie befinden sich neuerlich im Reich des reinen Potenzials, in dem zahllose Möglichkeiten pulsieren. Sammeln Sie sich im Kern Ihrer Lichtgestalt und kehren Sie zurück als der weise alte König, der überaus geschickt darin ist, durch die Stürme des Lebens zu navigieren. Sie sind der bärtige Weise, der große Rishi, der die Formen und Erscheinungen der Welt als kosmischen Tanz wahrnimmt. Sie sind in dieser Welt, aber nicht Teil von ihr. All Ihre Gedanken, Worte und Taten bringen absolute Fehlerlosigkeit zum Ausdruck. Spüren Sie, wie es sich anfühlt, über das Bewusstsein eines Weisen zu verfügen. Spüren Sie, wie es sich anfühlt, seine Gedanken, seine Sprache und seine Gesten zu besitzen. Betrachten Sie die Welt durch seine Augen.

Dann verabschieden Sie sich von dem Seher und verschmelzen neuerlich mit Ihrer Essenz als virtuelles Lichtwesen. Sammeln Sie sich in Ihrem Kern und treten Sie hervor als der Erlöser. Sie sind das Licht des Mitgefühls, der strahlenden Vergebung und Hoffnung. Ihre Gegenwart allein genügt, um die Dunkelheit zu vertreiben, gleichgültig wie böse die Ahnungen auch sein mögen, die sie auslöst. Sie sind die Essenz des Avatar, die Essenz des Christus, des Buddha. Ihrem Wesen nach verwandeln Sie Erfahrung in Vertrauen. Machen Sie sich die Gedanken bewusst, die im Verstand des Erlösers aufsteigen. Spüren Sie die Gefühle im Herzen des Erlösers. Erleben Sie die Welt durch seine Augen, die überfließen von Mitgefühl und Liebe zu allen empfindungsfähigen Lebewesen.

Nun lassen Sie den Erlöser los und kehren zurück zu Ihrer ursprünglichen Essenz. Sie sind eine virtuelle Lichtgestalt, ein herausdestillierter Tropfen universeller Energie. Sie sind das volle Potenzial all dessen, was war, ist und sein wird. Kehren Sie zurück in die Tiefe dieses Lichtwesens und treten Sie hervor als die göttliche Mutter. Sie sind die nährende Urkraft, vibrierend vor Leben spendender Energie. Sie sind Demeter, Shakti, das weibliche Antlitz Gottes. Sie sind die göttliche Mutter, die alle empfindungsfähigen Lebewesen mit ihrer fürsorglichen Liebe beschenkt. Sie sind die kreative Urkraft, die Formen und Erscheinungen hervorbringt. Versetzen Sie sich hinein in das Bewusstsein der göttlichen Mutter. Spüren Sie ihre Gefühle. Sehen Sie die Schöpfung mit ihren Augen. Hören Sie die Schöpfung mit ihren Ohren. Atmen Sie den Atem der göttlichen Mutter.

Nun verabschieden Sie sich von der göttlichen Mutter. Kehren Sie zurück zu Ihrem essenziellen Wesen als reines Licht, zur virtuellen Urenergie, die in sich alle Möglichkeiten trägt, die Sie manifestieren wollen. Verlassen Sie das Zentrum des Lichts als Dionysos, als der Gott der Sinnlichkeit, Ekstase und Berauschtheit, der Gott des Exzesses und der Hingabe. Sie sind die Personifizierung vollkommener Hingabe an den Augenblick. Ihrem Wesen gemäß halten Sie nichts zurück, sondern überantworten sich mit Leib und Seele der Erfahrung, lebendig zu sein. Sie sind trunken vor Liebe. Erleben Sie die Welt mit dem Bewusstsein des Dionysos. Spüren Sie, wie berauscht Sie sind. Erfahren Sie die Welt durch seine Augen. Lassen Sie sich feiern durch die Musik des Universums. Geben Sie sich der Ekstase der Sinne und des Verstandes hin.

Nun streifen Sie den Gott Dionysos von sich ab und verschmelzen neuerlich mit Ihrer Urenergie als reines virtuelles Licht. Finden Sie den Impuls von Weisheit und Intelligenz in Ihrem unendlichen Potenzial und treten Sie hervor als Saraswati oder Athene, die Göttin der Weisheit. Mit Ihrer Hingabe an Wissen, Weisheit, die Künste und Wissenschaften sind Sie die Beschützerin jeglicher Zivilisation. Sie sind eine echte spirituelle Kriegerin, die sich verpflichtet fühlt, alle Ignoranz, die den Ausdruck der Wahrheit erschwert, zu vernichten. Erleben Sie das Bewusstsein der Weisheitsgöttin. Betrachten Sie die Welt durch ihre Augen; hören Sie die vorherrschenden Gespräche mit ihren Ohren. Sie sind Bildung und Eleganz, Höflichkeit und Weisheit in ihrer stärksten Ausprägung.

Und nun lassen Sie die Göttin und die Weisheit hinter sich. Kehren Sie zu Ihrem Urzustand als reines virtuelles Licht zurück. Verschmelzen Sie neuerlich mit Ihrem grenzenlosen, unmanifestierten, vor Potenzial pulsierenden Sein. Kehren Sie ein in Ihre essenzielle Lichtessenz und treten Sie hervor als Aphrodite oder Venus, als die Göttin der Liebe und Schönheit. Sie sind die Verkörperung von Sinnlichkeit, Leidenschaft und Sexualität. In Ihrer Gegenwart verlieren empfindungsfähige Wesen den Kopf und verzehren sich nach den Verzückungen des Eros. Erfahren Sie und erleben Sie das Bewusstsein der Liebesgöttin. Spüren Sie den Körper der Göttin der Sinnlichkeit. Genießen Sie ihre Sinnlichkeit. Sehen Sie die Welt mit den Augen der Liebesgöttin.

Nun trennen Sie sich von der Göttin der Liebe, verschmelzen wieder mit Ihrem Lichtkern, dem reinen undifferenzierten Wesen mit seinen unendlichen Möglichkeiten. Tauchen Sie tief ein in Ihre Essenz und kehren Sie zurück als das heilige Kind, als der Ausdruck reinen göttlichen Potenzials. Sie sind die Inkarnation der Unschuld, verkörpert in der Erwartung bedingungsloser Liebe, sowohl als Gebender wie auch als Empfänger. Sie sind das Kind göttlicher Eltern, erfüllt mit reifem Schicksal und kosmischem Potenzial. Betrachten Sie die Welt mit den Augen des göttlichen Kindes. Spüren Sie, wie die Liebe durch Ihr unschuldiges Herz fließt. Erleben Sie Ihre Verspieltheit als Kind des Lichts, das sich seines Daseins erfreut.

Verabschieden Sie sich von dem heiligen Kind und tauchen Sie neuerlich ein in Ihre virtuelle Lichtgestalt. Ruhen Sie in Ihrer Grenzenlosigkeit. Sie sind ein pochender Herzschlag voller Energie, fähig, alles zu schaffen, was Sie sich nur wünschen. Tauchen Sie tief ein in Ihren inneren Lichtkern und kehren Sie zurück als kosmischer Alchimist. Sie sind der Urzauberer und fähig, ein Nichts in ein Etwas zu verwandeln und umgekehrt. Sie wissen, dass die Welt der Sinne unsinnig ist. Sie erleben die materielle Welt als Ausdruck Ihrer Bewusstseinsenergie, die Sie mittels Ihrer Intention und Ihrer Aufmerksamkeit in Materie verwandeln können. Sie sind fähig, jede beliebige Form anzunehmen, ob belebt oder unbelebt, weil Sie reines Bewusstsein in all seinen Erscheinungsformen sind. Sie sind Krishna; Sie sind unendliche Möglichkeiten. Erfahren Sie sich selbst als Krishna, den kosmischen Alchimisten, der jeder gewollten Manifestation fähig ist. Erleben Sie, wie Sie Ihre Gedanken in Eigenschaften verwandeln. Sehen Sie das Universum mit den Augen Krishnas. Erleben Sie den Kosmos als Ihren Körper. Nicht Sie sind im Universum, sondern das Universum ist in Ihnen.

Spielen Sie während der nächsten paar Minuten mit Ihrer kreativen Energie und manifestieren Sie sich in beliebigen, selbst gewählten Formen. Es kann sich dabei um einen der weithin bekannten Archetypen, die Sie gerade kennen gelernt haben, handeln oder auch nicht. Verwandeln Sie sich in das Wesen, als das Sie sich gerne erfahren würden. Schlüpfen Sie in das Bewusstsein eines großen Malers oder Musikers. Erfahren Sie die Welt als mächtiger Politiker. Werden Sie zu einem Adler; erleben Sie die Welt hoch aus der Luft. Schlüpfen Sie in die Gestalt eines Wals und sammeln Sie Erfahrungen mit dem Bewusstsein des verspielten Meeressäugers. Ihr Selbstausdruck kennt keine Grenzen. Erfreuen Sie sich an Ihrem virtuellen Selbst, das überschäumt vor Begeisterung über die grenzenlose Zahl seiner Ausdrucksmöglichkeiten. In dieser Form sind Sie all die vielen Götter und Göttinnen, Archetypen und mythischen Bilder vereint in einem einzigen Körper. Innerhalb der nächsten paar Augenblicke lassen Sie jegliche aufsteigenden Bilder, Sätze, Symbole oder Worte in Ihrem Bewusstsein Form annehmen.

Wenn Sie meinen, eine ausreichend große Zahl interessanter Möglichkeiten durchgespielt zu haben, dann wählen Sie die drei archetypischen Bilder oder Symbole oder Wörter oder Sätze aus, die in Ihnen besonders stark nachschwingen, die Sie mehr als alle anderen inspirieren und motivieren. Es kann sich um altvertraute Götter und Göttinnen handeln, um Bilder, Tiere, Symbole für die Elemente, um kosmische Kräfte, Wörter, Aussprüche oder um eine beliebige andere Qualität, die Ihnen etwas bedeutet oder mit der Sie sich wohl fühlen, wenn Sie sie im Geiste erleben. Sie sollten spüren, dass Sie zu etwas Großartigem und Wunderbarem fähig wären, wenn diese Wesen oder Qualitäten Zugang zu Ihrer Welt fänden und durch Sie zum Ausdruck kämen. Ich rate immer dazu, dass Männer wenigstens einen weiblichen und Frauen wenigstens einen männlichen Archetypen wählen. Wir alle beherbergen nämlich in unserem Innern sowohl männliche als auch weibliche Qualitäten. Ignorieren wir jedoch eine Seite unseres Selbst, so ersticken wir diese Quelle persönlicher Leidenschaft in uns.

Schreiben Sie auf, welches Ihre drei Archetypen oder Symbole sind. Dann beginnen Sie, Abbildungen, Symbole, Schmuck und Ähnliches zu sammeln, die Sie mit diesen Archetypen verbinden. Manche Menschen richten sich für ihre Archetypen eine Art kleinen Altar als Zentrum der Selbstsuche ein. Falls sich die wichtigsten Qualitäten Ihrer Archetypen in Worten oder Sätzen ausdrücken lassen, dann schreiben Sie diese auf ein Blatt Papier, das Ihnen dann als Gedächtnisstütze dienen kann. Blicken Sie wenigstens einmal täglich, am besten nach der Meditation, auf dieses Blatt und sprechen Sie Ihren Archetypen stumm eine Einladung aus: »Bitte kommt zu mir und drückt euch durch mich aus.« Sie sollen Ihnen als Erinnerung an das dienen, was Ihr Leben zu inspirieren vermag. Wenn Sie sich in der Welt verloren fühlen und meinen, vom Weg abgekommen zu sein, dann werden diese Qualitäten Ihnen als Kompass zurück zu Ihrem wahren Selbst dienen.

Anstatt sich dem neuesten Modetrend zu verschreiben oder irgendeinem Filmschauspieler nachzueifern, nehmen Sie sich in Ihrem Denken und Handeln ein Vorbild an Ihren Archetypen. Viele Menschen tun das jeden Tag, ohne sich dessen bewusst zu werden. Haben Sie je gehört, dass sich jemand die Frage stellt: »Was würde Jesus in dieser Situation tun?« Christen, die an einer Gabelung nicht wissen, welchen Weg sie einschlagen sollen, werden ermutigt, sich diese Frage zu stellen. Auf diese Weise nutzen sie die mächtige Gestalt des Archetypen Erlöser in seiner Verkörperung als Jesus Christus als Führer auf ihrem Weg. Bedienen Sie sich Ihrer persönlichen Archetypen auf die gleiche Weise. Fragen Sie sich: »Handle ich in Übereinstimmung mit meinen Archetypen?« So überprüfen Sie, ob Sie sich selbst treu sind. Indem Sie es Ihren Archetypen gestatten, ihre Geschichte durch Sie auszuleben, werden Sie zur Erfüllung gelangen. Ihre Götter, Göttinnen, Totems, Persönlichkeiten sind der Schlüssel zu Ihrem wahren und wunderbaren Schicksal.

Zweiter Teil:

Dem Schicksal den Weg ebnen

7

Meditation und Mantras

Das wirkungsvollste Instrument, das uns zur Verfügung steht, um unser Schicksal zu synchronisieren, um die Verbindung schaffenden Muster des Universums zu erkennen und unsere Wünsche in Wunder zu verwandeln, ist die Meditation. Sie gestattet es uns, unsere Aufmerksamkeit und Intention auf jene subtileren Ebenen zu konzentrieren, und gewährt uns Zugang zu all dieser unsichtbaren und bisher ungenutzten Information und Energie.

Wenn Ihr Arzt Ihnen einen zwanzigminütigen Spaziergang zweimal täglich verschriebe und Ihnen verspräche, dass Sie mit nichts weiter als diesen regelmäßigen Spaziergängen gute Gesundheit, Seelenfrieden, Sorgenfreiheit, zunehmenden Erfolg in Ihrem Berufs- wie in Ihrem Privatleben erreichen könnten, würden Sie dann seinen Anweisungen Folge leisten? Die meisten Menschen würden es sicher wenigstens ausprobieren. Das Rezept für die Synchronisation Ihres Schicksals lautet: fünfzehn bis zwanzig Minuten Meditation täglich gefolgt von einer Einladung an Ihre Archetypen (wie im vorangegangen Kapitel beschrieben). Wenn Sie diese Routine zweimal am Tag beherzigen, dann werden Sie schon bald Veränderungen in Ihrem Leben bemerken. Davon einmal abgesehen verhalten Sie sich genauso wie sonst auch. Meditieren Sie morgens, folgen Sie Ihrem gewohnten Tagesablauf und meditieren Sie noch einmal am Abend. Das allein reicht aus, um Sie auf den Weg der Transformation zu bringen und die Wunder zu bewirken, die Sie sich wünschen.

Alles, was Sie bisher in diesem Buch gelesen haben, war eigentlich eine Vorbereitung auf die Praxis der Meditation, die Sie zur Erleuchtung und zur Synchronisation Ihres Schicksals führen wird. Das bisher erworbene Hintergrundwissen ist keine Voraussetzung; es ist einfach nur interessant. Wenn jeder Mensch, der nach Erleuchtung strebt, dazu die Quantenphysik begreifen müsste, dann wäre die Erleuchtung allein den Quantenphysikern vorbehalten. Die großen Pioniere der Quantenphysik haben jedoch sehr wohl auch die Sache des Geistes vorangebracht, indem sie nach dem tieferen Sinn des Lebens fragten. Zu diesen bemerkenswerten Wissenschaftlern gehört Wolfgang Pauli, der sich zur gleichen Zeit wie Carl Gustav Jung zum ersten Mal überhaupt Gedanken über Synchronizität gemacht hat. Erwin Schrödinger, Paul Dirac, Werner Heisenberg, Max Planck, David Bohm und John Wheeler waren gleichfalls der Meinung, dass die Quantenphysik, ohne das Bewusstsein als entscheidenden Bestandteil der Wirklichkeit zu berücksichtigen, niemals vollständig durchdrungen werden könne. Doch müssen Sie Religion, Philosophie oder Wissenschaft nicht verstehen, um Zugang zum Geist zu erhalten. Es reicht vollkommen aus, wenn Sie die nachfolgenden Anweisungen befolgen.

Meditation ist ein einfacher Vorgang, der sich zwar schwer beschreiben, dafür aber leicht durchführen lässt, sobald Sie ihn regelmäßig üben. Ich will hier die Grundlagen der Meditation wiedergeben, damit Sie die im weiteren Verlauf des Buches beschriebenen sieben Prinzipien der Schicksalssynchronisation erfolgreich zur Anwendung bringen können.

Wie man meditiert

Unser Geist ist unablässig in Aktion, springt von einem Gedanken zum nächsten und von einer Emotion zur anderen. Um die Verbindung mit der nichtörtlichen Intelligenz, mit jener universellen Seele, die ein jeder von uns in sich trägt und die wir alle gemeinsam haben, aufzunehmen, ist es erforderlich, irgendwie aus diesem Nebel aus ablenkenden Gedanken herauszukommen, der die universelle Seele im Allgemeinen vor uns verbirgt. Es ist unmöglich, seinen Weg durch undurchdringlichen Nebel mit Gewalt zu erzwingen, und das Gleiche gilt auch für den Gedankennebel in unserem Kopf. Wenn Sie an einem nebligen Tag sehen wollen, was sich auf der anderen Straßenseite zuträgt, dann gibt es nichts Physisches, das Sie tun könnten, um dieses Ziel zu erreichen. Es bleibt Ihnen nichts anderes übrig, als ruhig und geduldig zu warten, bis der Nebel sich ein wenig lichtet und von selbst auflöst. Ab und an wird eine weniger dichte Nebelschwade vorüberziehen und Ihnen eine Ahnung davon verschaffen, was vor Ihnen liegt. Das Gleiche gilt für Gedanken. Wenn wir ganz ruhig sind, dann erleben wir zwischen den Gedanken Augenblicke reiner Stille – ich nenne Sie »Gedankenpausen« –, und durch diese Gedankenpausen hindurch dürfen wir einen kurzen Blick auf die höhere Ebene der Seele werfen. Jedes Mal, wenn uns ein solcher kurzer Blick gelingt, erweitern wir unser Verständnis, und schließlich erweitert sich unser Bewusstsein.

Sinn und Zweck der Meditation ist es, das Denken eine Zeit lang einzustellen, sozusagen darauf zu warten, dass der Nebel sich lichtet, um einen Blick auf den Geist im Innern zu erhaschen. Den meisten Menschen fällt es äußerst schwer, die Gedankenflut in ihrem Kopf zu kontrollieren. Anfänger sind darüber manchmal sehr frustriert, doch Frustration ist nichts anderes als ein weiterer Gedanke, eine weitere Emotion, die sich in den Weg stellt. Ziel ist es, ruhig und passiv alle Gedanken zu entlassen.

Eine weit verbreitete Methode für den Einstieg in die Meditation ist die Konzentration auf eine einzige Sache, damit es für abschweifende Gedanken schwieriger wird, sich in Ihren Kopf zu schleichen. Mir ist es am liebsten, mit einer Atemmeditation anzufangen.

Bevor Sie mit der Meditation beginnen, suchen Sie sich eine angenehme Position. Setzen Sie sich auf einen bequemen Stuhl und stellen Sie Ihre Füße fest auf den Boden. Legen Sie Ihre Hände mit den Handflächen nach oben in Ihren Schoß. Schließen Sie die Augen und verfolgen Sie Ihren Atem. Beobachten Sie, wie die Luft beim Einatmen Ihre Lungen füllt und wie sie beim Ausatmen aus ihnen herausströmt. Versuchen Sie nicht, Ihren Atem auf irgendeine Weise zu kontrollieren. Vielleicht stellen Sie fest, dass Ihre Atmung übergangslos schneller oder langsamer wird, flacher oder tiefer geht oder sogar kurz aussetzt. Beobachten Sie diese Veränderungen ohne Widerstand und Erwartung. Jedes Mal, wenn Ihre Aufmerksamkeit von Ihrem Atem fort zu einem Geräusch in Ihrer Umgebung, zu einer Empfindung in Ihrem Körper oder zu einem Gedanken in Ihrem Kopf abgleitet, richten Sie Ihr Bewusstsein sanft wieder zurück auf Ihre Atmung.

So funktioniert Meditation in ihrer einfachsten Form. Sobald sich der Übende sicher genug fühlt, einfach nur still dazusitzen und sich auf seinen Atem zu konzentrieren, empfehle ich, ein Mantra hinzuzufügen. Mantras schaffen eine mentale Umgebung, in der es Ihnen möglich ist, Ihr Bewusstsein zu erweitern.

Mantras

Das Wort *Mantra* setzt sich aus zwei Teilen zusammen: der Silbe »man«, die den Geist bezeichnet, und der Silbe »tra«, die Werkzeug bedeutet. Wörtlich bedeutet Mantra also »Werkzeug des Geistes«. Im »Vedanta«, der alten indischen Weisheitstradition, werden die einzelnen von der Natur hervorgebrachten Klänge untersucht, die fundamentalen Vibrationserscheinungen in der Welt um uns her. Dem »Vedanta« zufolge sind diese Klänge Ausdruck des unendlichen oder kosmischen Geistes und stellen die Grundlage einer jeden Sprache dar. Wenn Sie zum Beispiel die einzelnen Buchstaben des Alphabets nehmen, die Vokale und Konsonanten, dann werden Sie feststellen, dass es sich bei ihnen um genau die Klänge handelt, die jedes Kleinkind spontan von sich aus produziert. Diese Klänge enthalten außerdem die gleichen Vibrationen, die auch Tiere hervorbringen. Und hören Sie sorgfältig hin, werden Sie zudem feststellen, dass sie letztlich überall in der Natur vorkommen. Sie sind das Pfeifen des Windes, das Knacken und Knistern des Feuers, das Rollen des Donners, das Rauschen des Flusses, das Tosen der Wellen am Strand. Die Natur ist Vibration. Die unendliche Wesenheit vibriert, und ihre Vibration ist rhythmisch, musikalisch und ursprünglich. Vibration ist das Mittel, durch das sich das unendliche Potenzial als manifestes Universum ausdrückt.

Wir wissen, dass das manifeste Universum – das sich aus festen Objekten zusammenzusetzen scheint – tatsächlich aus Vibrationen besteht, wobei unterschiedliche Objekte in verschiedenen Frequenzen vibrieren. Wenn ich mit dem Fuß an einen Stein stoße, dann spüre ich natürlich nicht Vibrationen, sondern Schmerz. Tatsache ist jedoch, dass der schmerzende Fuß und das Gehirn, das den Schmerz protokolliert, gleichfalls Vibration sind. Vibrationen interagieren miteinander, und wir interpretieren diese Interaktion als Körper und Sinneseindruck.

Mantra ist somit ein Wort, das genau diese Qualität des Universums beschreibt.

Es heißt, die alten Seher hätten in der Meditation diese Vibrationen des Universums wahrgenommen. Es steht jedem stets frei, genau diese Vibrationen zu hören. Das ist ganz einfach. Wenn Sie Ihren Verstand zur Ruhe bringen und stillsitzen, dann hören Sie Vibrationen. Sie können es jederzeit ausprobieren. Selbst wenn Sie sich die Ohren zuhalten, werden Sie sie noch hören. Auch Ihr Körper befindet sich unablässig in Vibration, doch sind die damit verbundenen Klänge so subtil, dass sie für gewöhnlich von Ihnen nicht wahrgenommen werden können. Wenn Sie allerdings still dasitzen und kein Lärm um Sie herum vorhanden ist, dann hören Sie ein Hintergrundsummen in der Luft. Und wenn Sie sich auf dieses Hintergrundsummen konzentrieren, werden Sie schließlich und mit der nötigen Übung all die Mantras hören, die in der vedischen Literatur aufgeschrieben worden sind.

In den »Veden« heißt es außerdem, dass ein laut ausgesprochenes Mantra durch sein spezielles Vibrationsmuster seine ihm innewohnende ureigene Wirkung entfaltet und sogar Ereignisse in unserer gegenwärtigen physischen Welt hervorzurufen vermag. Wird das Mantra im Geiste und somit stumm rezitiert, dann entsteht eine abstraktere mentale Vibration. Letztendlich leitet es Sie von dem Ort, an dem das Mantra erklungen ist, in das Feld reinen Bewusstseins oder Geistes. Somit ist ein Mantra ein ausgezeichnetes Mittel der Transzendenz und führt uns zurück zur Quelle der Gedanken, die nichts anderes als reines Bewusstsein ist. Da jedes Mantra seine ureigensten Vibrationen hervorruft, dient ein jedes einem anderen Zweck.

Das Mantra, dessen ich mich bediene und das ich für die Synchronisation des Schicksals empfehle, ist das einfache Mantra »So-Ham«. Es ist das Mantra des Atems; wenn Sie Ihren Atem beobachten, dann hören Sie das Hinein- und Hinausströmen der Atemluft in Ihre Lungen und aus Ihren Lungen als »So-Ham«. Beim Einatmen erzeugt die Vibration den Klang »So«. Beim Ausatmen ist die Vibration als »Ham« zu vernehmen. Wenn Sie möchten, können Sie mit diesem Mantra experimentieren. Atmen sie tief ein, schließen Sie Augen und Mund und atmen Sie kräftig durch die Nase aus. Wenn Sie sich genug konzentrieren, werden Sie ein deutliches »Ham« hören.

Eine Meditationstechnik zum Beispiel verlangt die Konzentration auf den Ursprungsort des Atems. Mit geschlossenen Augen atmen Sie ein und denken die Silbe »So«; beim Ausatmen denken Sie die Silbe »Ham«. Nach und nach werden sowohl der Atem als auch die beiden Silben immer ruhiger, bis schließlich der Atem so ruhig ist, dass er fast zum Stillstand zu kommen scheint. Indem Sie Ihren Atem beruhigen, beruhigen Sie auch Ihren Verstand. Wenn Sie transzendieren, dann löst sich das Mantra »So-Ham« vollständig auf, und Ihr Atem scheint einen Moment lang auszusetzen. Die Zeit selbst kommt zum Stillstand, und Sie befinden sich auf der Ebene reinen Bewusstseins, im nichtörtlichen Bereich des reinen Geistes, auf dem Grund allen Seins.

Somit ist das Mantra ein Mittel, um nichtörtliches Bewusstsein zu erfahren. Indische, australische und amerikanische Ureinwohner sowie zahlreiche andere traditionsorientierte Kulturen bedienen sich seit Tausenden von Jahren solcher Hilfsmittel. In allen Traditionen, die

Mantras oder ähnliche Hilfsmittel nutzen, wird auch gemeinsam gechantet, um eine besondere Vibration, den Klang des Universums, herzustellen, der aus dem Nichts heraus zu erschaffen vermag und Energie von der nichtmanifesten in die manifeste Form überträgt.

Sutras

Sutras sind Mantras, die über den Klang hinaus eine Bedeutung haben. Mantras sind Silben ohne Bedeutung; sie sollen lediglich eine Vibration, einen Klang wiedergeben. Ein Mantra wird zum Sutra, wenn der Klang mit einer Intention kodiert ist. Der Begriff *Sutra* stammt aus dem Sanskrit und ist mit dem lateinischen *sutre* verwandt, das »durch Nähen zusammenfügen« bedeutet. Folglich ist also ein Sutra ein Stich in die Seele, und dieser Stich transportiert eine Intention. Sowohl Mantras als auch Sutras machen es Ihnen möglich, auf eine höhere Bewusstseinsebene zu transzendieren. Sie könnten sich dazu also zum Beispiel des »So-Ham«-Mantras bedienen. Und Sie könnten das Mantra mit einem richtigen Wort, einem Sutra, verbinden, um eine bestimmte Intention in Ihrem Bewusstsein zu verankern.

Der Inhalt von Sutras ist zugleich einfach und komplex. Wenn ich etwa das Sutra »Aham Brahman Asmi« (»Der Kern meines Seins ist die ultimative Wirklichkeit, die Wurzel und der Urgrund des Universums, die Quelle all dessen, was existiert.«) nehme, dann würde ich, um diesen einen kurzen Satz zu erklären und zu verstehen, einen ganzen Tag oder ein halbes Buch brauchen. Und trotzdem gibt das Sutra, geben diese drei kurzen Wörter, diese komplexen Gedanken vollständig wieder. Indem Sie sich einfach auf dieses Sutra konzentrieren, begreifen und erfahren Sie die vollständige darin enthaltene Erklärung.

Es gibt Mantras und Sutras, die seit Tausenden von Jahren ununterbrochen in Gebrauch sind – in den nachfolgenden Kapiteln werden Sie einige von ihnen kennen lernen. Sie stellen einen Weg dar, die Synchronisation des eigenen Schicksals zu ermöglichen. Auch wenn die Sanskritwörter, aus denen sich die Sutras zusammensetzen, in Ihren Ohren fremd klingen, hat dies keineswegs eine Einschränkung Ihrer Wirksamkeit zur Folge. Damit die Sutras Effekt zeigen, müssen Sie sie nicht einmal verstehen. Bedenken Sie, Sutras sind Klänge der Natur ergänzt um eine Bedeutung. Die Seele wird sie verstehen, selbst wenn Sie es nicht tun.

Warum benutzen wir Sutras und Mantras in dieser alten Sprache statt in einer moderneren? Die Antwort hat etwas mit ihrer Durchschlagkraft zu tun. Die Verwendung neuerer Mantras und Sutras trägt lediglich dazu bei, den Prozess der Schicksalssynchronisation für Sie schwerer erfahrbar zu machen. Bedenken Sie: Viele Wege führen nach Rom. Ich kann die Reise im Flugzeug machen oder im Schiff an der Küste entlang oder mit einem Umweg über Afrika oder zu Fuß oder direkt per Bahn oder per Auto. Den Möglichkeiten sind keine Grenzen gesetzt. Doch wenn ich einen Weg wähle, für den sich bereits viele vor mir entschieden haben und der deshalb wohl bekannt und gut dokumentiert ist, dann wird meine Reise einfacher. So ist es auch bei Mantras und Sutras. Über viele Jahrhunderte hinweg haben Generationen sich von ihnen den Weg zur Transzendenz und zum nichtörtlichen Bereich weisen lassen.

Hinzu kommt noch ein zusätzlicher Vorteil, wenn man sich einer Herangehensweise bedient, die schon unzählige Male für den gleichen Zweck genutzt wurde. Immer wenn ein Mantra oder Sutra zum Einsatz kommt, steigt die Wahrscheinlichkeit, dass eine weitere Verwendung zu einem späteren Zeitpunkt zu einem vergleichbaren Ergebnis führen wird. Wie Sie sich sicher aus der Diskussion über die Materiewelle in Kapitel eins erinnern, erhöht sich die Wahrscheinlichkeit, dass eine Materiewelle stets zu einem bestimmten Wellenmuster kollabiert mit der Häufigkeit dieses Ereignisses. So betrachtet sind Sutras Intentionen, welche die statistische Wahrscheinlichkeit erhöhen, dass Wellenfunktionen gemäß einer vorhersagbaren Wahrscheinlichkeitsamplitude kollabieren. Das heißt, je häufiger ein Sutra Verwendung findet, desto wahrscheinlicher ist es auch, dass die mit ihm verbundene Intention sich tatsächlich in der Wirklichkeit manifestiert. Deshalb ist es besser, ein altes, häufig gebrauchtes Sutra zu verwenden als ein brandneues. Lassen Sie sich nicht von der Fremdheit des Sanskrit abschrecken, sondern heißen Sie die alten Worte, die zur Synchronisation Ihres Schicksals führen, als Verbündete auf Ihrer Suche nach Transzendenz willkommen.

Die nachfolgenden Kapitel beschreiben die sieben Prinzipien der Schicksalssynchronisation und geben Ihnen Übungen an die Hand, um Ihr Verständnis noch zu vertiefen. Diese sieben Prinzipien verschaffen Ihnen Zugang zu den Qualitäten der nichtörtlichen Intelligenz und stellen eine Beziehung zwischen ihnen und Ihrem

Leben her. Jedes Prinzip bietet Ihnen eine neue Lektion in Sachen Beziehungsaufnahme zum Geist mit seinem unendlichen Potenzial.

Nun also das Programm, mit dessen Hilfe Sie Ihr Schicksal synchronisieren können und dessen einzelne Elemente wir bereits in den vorangegangenen Kapiteln besprochen haben:

1. Beginnen Sie jeden Tag, indem Sie sich an einen ruhigen Ort begeben, an dem Sie ungestört sind. Tragen Sie die Symbole Ihrer Archetypen zusammen und stellen Sie diese vor sich auf.
2. Meditieren Sie zwanzig Minuten lang mit dem »So-Ham«-Mantra. Mit seiner Hilfe erweitern Sie Ihr Bewusstsein und versetzen sich in einen empfänglichen Geisteszustand.
3. Gleich nach Beendigung der Meditation öffnen Sie die Augen und blicken direkt auf die Symbole Ihrer Archetypen. Fordern Sie die Energie Ihrer Archetypen auf oder laden Sie sie ein, sich durch Sie auszudrücken. Sagen Sie: »Ich bitte darum, dass du ein Teil meiner selbst wirst und durch mich handelst. Führe mich durch mein Leben.«
4. Lesen Sie den Text des Prinzips für diesen Tag. Es gibt sieben Prinzipien der Schicksalssynchronisation, und die Woche hat sieben Tage. An dem Tag, an dem Sie anfangen, lesen Sie den Text des ersten Prinzips. Sie müssen dazu nicht jeden einzelnen Satz verstehen, den dieses Prinzip enthält. Lesen Sie einfach nur den Text. Am zweiten Tag wechseln Sie zum zweiten Prinzip samt dem einhergehenden Text. Am dritten zum dritten Prinzip und so fort. Ich rate Ihnen ab,

willkürlich zwischen den sieben Texten hin und her zu springen. Die Prinzipien sind so angeordnet, dass eines auf dem anderen aufbaut. Am achten Tag fangen Sie wieder mit dem ersten Prinzip an und beginnen den Zyklus von neuem.

Jedes Prinzip weist ein Sutra auf, das die Lehren des Prinzips zusammenfasst. Bemühen Sie sich um ein gründliches Verständnis des Sutras. Machen Sie die mit dem jeweiligen Sutra verbundenen Übungen, bis sie zu einem festen Bestandteil Ihrer Wirklichkeit geworden sind. Nach einigen Wochen wird es ausreichen, nur das Sutra zu lesen, um Nutzen aus dem vollständigen Kapitel zu ziehen. Im Idealfall setzen Sie dieses Programm jeden Tag fort, und so werden Sie Woche um Woche und Monat um Monat der Erfüllung Ihres Schicksals näher kommen.

Diese ersten vier Schritte sollten nicht länger als zwanzig oder dreißig Minuten in Anspruch nehmen. Wiederholen Sie den Vorgang abends, bevor Sie zu Bett gehen.

Die übrige Zeit des Tages brauchen Sie nichts Besonderes zu tun. Leben Sie Ihr Leben so wie sonst auch. Mit der Morgenmeditation fokussieren Sie sich auf Ihre Intention für den Tag, und zwar auch dann, wenn Sie gerade nicht daran denken. Indem Sie den Text der einzelnen Prinzipien lesen, erwecken Sie die damit verbundene Intention und gestatten es dann der nichtörtlichen Intelligenz, all die Millionen Einzelereignisse zu synchronisieren, die stattfinden müssen, damit die Intention Erfüllung finden kann. Mehr brauchen Sie nicht zu tun.

Auch wenn Intention ohne Ihr Zutun durch die von der nichtörtlichen Intelligenz organisierte Synchronizität funktioniert, so kommt es manchmal doch vor, dass das Ego die Synchronizität blockiert. Wie kann man nun wissen, ob sich das eigene Ego der Erfüllung der eigenen Träume in den Weg stellt? Die Hinweise sind zahlreich, doch der wichtigste ist: Angst. Jedes Mal, wenn Ihr Selbst oder Ihr Geist von Ihrem Selbstbild oder Ihrem Ego überschattet wird, geraten Sie in Angst. Ihr wahres, Ihr höheres Selbst kennt weder Stress noch Angst. Ein Mensch, der in seiner Mitte ruht, verspürt weder Angst noch Stress. Diese Gefühle sind ein deutlicher Hinweis darauf, dass Ihre Verbindung zur nichtörtlichen Entität blockiert ist. Bei vielen Menschen kommt dies nur allzu häufig vor. Um dieses Hindernis zu überwinden und Ihre Ausrichtung, die Sie durch Angst und Stress verloren haben, wieder zu finden, empfehle ich Ihnen einen Prozess, den ich als *Heliotropismus* bezeichne.

Heliotropismus ist der natürliche Mechanismus von Pflanzen, der es ihnen gestattet, sich immer zum Licht zu drehen. Ich bin überzeugt, dass Ihre Gedanken, Ihre Intentionen das Äquivalent dieses Lichts sind und dass sich die Welt in die Richtung dreht, die der Erfüllung Ihrer Intentionen am besten dient. Nutzen Sie die Sutra-Aussagen am Ende jedes Kapitels, wenn Sie sich gestresst fühlen, Angst haben oder im Lauf des Tages Ihren Mittelpunkt verloren haben. Nehmen Sie sich jeweils die Sutra-Aussage des entsprechenden Tages vor. (Vielleicht wollen Sie sie ja fotokopieren und bei sich tragen, damit sie Ihnen zur Verfügung steht, wenn Sie das Bedürfnis haben, zu sich selbst zurückzufinden.) Lesen Sie die erste Aussage still für sich und warten Sie, bis Ihnen ein Bild ins Bewusstsein tritt. Sobald Sie das Bild sehen, sagen Sie das Sutra für diesen Tag (wie es die Übungen vorschreiben). Nachdem Sie alle Aussagen durchgegangen sind, wozu Sie nur ein paar Minuten brauchen, sollten Sie sich neuerlich in Ihrer Mitte ruhend fühlen.

Im Anschluss an jedes Kapitel werden Sie auf eine oder mehrere Übungen stoßen, deren Aufgabe es ist, die einzelnen Prinzipien zu illustrieren und Sie zu einem tieferen Verständnis der Sutras zu führen. Die Übungen sind nicht Bestanteil der täglichen Meditation, sondern sollen sie ergänzen. Probieren Sie sie immer dann aus, wenn Sie meinen, einen zusätzlichen Schritt zum Verständnis der Prinzipien der Schicksalssynchronisation gehen zu wollen.

Letztendlich brauchen Sie nicht mehr, um den Ort zu erreichen, an dem die Synchronisation Ihres Schicksals schließlich stattfinden kann – die sieben Prinzipien, die sieben Sutras, Ihre Archetypen, Meditation mit dem »So-Ham«-Mantra sowie die Sutra-Aussagen, die Sie lesen müssen, wenn Sie meinen, aus Ihrer Mitte zu geraten. In Ihren Händen sind sie die Mittel, Wunder wahr werden zu lassen.

8

Das erste Prinzip: Eine Falte im Stoff des Universums

SUTRA: *Aham Brahman Asmi*
Der Kern meines Seins ist die ultimative Wirklichkeit, die Wurzel und der Urgrund des Universums, die Quelle all dessen, was existiert.

Das erste Prinzip der Schicksalssynchronisation bestätigt die allem zugrunde liegende Intelligenz, die der Ursprung meines Körpers, Ihres Körpers und des gesamten Universums ist, angefangen bei den Galaxien und Sternen bis hin zu den subatomaren Teilchen. Dieses bewusstseinsbegabte Intelligenzfeld ist die Urquelle des Kosmos. Es ist der erweiterte Körper, den wir alle gemeinsam haben und der alle Geschöpfe miteinander verbindet. Der Kern meines Seins ist zugleich der Kern Ihres Seins und der Kern des Seins aller Lebewesen.

Sie und ich und das Universum sind wesensgleich. Ich

bin das in einem einzelnen Menschen lokalisierte Universum. Sie sind gleichfalls das Universum, das in Ihrem Körper präsent ist und an diesem bestimmten Punkt im Raum-Zeit-Gefüge gerade diese Worte liest. Sie und ich existieren lediglich als einzelne Falte im Stoff des bewusstseinsbegabten Intelligenzfeldes. Jeder einzelne Aspekt unserer selbst wird zum Ausdruck gebracht und orchestriert durch diese grenzenlose nichtörtliche Intelligenz, durch dieses endlose Bewusstseinsmeer, aus dem Sie und ich und das ganze Universum entstehen. Selbst unsere Gedanken, Wünsche, Sehnsüchte und Träume sind nicht im eigentlichen Sinn *unsere* Gedanken, Wünsche, Sehnsüchte und Träume. Sie sind Manifestationen des absoluten Universums. Und sobald Sie erkennen, dass die Intentionen und Wünsche, die in Ihnen zum Leben erwachen, eigentlich die Intentionen und Wünsche des Universums sind, können Sie auf Ihr Kontrollbedürfnis verzichten und die Entfaltung jenes wunderbaren Lebens, für das Sie geboren wurden, in all seiner unvorstellbaren Großartigkeit zulassen.

Haben Sie diese Prämisse erst einmal verinnerlicht, stellt das Sutra des ersten Prinzips kein Rätsel mehr für Sie dar: »Der Kern meines Seins ist die ultimative Wirklichkeit, die Wurzel und der Urgrund des Universums, die Quelle all dessen, das ist.« Doch so einfach dieser Satz auf Anhieb auch klingen mag, es kann ein ganzes Leben notwendig sein, um seine Tiefe auszuloten. Das Sutra des ersten Prinzips ist für unser Leben von höchster Bedeutung. Haben wir es vollständig erfasst, dann wird mit einem Schlag alles möglich, weil alles bereits in uns vorhanden ist. Sie und ich sind ein und derselbe, und ein jeder von uns ist das unendliche Sein, das einen bestimmten Standpunkt projiziert – Ihren Standpunkt und meinen Standpunkt. Mein Selbst ist untrennbar von allem Existierenden und Ihr Selbst ist gleichfalls untrennbar von allem Existierenden.

Die Kraft dieser Vorstellung entfaltet sich, sobald wir erkennen, dass das Selbst synchron auf alles Sein abgestimmt ist. Weil ich eine Erweiterung der bewussten Intelligenz bin und die bewusste Intelligenz die Quelle jeglicher Wirklichkeit ist, bin auch ich die Quelle jeglicher Wirklichkeit. Und dieser Umstand verleiht mir die Fähigkeit, mir die Erfahrungen zu erschaffen, die ich mir wünsche.

Intention entspringt unseren tiefsten Wünschen, und diese Wünsche erhalten ihre Gestalt durch das Karma. Sie und ich haben jeder sein eigenes Karma; somit haben wir auch nicht die gleichen Wünsche. Sie und ich, wir haben verschiedene Menschen geliebt, an verschiedenen Gräbern gestanden, an verschiedenen Altären gebetet. Die Einzelheiten Ihrer Wünsche sind ebenso einzigartig wie die Einzelheiten der meinen.

Doch wenn man die Kette der Wünsche bis zu ihrem Ende verfolgt, dann sind schließlich doch wieder alle Menschen wesensgleich. Jeder Mensch sehnt sich nach Glück. Jeder Mensch sehnt sich nach Erfüllung. Jeder Mensch sehnt sich nach Sinnhaftigkeit. Wir wollen spüren, dass wir mit Gott oder mit dem Geist in Verbindung stehen. Wir wollen, dass andere Menschen uns respektieren und lieben. Und wir wollen Sicherheit. Diese Wünsche sind allen Menschen gemeinsam. Doch jeder Mensch schlägt, basierend auf seinen individuellen Erfahrungen und Erinnerungen beziehungsweise auf seinem Karma, seinen eigenen Weg ein, um seine Erfüllung zu erreichen. Wir alle streben das gleiche Ziel an, doch geht dabei ein jeder seinen ureigensten Weg. Gemeinsam treffen wir ein, doch hat ein jeder eine andere Reise hinter sich.

Übung 1:
Der stille Zeuge

Suchen Sie sich einen stillen Platz, an dem Sie ungestört sind. Wählen Sie eine beruhigende Musik aus, die Sie mögen, und stellen Sie die CD oder das Band an. Schließen Sie Ihre Augen. Dann richten Sie Ihre Aufmerksamkeit auf die Person, die der Musik zuhört. Machen Sie sich die zwei Facetten Ihrer selbst bewusst. Ihre Ohren fangen die Klänge auf, und Ihr Gehirn verarbeitet die Noten – doch das ist nur die mechanische Seite des Hörens. Wer verbindet die Noten so miteinander, dass sie Musik ergeben? Wer leistet, während Sie über das Zuhören *nachdenken,* das eigentliche Zuhören?

Machen Sie sich den stillen Zeugen oder Zuhörer in sich bewusst, der stets gegenwärtig ist. Dieser stille Zeuge wohnt nicht nur in Ihnen, sondern auch in dem Raum außerhalb Ihrer selbst. Er ist der Teil Ihrer selbst, der über die Gedanken und Gefühle des Augenblicks hinausgeht und der niemals müde wird und niemals schläft. Dieser Teil Ihrer selbst kann auch niemals zerstört werden. Führen Sie sich vor Augen, dass der stille Zeuge immer bei Ihnen ist. Er ist der Teil Ihrer selbst, dem Sie begegnen, wenn das Plappern Ihrer Gedanken durch Meditation unterbrochen wird. Gelingt es Ihnen, diesen tieferen Bewusstseinsstrom in Ihrem Innern zu spüren?

Mit der bewussten Wahrnehmung des stillen Zeugen beginnt die Wahrnehmung des bewussten Intelligenzfeldes, der Quelle jeglicher Synchronizität in unserem Leben.

ÜBUNG 2:
Warum sind Sie hier?

Für diese Übung brauchen Sie Papier und Bleistift und zehn Minuten Zeit ohne Unterbrechung.

Fragen Sie sich: »Warum bin ich hier?« Schreiben Sie auf, was Ihnen als Erstes in den Sinn kommt. Diese Frage bietet vielen Interpretationen Raum, halten Sie also fest, welche Gedanken sie in Ihnen auslöst. Machen Sie sich dabei keine Sorgen wegen des Schreibens. Hier geht es nicht um Stil, und Sie müssen sich noch nicht einmal in vollständigen Sätzen ausdrücken.

Dann stellen Sie sich die gleiche Frage ein zweites Mal: »Warum bin ich hier?« Und anschließend schreiben Sie eine neue Antwort auf. Wiederholen Sie diesen Vorgang zwanzigmal. Betrachten Sie die Frage dabei jedes Mal aus einer anderen Perspektive, damit jede Antwort einzigartig ist und eine andere Facette zum Ausdruck bringt.

Nun schauen Sie sich Ihre Antworten an. Was sagen sie Ihnen? Können Sie in den Antworten irgendein Muster oder eine Entwicklung entdecken? Wenn ja, was sagt Ihnen dies darüber, wie Sie Ihr Leben sehen?

Sie können Ihr Leben als Kette von eigenständigen äußeren und inneren Ereignissen betrachten. Doch steht Ihnen auch die Erkenntnis offen, dass diese Ereignisse miteinander in Verbindung stehen und sogar an etwas Spirituelles gebunden sind. Diese Erkenntnis lässt Sie das Leben als Gelegenheit begreifen, Ihre ganz speziellen Gaben einzubringen, die nur Sie allein der Welt zuteil werden lassen können. Damit haben Sie zu einer Antwort auf die Frage gefunden, warum Sie hier sind. Wem es gelingt, derartige Klarheit über den Sinn und Zweck seines Daseins zu erlangen, der kann seine Intentionen wirkungsvoller fokussieren.

Sutra-Aussagen *des ersten Prinzips*

Stell dir vor, dass sich das gesamte Universum in dir darstellt.
(Sobald Sie dies bildlich vor Augen haben, sagen Sie: *»Aham Brahman Asmi«*)

Stell dir vor, dass du mit allem, was ist, verbunden bist.
(Aham Brahman Asmi)

Stell dir vor, dass du eine Kristallperle bist. Du reflektierst das Licht aller anderen empfindungsfähigen Lebewesen. Du reflektierst außerdem das Licht des gesamten Universums.
(Aham Brahman Asmi)

Stell dir vor, dass du ein einzelner Faden im kosmischen Gewebe und mit allen anderen Fäden verbunden bist.
(Aham Brahman Asmi)

Stell dir vor, dass du unsterblich bist.
(Aham Brahman Asmi)

9

Das zweite Prinzip: Durch den Spiegel der Beziehungen sein nichtörtliches Selbst entdecken

SUTRA: *Tat Tvam Asi*
Ich sehe den anderen in mir und mich selbst im anderen.

Zu begreifen, wie zwischenmenschliche Beziehungen funktionieren, ist eine der entscheidenden Voraussetzungen für die Synchronisation des eigenen Schicksals. In der westlichen Welt stützen wir uns bei der Suche nach Strategien für den Umgang mit Gedanken und Gefühlen gerne auf psychologische Selbsthilferatgeber. Sehr häufig empfehlen solche Bücher die Manipulation unserer Beziehungen, damit sie für uns befriedigender werden. Doch die Herstellung einer positiven zwischenmenschlichen Beziehung verlangt mehr als nur Taktik. Sie verlangt die Herstellung einer menschlichen Umgebung, in der sich Synchronizität entfalten kann. Diese Voraussetzung ist ebenso fundamental wie das Gesetz von der Erdanziehung oder die Luft zum Atmen.

Das dem zweiten Prinzip zugehörige Mantra bedeutet: »Ich bin das.« Das zweite baut auf dem ersten Prinzip auf, bei dem wir gelernt haben, dass jeder Mensch eine Erweiterung des universellen Energiefelds ist, ein jeder eine einzigartige Entität mit einem einzigartigen Standpunkt. »Ich bin das.« heißt, alles und jeden in der Welt zu betrachten und zu erkennen, dass Sie dabei einer Variante Ihrer selbst ins Antlitz sehen. Sie und ich sind wesensgleich. Alles ist wesensgleich. Wir alle dienen einander als Spiegel und wir müssen lernen, uns selbst in der Reflexion anderer Menschen zu erkennen. Auf diese Weise werden mir meine Beziehungen zu einem Spiegel. Durch diesen Spiegel der Beziehungen erkenne ich mein nichtörtliches Selbst. Aus diesem Grund ist die Pflege meiner Beziehungen die wichtigste Aktivität in meinem Leben. Wenn ich mich umsehe, dann ist alles, worauf mein Blick fällt, Ausdruck meiner selbst.

Somit sind zwischenmenschliche Beziehungen ein Mittel der spirituellen Entwicklung, deren letztendliches Ziel das Erreichen der Bewusstseinseinheit ist. Wir alle sind ohne Wenn und Aber Teil ein und desselben universellen Bewusstseins; der Durchbruch ereignet sich jedoch erst, wenn wir diese Verbindung anerkennen und in unseren Alltag einbringen.

Zwischenmenschliche Beziehungen sind mit das wirksamste Mittel, um Bewusstseinseinheit zu erlangen, weil wir tagtäglich und allerorts von ihnen umgeben und in sie eingebunden sind. Denken Sie an das Geflecht von Beziehungen, in das Sie eingewoben sind – Eltern, Kinder, Freunde, Kollegen, Romanzen. Jede Einzelne von ihnen ist im Kern eine spirituelle Erfahrung. Wenn Sie sich zum Beispiel verlieben, dann haben Sie das Gefühl, die Zeit sei stehen geblieben. In diesem Augenblick sind Sie im Frieden mit der Unsicherheit. Sie fühlen sich wunderbar und zugleich verletzbar, intim und zugleich exponiert. Sie sind transformiert und verändert, jedoch ohne Bangigkeit. Sie sind von Staunen erfüllt. Das ist eine spirituelle Erfahrung.

Durch den Spiegel der Beziehungen – aller Beziehungen – nehmen wir die Erweiterung unseres Bewusstseins wahr. Der Mensch, den wir lieben, und der Mensch, den wir hassen, sie beide sind Spiegelbilder unserer selbst. Von wem fühlen wir uns angezogen? Von Personen, die ähnliche Eigenschaften haben wie wir selbst, jedoch in ausgeprägterer Form. Wir genießen ihre Gegenwart, weil wir unbewusst hoffen, dass sie uns durch ihre Gegenwart helfen, diese gemeinsamen Eigenschaften stärker zu manifestieren. Auf die gleiche Weise fühlen wir uns von Menschen abgestoßen, die uns Eigenschaften spiegeln, die wir an uns ablehnen. Wenn Sie also auf einen Mitmenschen besonders negativ reagieren, dann können Sie sicher sein, dass dieser Mensch mit Ihnen Eigenschaften gemeinsam hat, denen Sie auf keinen Fall Raum geben wollen. Wären Sie bereit, diese Eigenschaften zu akzeptieren, dann würden Sie sich von dieser Person nicht abgestoßen fühlen.

Indem Sie anerkennen, dass wir uns in unseren Mitmenschen spiegeln, wird jede Beziehung zu einem Mittel der Bewusstseinsentwicklung, mit der erweiterte Bewusstseinszustände einhergehen. Diese erweiterten Bewusstseinszustände verschaffen Ihnen Zugang zum nichtörtlichen Bereich und machen Ihnen erfahrbar, was es für Sie bedeutet, Ihr Schicksal zu synchronisieren.

Wenn Sie sich also das nächste Mal von einem Menschen angezogen fühlen, dann fragen Sie sich, was genau es ist, das Sie angezogen hat. Ist es Schönheit, Anmut oder Eleganz, Einfluss, Macht oder Intelligenz? Was immer es auch ist, machen Sie sich bewusst, dass diese Eigenschaft auch in Ihnen erblüht. Analysieren Sie sorgfältig Ihre Gefühle bei dieser Anziehung, dann werden mit der Zeit immer mehr Sie selbst.

Das Gleiche gilt natürlich auch bei Menschen, die Sie abstoßend finden. Um mehr Sie selbst zu werden, müssen Sie auch die weniger attraktiven Qualitäten in sich verstehen und annehmen. Ein grundlegendes Wesensmerkmal des Universums ist die friedliche Koexistenz gegensätzlicher Werte. Sie können nicht tapfer sein, ohne zugleich im Innern eine Anlage zu Feigheit in sich zu tragen. Sie können nicht freigebig sein, ohne den Geizhals mit sich in Einklang zu bringen. Sie können nicht tugendsam sein, ohne die Anlage zum Bösen in sich zu akzeptieren.

Wir verbringen einen Großteil unseres Lebens damit, zu leugnen, dass wir diese Schattenseiten besitzen; viel lieber projizieren wir unsere dunklen Wesenszüge auf unsere Mitmenschen. Sind Sie je Menschen begegnen, denen es irgendwie immer wieder gelingt, die »falschen« Leute anzulocken? In der Regel durchschauen sie nicht, was ein ums andere Mal und Jahr für Jahr geschieht. Die Wahrheit ist nicht etwa, dass sie das Dunkle und Schlechte anziehen, die Wahrheit ist, dass sie sich weigern, es als Bestandteil ihres eigenen Lebens anzunehmen. Wenn Sie einem Menschen begegnen, den Sie auf den ersten Blick nicht leiden können, dann bekommen Sie mit dieser Begegnung eine gute Gelegenheit, das Paradox von der friedlichen Koexistenz der Gegensätze zu akzeptieren und eine neue Facette Ihrer selbst zu entdecken. Sie tun dann einen weiteren Schritt auf dem Weg, der die Entwicklung Ihres spirituellen Selbst zum Ziel hat. Die wirklich erleuchteten Menschen auf der Welt nehmen ihr vollständiges Potenzial aus Licht und Dunkel an. In der Gesellschaft von Personen, die ihre negativen Eigenschaften genauso akzeptieren wie ihre positiven, fühlt man sich nicht abgeurteilt. Erst wenn ein Trennungsstrich zwischen gut und böse, richtig und falsch gezogen wird und die negativen Qualitäten außen vor bleiben, erst dann entsteht Raum für Verurteilung.

Sind wir bereit, unsere dunkle wie unsere lichte Seite zu integrieren, bringen wir unsere eigene wie auch die Heilung unserer Beziehungen in Gang. Machen Sie sich den Anfang leicht; denken Sie einfach an die abstoßendste Person, die Ihnen einfällt. Denken Sie zum Beispiel an Adolf Hitler und fragen Sie sich: »Was könnte ich mit Adolf Hitler gemeinsam haben?« Die meisten Menschen weigern sich zu akzeptieren, dass sie auch nur ein einziges Haar mit Adolf Hitler gemein haben könnten. Doch bleiben Sie nicht an der Oberfläche haften. Hand aufs Herz, haben Sie jemals Vorurteile gegenüber einer Gruppe von Personen zum Ausdruck gebracht, weil sie einen bestimmten Namen hat oder eine bestimmte Hautfarbe oder eine bestimmte Behinderung oder mit einem bestimmten Akzent spricht? Wenn Ihnen dazu auch nur ein einziges Beispiel einfällt, dann müssen Sie sich diese Ähnlichkeit, die Sie mit Adolf Hitler verbindet, eingestehen. Wir alle sind multidimensionale, vielschichtige Wesen. Alles, was irgendwo auf der Welt existiert, existiert auch irgendwo in uns. Wenn wir diese unterschiedlichen Aspekte unserer selbst annehmen, dann erkennen wir unsere Verbindung zum universellen Bewusstsein an und erweitern unser persönliches Bewusstsein.

Es gibt eine wunderbare Sufi-Geschichte, wie dieser Spiegeleffekt sich auf unser Leben auswirkt. Ein Mann betrat ein Dorf und suchte dort den Sufi-Meister auf, einen alten Weisen. Der Besucher sagte: »Ich versuche, eine Entscheidung zu treffen, ob ich hierher ziehen soll oder nicht. Ich frage mich, wie wohl die Nachbarn sind. Kannst du mir etwas über die Leute hier erzählen?« Der Sufi-Meister verlangte: »Sag mir erst, wie die Leute dort sind, wo du herkommst.« Der Besucher antwortete: »Ach, sie sind allesamt Wegelagerer, Betrüger und Lügner.« Und da sagte der Sufi-Meister: »Weißt du was, die Menschen hier sind vom gleichen Schlag.« Der Besucher verließ das Dorf und kehrte nie mehr zurück. Eine halbe Stunde später betrat ein anderer Fremder das Dorf. Er machte den Sufi-Meister ausfindig und sagte: »Ich trage mich mit dem Gedanken, ob ich hierher, in dieses Dorf, ziehen soll. Kannst du mir etwas über die Menschen sagen, die hier leben?« Wieder bat der Sufi-Meister: »Erzähl mir erst, welcher Art die Menschen sind, unter denen du bislang gelebt hast.« Der Fremde entgegnete: »Ach, sie sind die freundlichsten, sanftesten, mitfühlendsten und liebsten Menschen. Sie werden mir entsetzlich fehlen.« Und der Sufi-Meister sagte: »Von dieser Art sind auch die Menschen in unserem Dorf.«

Diese Geschichte erinnert uns daran, dass die Eigenschaften, die wir in anderen am deutlichsten sehen, auch in uns selbst am ausgeprägtesten vorhanden sind. Wenn wir uns den Spiegel der Beziehungen vor Augen halten und ihn nutzen, dann bekommen wir von uns selbst schon bald ein vollständiges Bild. Damit uns dies gelingt, müssen wir mit unserer Vielschichtigkeit Frieden schließen und alle Aspekte unserer selbst annehmen. Wir müssen auf einer tieferen Ebene einsehen, dass wir nicht deshalb fehlerhaft sind, weil wir negative Eigenschaften haben. Es gibt keinen einzigen Menschen, der allein und ausschließlich positive Seiten hat. Unsere negativen Qualitäten anzuerkennen bedeutet einfach, vollständig zu sein. Und auf der Basis dieser Vollständigkeit erlangen wir leichter Zugang zu unserem universellen, nichtörtlichen Selbst.

Übung 3: *Polarität annehmen*

Für diese Übung benötigen Sie Papier und Bleistift.

Denken Sie an eine bestimmte Person, von der Sie sich stark angezogen fühlen. Auf der linken Seite des Blattes notieren Sie zehn oder mehr wünschenswerte Eigenschaften dieser Person. Schreiben Sie, ohne lang nachzudenken, auf, was Ihnen in den Sinn kommt. Schreiben Sie rasch. Es geht darum, Ihrem bewussten Verstand keine Zeit zu lassen, Ihre ursprünglichen Gedanken zu verfälschen. Warum mögen Sie diese Person? Warum finden Sie ihn oder sie attraktiv? Was bewundern Sie am meisten? Ist die Person freundlich, liebevoll, flexibel, unabhängig? Bewundern Sie, dass er oder sie ein schönes Auto fährt, eine tolle Frisur hat oder in einem prächtigen Haus lebt? Da niemand außer Ihnen Ihre Liste zu sehen bekommt, können Sie ganz und gar aufrichtig sein. Falls Sie stecken bleiben, bevor Sie zehn Eigenschaften gefunden haben, sagen Sie laut: »Ich mag diese Person, weil ...«, und füllen die Lücke. Sie dürfen so viele Eigenschaften aufschreiben, wie Sie wollen, aber zehn müssen es mindestens sein.

Nun wechseln Sie die Gänge und lassen sich jemanden einfallen, den Sie abstoßend finden, der Sie ärgert, der Ihnen auf die Nerven fällt, Ihnen lästig ist oder in dessen Gesellschaft Sie sich unwohl fühlen. Benennen Sie im Einzelnen die Qualitäten, die Sie abstoßend finden. Auf der rechten Seite des Blattes notieren Sie nun mindestens zehn dieser unattraktiven Qualitäten. Warum können Sie die Person nicht leiden? Was macht Sie an dem Menschen wütend oder zornig? Schreiben Sie so viele negative Eigenschaften auf, wie Ihnen nur einfallen, doch sind zehn wiederum das Minimum.

Sobald Sie beide Listen zum Abschluss gebracht haben, kehren Sie in Gedanken zurück zu der Person, die Ihnen gefällt, und benennen an ihr nun mindestens drei unattraktive Eigenschaften. Wehren Sie sich nicht dagegen – kein Mensch ist vollkommen. (Je leichter es Ihnen fällt, diese Tatsache bei anderen zu akzeptieren, umso besser gelingt es Ihnen auch bei sich selbst.) Dann wechseln Sie zurück zu Ihrer unattraktiven Person und finden an ihr drei ansprechende Züge.

Nun müssten Sie auf Ihrem Blatt Papier mindestens sechsundzwanzig Eigenschaften aufgelistet haben. Lesen Sie die beiden Spalten nacheinander durch und kreisen Sie all die Eigenschaften ein, die Sie auch an sich selbst entdecken. Wenn Sie zum Beispiel bei der attraktiven Person »mitfühlend« aufgeführt haben, dann fragen Sie sich jetzt, ob Sie selbst je mitfühlend sind. Wenn ja, dann kringeln Sie das Wort ein. Wenn nein, dann kreisen Sie es nicht ein. Denken Sie nicht zu lange darüber nach – reagieren Sie auf Ihren ersten Eindruck. Überprüfen Sie alle Begriffe in beiden Listen und kreisen diejenigen ein, mit denen Sie sich identifizieren können.

Jetzt gehen Sie die Listen noch einmal durch. Wählen Sie unter den Begriffen, die Sie nicht eingekreist haben, diejenigen aus, die in absolut keiner Weise auf Sie zutreffen, und haken Sie sie ab.

Zuletzt wählen Sie bei den eingekreisten Worten die drei aus, die am besten auf Sie passen. Drehen Sie das Blatt Papier um, und schreiben Sie sie auf die Rückseite. Nun wenden Sie sich auf der Vorderseite des Blattes den Begriffen zu, die Sie als absolut unzutreffend abgehakt hatten, und suchen die drei stärksten unter ihnen heraus. Schreiben Sie nun diese drei absolut unzutreffenden Begriffe auf der Rückseite des Blattes unter die drei zutreffendsten. Lesen Sie sich die sechs Wörter – die drei, die Sie am besten beschreiben, und die drei, die am wenigsten zu Ihnen passen – laut vor. *All diese Qualitäten, die guten wie die schlechten, sind Ihnen zu Eigen.* Die Eigenschaften, die Sie am stärksten ablehnen, sind ebenfalls ein Teil Ihrer selbst und vermutlich diejenigen, die in Ihrem Leben für die meisten Turbulenzen sorgen. Sie werden Menschen anziehen, die alle sechs dieser Qualitäten aufweisen – die außerordentlich positiven, weil Sie vermutlich meinen, sie nicht zu verdienen, und die außerordentlich negativen, weil Sie sich weigern, ihr Vorhandensein in Ihrem Leben zu akzeptieren.

Sobald es Ihnen besser gelingt, sich selbst in anderen wiederzuerkennen, wird es Ihnen viel leichter fallen, mit diesen Menschen Verbindung aufzunehmen und mit Hilfe dieser Verbindung die Einheit allen Bewusstseins zu entdecken. Dann wird sich Ihnen die Tür zur Synchronisation Ihres Schicksals öffnen. So groß ist die Macht, die der Spiegel der Beziehungen über uns hat.

Übung 4:
Namaste

Das Sanskritwort *Namaste* bedeutet: »Der Geist in mir verbeugt sich vor dem Geist in dir.« Jedes Mal, wenn Sie mit einem anderen Menschen erstmals in Blickkontakt treten, sagen Sie im Geiste »Namaste« zu ihm. Auf diese Weise zollen Sie der Tatsache Anerkennung, dass sich in Ihrem Gegenüber und in Ihnen derselbe Geist ausdrückt.

Tun Sie dies, kann der andere Sie auf einer höheren Ebene erkennen – Ihre Körpersprache, Ihren Gesichtsausdruck und die Art, wie Sie sprechen. Auch wenn diese Begrüßung stumm erfolgt, wird Ihr Gegenüber, ob bewusst oder unbewusst, den Respekt in Ihrem Gruß registrieren. Machen Sie die Übung ein paar Tage in Folge und stellen Sie fest, ob es zu einer Veränderung bei Ihren Interaktionen mit anderen Menschen kommt.

Sutra-Aussagen
des zweiten Prinzips

Stell dir vor, dass dein Geist nicht nur in dir wohnt, sondern in allen Lebewesen und in allen Objekten, die es gibt.
(Tat Tvam Asi)

Stell dir vor, dass jeder Mensch ein Spiegelbild deiner selbst ist.
(Tat Tvam Asi)

Stell dir vor, dass der Blick auf das Universum wie ein Blick in den Spiegel ist.
(Tat Tvam Asi)

Stell dir vor, dass du sehen kannst, was andere sehen.
(Tat Tvam Asi)

Stell dir vor, dass du fühlen kannst, was andere fühlen.
(Tat Tvam Asi)

Stell dir vor, dass du die Qualitäten besitzt, die du an anderen am meisten bewunderst.
(Tat Tvam Asi)

Stell dir vor, dass andere diejenigen deiner Qualitäten widerspiegeln, die du an dir am höchsten schätzt.
(Tat Tvam Asi)

Stell dir vor, dass du dich in einem Saal voller Spiegel aufhältst, dass du dich in jedem dieser zahllosen Spiegel sehen kannst und dass jedes deiner Spiegelbilder dich zwar zeigt, doch stets ein klein wenig anders.
(Tat Tvam Asi)

10

Das dritte Prinzip: Den inneren Dialog meistern

Sutra: *Satchidananda*
Mein innerer Dialog spiegelt das Feuer meiner Seele.

Das dritte Prinzip beschreibt, wie Ihr Verstand Ihre Wirklichkeit erschafft – und wie Sie, indem Sie Kontrolle über Ihren inneren Dialog gewinnen, Wirklichkeit im eigentlichen Sinn des Wortes transformieren können, um Fülle zu schaffen.

Das Mantra »Satchidananda« sagt uns, dass unsere Seele der Ort spontaner Liebe, der Klugheit und der Seligkeit ist. *Sat* bedeutet »Wahrheit, frei sein von allen Beschränkungen«. *Chit* heißt »absolutes Wissen, spontane Klugheit oder reines Bewusstsein«. *Ananda* steht für »Seligkeit, vollkommenes Glück, vollständige Erfüllung«. Das Sutra will zum Ausdruck bringen: »Meine Seele ist frei von allen Begrenzungen. Meine Seele verfügt über spontane Klugheit. Meine Seele existiert in der vollständigen Erfüllung.«

Der innere Dialog gehört zu den für Menschen typischen Charakteristiken. Lernen wir einen Menschen kennen, achten wir darauf, wie er gekleidet ist, welchen Wagen er fährt, welche Uhr er trägt. Basierend auf diesen und vielen anderen äußeren Hinweisen bilden wir uns eine erste Meinung über ihn. Doch dieses Spontanurteil ist nichts anderes als das Ergebnis eines Gespräches, welches das Ego mit sich selbst führt. Die kleine Stimme in Ihrem Innern ist unablässig damit beschäftigt, dieses oder jenes einzuschätzen und zu bewerten. Es kommt diesem inneren Dialog eine wichtige Aufgabe zu: Indem die kleine innere Stimme klare, rasche Urteile fällt, ermöglicht sie das Überleben. Das Individuum, dem wir zum ersten Mal begegnen, könnte gefährlich sein. Die Frucht, die wir in der Hand halten, könnte sich gut zum Essen eignen. Der Zeitpunkt, den wir gewählt haben, um mit unserem Chef über eine Gehaltserhöhung zu sprechen, könnte der falsche sein. So nützlich diese kleine innere Stimme auch ist, sie will Sie glauben machen, dass sie und Ihre Person eines sind und dass Sie die gleichen Ziele verfolgen. Wie wir jedoch gesehen haben, gibt es in Ihnen außerdem den stillen Zeugen. Er stellt Ihren Zugang zum Geist dar und ist der Ort, an dem der örtliche Geist dem nichtörtlichen Platz macht. Über die Meditation gelangen Sie an diesen Ort.

Innerer Dialog und Kraft des Selbst

Die Synchronizität mit dem Feld der Intelligenz erzeugt physisches, emotionales und spirituelles Gleichgewicht. Sie gibt Ihnen die Kraft und Flexibilität, die es Ihnen gestatten, sich allen Herausforderungen mühelos zu stellen. Synchronizität ermöglicht Ihnen die Transformation der Herausforderung auf eine Weise, dass sie für Sie zu einer belebenden Erfahrung wird, aus der Sie Kraft schöpfen für die Bewältigung der Herausforderung selbst.

Unser innerer Dialog schenkt uns diese Art belebende Kraft, weil er im eigentlichen Sinn ein Dialog auf dem bewussten Feld der Intelligenz ist. Wenn wir auf das universelle Bewusstsein eingestimmt sind, wenn wir synchron laufen mit dem nichtörtlichen Feld der Intelligenz, dann tanken wir von der Energie, die so üppig aus dieser Quelle fließt. Die Kraft hat ihren Ursprung im Innern, und wenn es Ihnen gelingt, sie anzuzapfen, dann können Sie alles erreichen.

Vom Selbst gehen zweierlei Kräfte aus. Die erste wird vom Selbst lediglich vermittelt. Sie ist die Kraft, die ein berühmter Name, Reichtum oder ein beeindruckender Titel verleiht. Eine derart vermittelte Kraft kann beachtlich sein, doch früher oder später muss sie zum Erliegen kommen. Echte Kraft entspringt im Innern und weist ein spirituelles statt ein materielles Fundament auf. Sie ist dauerhaft und erlischt nicht mit dem Tod des Körpers. Bei der vermittelten Kraft werden Identität und Einfluss durch eine äußere Quelle gespeist – durch ein Objekt, eine Situation, ein Statussymbol, durch Beziehungen oder durch Geld. Bei der im Innern angesiedelten Kraft entsteht Identität aus dem Hören auf das wahre und höhere Selbst, und die Energie hat ihren Ursprung in dem inneren Referenzpunkt des Geistes.

Wenn Sie von diesem inneren Referenzpunkt aus agieren, dann besitzen Sie ein klares Selbstgefühl, das nicht durch äußere Faktoren beeinflussbar ist. Aus dieser Quelle schöpfen Sie persönliche Macht. Sobald äußere Faktoren ihren Einfluss auf Ihr Selbstgefühl verlieren, werden Sie immun gegenüber Kritik und Lob. Außerdem begreifen Sie, dass wir alle gleich sind, weil wir alle an ein und denselben bewussten Intelligenzfluss angebunden sind. Dass heißt, Sie verstehen, dass Sie auf dem Weg durch Ihr Leben weder jemandem überlegen noch unterlegen sind. Sie haben es nicht nötig, zu betteln und zu bitten oder irgendjemanden zu überreden, weil Sie bei sich selbst keine Überzeugungsarbeit leisten müssen.

So wunderbar sich das auch anhört, leider schaffen es die wenigsten Menschen, ihr eigenes Inneres als Referenzpunkt zu etablieren. Fast immer gestatten wir lieber unserem Ego, die Botschaft durch seine Intervention zu verwässern. Unsere Gedanken, die von äußeren Faktoren wie Geldsorgen, Stress in der Arbeit und von zwischenmenschlichen Spannungen beeinflusst werden, behindern schließlich unser spirituelles Vorankommen, und plötzlich stellen wir fest, dass wir in genau die entgegengesetzte Richtung unterwegs sind und nicht in die, welche wir ursprünglich angestrebt hatten.

Dieses Problem lässt sich am besten mit zwei Mitteln überwinden: durch Meditation und durch das Einüben positiver innerer Dialoge. Positive innere Dialoge helfen uns, die richtige Richtung einzuschlagen, Synchronizität und spirituelle Entwicklung zu fördern. Positive innere Dialoge ermächtigen das nichtörtliche Selbst.

Angenommen, Sie sind unzufrieden mit Ihrem Arbeitsplatz und wollen ihn wechseln. Sie durchforsten die Stellenanzeigen in den Zeitungen und verbreiten die Kunde unter Freunden und Verwandten, die mit Ihrem Berufsweg vertraut sind, doch das passende Angebot will sich nicht einstellen. Gut möglich, dass Sie frustriert sind und dass Sie in Ihrem inneren Dialog zu dem Schluss kommen: »Da draußen ist eben nichts für mich.« Nun sehen Sie sich einmal an, in welchem Gegensatz diese Reaktion zur nachfolgenden steht, die aus einer vollkommen anderen Welt stammt. Angenommen, ein Jäger im Amazonasgebiet hat Schwierigkeiten, die benötigte Beute aufzutreiben. Wenn er einen Schamanen aufsucht, damit er ihm bei der Lösung des Problems hilft, werden weder er noch der Schamane irgendwo sonst nach der Lösung des Problems suchen als vielmehr in dem Jäger selbst. Es würde beiden nie einfallen zu sagen: »Da draußen ist eben kein Wild«, weil sie genau wissen, dass es im Wald Beute in Hülle und Fülle gibt. Das Problem besteht darin, dass etwas in dem Jäger ihn abhält, das Wild zu finden. Vielleicht vertreibt etwas in dem Jäger das Wild sogar. Folglich fordert der Schamane den Jäger auf, an einem Ritual teilzunehmen, das Einfluss auf Herz und Geist des Jägers nehmen soll – weil Herz und Geist schließlich die äußere Wirklichkeit bestimmen.

Wenn wir uns dabei erwischen, dass wir in die Welt hinausblicken und klagen: »Da draußen ist einfach nichts für mich«, dann sollten wir den Blick nach innen auf unser Herz wenden und uns fragen: »Wenn ich da draußen nichts sehe, gibt es denn dann vielleicht etwas hier drinnen, das mir die Sicht verstellt?« Wir müssen unseren inneren Dialog untersuchen, um herauszufinden, an welcher Stelle wir den Energiefluss blockieren. Dann können wir das Ego aus dem Weg schieben und uns neuerlich vom Feuer unserer Seele durchdringen lassen.

Wenn Ihre Seele Feuer hat, dann – so heißt es bei den vedischen Weisen – spiegelt es sich im Glanz Ihrer Augen. Das Feuer Ihrer Seele wird außerdem spontan durch Ihre Körperbewegungen beziehungsweise durch Ihre Körpersprache reflektiert. Alles, was Sie denken, fühlen, sagen und tun, bringt das Feuer Ihrer Seele zum Ausdruck. Wie sieht dieses Feuer aus? Es gibt keine absolute Antwort auf diese Frage, doch spiegelt sich der Geist in untadeliger Sprache und in makellosem Verhalten wider, denn beides nimmt Abstand von allem, was auch nur potenziell verletzend sein könnte. Der Geist zeigt sich in Zuversicht, Glück, Humor, Furchtlosigkeit, Freundlichkeit und Nachdenklichkeit. Die Qualität Ihres inneren Dialogs ist für andere Menschen unmittelbar augenfällig, auch wenn er möglicherweise nicht als das erkannt wird, was er eigentlich ist. Wenn Sie sich darin üben, einen positiven inneren Dialog zu führen, dann wollen sich Ihre Mitmenschen mit Ihnen zusammentun, Ihnen nahe sein und Ihnen helfen. Sie wollen Anteil nehmen an der Liebe, der Klugheit und der Seligkeit, die durch Ihre Augen und durch all Ihr Handeln strahlen. Das ist die wahre Kraft des Selbst.

Übung 5:
Das Feuer in Ihren Augen

Das Feuer Ihrer Seele spiegelt sich in Ihren Augen. Sehen Sie in den Spiegel, und sei es auch nur für ein, zwei Sekunden, nehmen Sie Blickkontakt mit Ihrem Spiegelbild auf, und wiederholen Sie still für sich die drei Prinzipien, die das eigene Innere als Referenzpunkt nutzen. Sagen Sie erstens: »Ich bin ganz und gar unabhängig von der guten oder schlechten Meinung anderer.« Zweitens: »Ich bin allen meinen Mitmenschen ebenbürtig.« Und drittens: »Ich blicke jeder Herausforderung furchtlos ins Angesicht.« Schauen Sie Ihrem Spiegelbild in die Augen und erkennen Sie darin die auf diesen drei Prinzipien basierende Geisteshaltung. Sie wird ausschließlich in Ihren Augen sichtbar, nicht in Ihrem Gesichtsausdruck. Suchen Sie nach dem Glanz in Ihren Augen, der Sie an das Feuer in Ihrer Seele erinnert.

Sutra-Aussagen
für das dritte Prinzip

Stell dir vor, dass du in deiner Mitte ruhend und vollständig im Frieden mit dir bist.
(Satchidananda)

Stell dir vor, dass du die Welt erfüllt von Klugheit und Frieden anblickst.
(Satchidananda)

Stell dir vor, dass dir alle Geschöpfe ebenbürtig sind.
(Satchidananda)

Stell dir vor, dass dir weder Schmeichelei noch Kritik etwas anhaben können.
(Satchidananda)

Stell dir vor, dass du auf die Reise und nicht auf das Ziel konzentriert bist.
(Satchidananda)

Stell dir vor, dass in deiner Gegenwart jegliche Feindseligkeit und Missgunst durch vollkommenen Frieden ersetzt werden.
(Satchidananda)

Stell dir vor, dass Ergebnisse für dich ohne Belang sind.
(Satchidananda)

Stell dir vor, dass sich in dir ein tiefgründiger Ozean der Ruhe ausbreitet, dem Turbulenzen gleich welcher Art nichts anhaben können.
(Satchidananda)

Stell dir vor, dass von dir Liebe ausstrahlt wie Licht und Wärme von einem Freudenfeuer.
(Satchidananda)

Stell dir vor, dass du in alles und jeden verliebt bist. Stell dir vor, dass du vollkommen trunken vor Liebe bist.
(Satchidananda)

Stell dir vor, dass du immer die richtige Antwort findest, wenn du unerwartet mit einer Frage konfrontiert wirst.

(Satchidananda)

Stell dir vor, dass du in jeder Situation genau weißt, was du tun musst.

(Satchidananda)

11

Das vierte Prinzip: Intention webt den Teppich des Universums

SUTRA: *Sankalpa*
Meine Intentionen sind von grenzenlos ordnender Kraft.

Weil wir ein Teil des gesamten Universums sind, sind auch unsere Intentionen eine Manifestation des gesamten Universums. Und unsere Intentionen tragen in sich die zu ihrer Erfüllung notwendigen Mechanismen. Die einzige Voraussetzung für ihre Verwirklichung ist die *Klarheit unserer Intentionen.* Wenn es uns gelingt, das Ego aus dem Weg zu räumen, dann erfüllen sich unsere Intentionen wie von selbst. Unsere Intentionen ziehen nämlich die Elemente und Kräfte an, die Ereignisse, Situationen, Umstände und Beziehungen, die erforderlich sind, um das angestrebte Ergebnis zu erreichen. Mit den

Details müssen wir uns gar nicht befassen – ja, tatsächlich könnte der Schuss bei zu viel Einmischung sogar nach hinten losgehen. Gestatten Sie es der nichtörtlichen Intelligenz, die Aktionen des Universums zu synchronisieren und damit Ihre Intentionen zu verwirklichen. Intention ist eine Naturkraft wie die Gravitation nur unendlich kraftvoller. Kein Mensch muss sich auf die Gravitation konzentrieren, damit sie funktioniert. Niemand kann sagen: »Ich glaube nicht an die Gravitation«, denn sie ist eine Kraft, die sich auf unseren Planeten auswirkt, egal ob wir sie verstehen oder nicht. Mit der Intention verhält es sich nicht anders.

Ein simples Beispiel kann der Illustration dienen. Denken Sie an eine Gelegenheit, als Sie einmal versucht haben, sich an etwas ganz Einfaches wie den Namen einer Person oder den Titel eines Buches zu erinnern. Der Name oder Titel lag Ihnen förmlich auf der Zunge, und trotzdem fiel er Ihnen nicht ein. Sobald Sie versuchen, sich an etwas zu erinnern, bringen Sie Intention ein. Doch je mehr Sie sich zu entsinnen versuchen, desto weiter scheint der Informationsbaustein aus Ihrem Gedächtnis zu entschwinden. Nehmen Sie jedoch schließlich Ihr Ego aus dem Weg und geben das förmlich gewaltsame Erinnern auf, gelangt Ihre Intention in den virtuellen Bereich mit seiner unendlichen ordnenden Kraft. Während Sie sich inzwischen bereits mit anderen Gedanken beschäftigen, sucht der virtuelle Bereich für Sie nach der gewünschten Information, und zwar ohne dass Ihre bewusste Beteiligung erforderlich ist. Später, Sie versuchen vielleicht gerade einzuschlafen oder sitzen in einem Kino, platzt der Name oder Titel, den Sie so verzweifelt gesucht haben, plötzlich in Ihr Bewusstsein.

Dieses typische Beispiel zeigt, wie Intention tatsächlich funktioniert. Von uns wird lediglich erwartet, die Intention hervorzubringen. Alles andere bleibt dem Universum überlassen.

Die einzige erforderliche Vorbereitung oder Beteiligung bei der Entfesselung von Intentionsenergie ist die Herstellung einer Verbindung zum bewussten Intelligenzfeld. Zu diesem Ziel führen viele Wege, der beste jedoch ist die Meditation. Nachdem erst einmal eine bestimmte Bewusstseinsebene erreicht ist, realisiert sich jede Intention automatisch und wie von selbst. Es gibt Menschen, deren Verbindung zum bewussten Energiefeld so ausgeprägt ist, dass sich jede Intention umgehend manifestiert – das ganze Universum scheint sich für die Ziele derart begabter Menschen instrumentalisieren zu lassen. Streng genommen ist es natürlich nicht ganz richtig, dass sich *ihre* Intention manifestiert; tatsächlich machen sich Personen mit einer ausgezeichneten Verbindung zum bewussten Intelligenzfeld die Intentionen des Universums zu Eigen. Zwar werden ihre Intentionen erfüllt, doch geschieht dies nur, weil der kosmische Geist ihre Intentionen nutzt, um seine eigenen Wünsche zu erfüllen.

Größtenteils müssen wir nach Gelegenheiten suchen, um uns im Entwickeln von Intentionen zu üben, denn unsere Gesellschaft stellt sie nicht zur Verfügung. Wenn es Ihnen wie den meisten Menschen geht, dann haben Sie nicht die Möglichkeit, sich etwa wochenweise in ein Kloster zurückzuziehen, um dort Ihren Geist zu entwickeln. Wahrscheinlicher ist es, dass Sie hin und wieder einen freien Augenblick haben, wenn Sie im Verkehr feststecken oder in Ihrem Büro auf einen wichtigen Anruf warten. Solche Gelegenheiten, um sich in zeitlosem Bewusstsein oder in geistzentrierter Intention zu üben, ergeben sich mit größerer Wahrscheinlichkeit.

Intention hat nichts mit einer Laune zu tun. Sie erfordert nicht nur Aufmerksamkeit, sondern zugleich auch Abstand. Sobald Sie Ihre Intention mit aller notwendigen Achtsamkeit erschaffen haben, müssen Sie fähig sein, sich vom möglichen Ergebnis zu lösen, und dem Universum die Einzelheiten der Umsetzung überlassen. Tun Sie dies nicht, dann mischt sich das Ego ein und verschleiert den Prozess. Frustration macht sich dann bei Ihnen breit, wenn Ihre Intention nicht rasch genug Form annimmt. Ihr Eigendünkel fühlt sich angestachelt, oder möglicherweise versinken Sie im Selbstmitleid. In der Natur orchestriert die Intention ihre Verwirklichung eigenständig. Das Einzige, was sich in den Weg stellen kann, sind die Dominanz und der Eigennutz des Egos.

Der beste Weg, um all Ihre Absichten zu verwirklichen, ist natürlich ihre Ausrichtung auf die Wünsche des Kosmos und die Harmonisierung Ihrer Intentionen mit jenen, die das Universum für Sie hegt. Sie werden sehen, dass Synchronizität eine größere Rolle in Ihrem Leben zu spielen beginnt, sobald diese Übereinstimmung erst einmal zustande gekommen ist. Die erforderliche Harmonie lässt sich am besten bewirken, wenn man eine Grundhaltung schlichter Dankbarkeit pflegt. Machen Sie sich Ihre Dankbarkeit für alles in Ihrem Leben bewusst. Danken Sie für Ihren Platz im Kosmos und für die Gelegenheit, günstigen Einfluss auf unser aller Schicksal zu nehmen. Die Herstellung von Harmonie beinhaltet das Aufgeben jeglichen Grolls. Groll ist ein

Produkt des Egos. Tiere tragen nichts und niemandem etwas nach und beschweren sich auch nicht. Lediglich Menschen belasten Ihre Intentionen so häufig mit allem nur vorstellbaren emotionalen Gepäck. Sie müssen all diese Lasten abstreifen, wenn Sie reine Intentionen hervorbringen wollen.

Übung 6: *Intention fokussieren*

Das beste Mittel, um Intentionen zu fokussieren, ist, sie aufzuschreiben. Obwohl dies ein nahe liegender erster Schritt zu sein scheint, wird er von den allermeisten Menschen ignoriert. In der Folge sind ihre Intentionen meist nicht ausreichend fokussiert und können sich daher nicht verwirklichen.

Suchen Sie einen stillen Ort auf, an dem Sie ungestört sind. Schreiben Sie für alle Bereiche Ihres Lebens auf, was Sie sich wünschen. Schließen Sie materielle Wünsche, Egobefriedigung, Beziehungen, Selbstachtung und spirituelle Absichten mit ein. Seien Sie so präzise wie möglich.

Fragen Sie sich, was Sie sich auf der materiellen Ebene im Hinblick auf Fülle und Wohlstand wünschen. Wollen Sie ein eigenes Haus mit fünf Zimmern besitzen? Schreiben Sie es auf. Soll es Ihnen möglich sein, Ihren Kindern den Besuch einer Privatschule zu finanzieren? Schreiben Sie auch das auf. Denken Sie außerdem darüber nach, was Sie brauchen, um Ihre sensorischen Bedürfnisse – hören, berühren, sehen, schmecken, riechen – zu befriedigen. Schreiben Sie alles auf, was Ihren Sinnen Freude bereitet.

Beschäftigen Sie sich mit der Frage, welche Beziehungswünsche Sie haben. Halten Sie all Ihre Sehnsüchte fest, die sich auf Ihre zwischenmenschlichen Beziehungen richten, egal ob sie sich auf Ihre Kinder, Altersgenossen, Eltern oder Freunde beziehen, ob sie romantischer oder beruflicher Natur sind.

Schreiben Sie auf, was Sie sich im Hinblick auf persönliche Leistungen oder Anerkennung wünschen. Welche Bedürfnisse haben Sie auf einer eher universellen Ebene – welchen Beitrag können Sie leisten? Was wollen Sie mit Ihrem Leben anfangen, wenn es um Ihre Gemeinde, Ihre Heimat, Ihre Zivilisation geht? Welchen Beitrag wollen Sie leisten? Schreiben Sie auf, was Sie möchten, sobald Sie das höchste Maß an Selbstgefühl entdeckt haben. Wer wollen Sie sein? Was wollen Sie in spiritueller Hinsicht Ihrem Leben hinzufügen? Halten Sie all Ihre Wünsche auf einem einzigen Blatt Papier fest. Streichen Sie oder ergänzen Sie Punkte auf Ihrer Liste, sobald sich Wünsche erfüllen oder verändern.

Meditieren Sie darüber, wie das Leben für Sie wäre, wenn es Ihnen gelänge, all diese Wünsche in der Wirklichkeit zu manifestierten. Stellen Sie fest, ob Sie innere Bilder echter Erfüllung auf der materiellen wie auch auf der spirituellen Ebene erzeugen können. Kümmern Sie sich nicht darum, in welcher Reihenfolge diese Bilder entstehen oder wie realistisch sie sind. Sehen Sie vor Ihrem inneren Auge, wie sich Ihre Wünsche erfüllen – spüren Sie sie mit all Ihren fünf Sinnen. Ziel ist es, Übereinstimmung auf allen vier Ebenen zu erlangen. Sobald Übereinstimmung in diesem Ausmaß im Spiel ist, zeigt sich der innere Dialog äußerst kraftvoll und klar und wird Ihnen helfen, zu Bewusstseinseinheit zu gelangen.

Intentionen bedürfen nicht der unablässigen Aufmerksamkeit, doch müssen sie fokussiert sein und bleiben. Mit der Zeit wird Ihnen dies zur Gewohnheit werden. Werfen Sie ein- oder zweimal am Tag einen Blick auf Ihre Wunschliste. Lesen Sie sie durch, bevor Sie mit der Meditation beginnen. Sobald Sie in die Meditation gefunden haben, bringen Sie das Selbst zum Schweigen. Das Ego tritt in den Hintergrund. Folglich sind Sie frei von Bestrebungen nach Ergebnissen und Resultaten, und Sie gestatten es der unendlichen ordnenden Kraft der höheren Intelligenz, alle Details Ihrer Intention für Sie zu erledigen. Entscheidend ist, sich von der Ebene des Egos, von Selbst und Selbstachtung zu entfernen und die Orchestrierung der Erfüllung Ihrer Wünsche durch Synchronisation der nichtörtlichen Intelligenz zu überlassen.

Anfangs können Sie so egoistisch sein, wie Sie nur wollen. Zu Beginn mögen sich all Ihre Intentionen nur um das »Selbst« und die kleinen Details der Ereignisse drehen, die Sie sich für Ihr Leben wünschen. Doch nach einer Weile erkennen Sie, dass es um Erfüllung auf allen Ebenen und nicht nur auf der persönlichen oder der des Egos geht. Sobald Sie beginnen, die Erfüllung Ihrer Intentionen zu sehen, nimmt Ihr Eigeninteresse ab, weil Sie nämlich wissen, dass Sie alles haben können. Wer genug zu Essen hat, dessen Gedanken kehren nicht zwanghaft immer wieder zum Essen zurück. Genauso verhält es sich mit Intentionen. Nachdem Sie erkannt haben, dass Erfüllung möglich ist, denken Sie weniger an Ihre persönlichen Bedürfnisse und mehr an jene der übrigen Welt. Dieser Prozess läuft in Stufen ab. Seien Sie geduldig, doch seien Sie auch darauf gefasst, dass sich schon bald die ersten Wunder zutragen werden.

Übung 7: *Das Herz-Sutra*

Diese Meditation macht die Kraft der Intention deutlich. Dennoch ist die Übung mehr als eine Machtdemonstration. Praktizieren Sie sie regelmäßig, wenn Sie erreichen wollen, dass dieses Ritual Ihre Aufmerksamkeit und Ihre Intention fokussiert.

Suchen Sie einen ruhigen Ort auf, an dem Sie mindestens eine Viertelstunde ungestört sind. Schließen Sie die Augen und wiederholen Sie das Urklang-Mantra »So-Ham« etwa fünf Minuten lang, wobei Sie Ihre ganze Aufmerksamkeit auf Ihren Atem lenken.

Nach Ablauf der fünf Minuten richten Sie Ihr Bewusstsein auf Ihr Herz in der Mitte Ihrer Brust. Nun, da Sie sich auf Ihr Herz konzentrieren, spüren Sie vielleicht seine Schläge deutlicher. Das ist normal. Während Sie das Schlagen Ihres Herzens wahrnehmen, fangen Sie an, Dankbarkeit zu empfinden. Dankbarkeit rufen Sie in sich wach, wenn Sie an all die Dinge, Ereignisse und Beziehungen in Ihrem Leben denken, die Ihnen viel bedeuten und für die Sie Grund haben, dankbar zu sein. Gestatten Sie es den dazugehörigen Bildern in Ihrem Bewusstsein, an die Oberfläche zu steigen, während Sie zugleich Ihre Aufmerksamkeit weiter auf Ihr Herz gerichtet halten.

Nehmen Sie sich einen Moment lang Zeit, um an all die Menschen zu denken, die Sie lieben und die ihre Liebe mit Ihnen teilen.

Dann sagen Sie zu sich selbst: *»Jede Wahl, die ich treffe, ist eine Entscheidung zwischen einer Klage und einem Wunder. Ich verabschiede mich von den Klagen und wähle die Wunder.«* Es kann sein, dass jetzt Groll und Klagen – und die mit ihnen verbundenen Personen – in Ihnen aufsteigen. Wenn das der Fall ist, sagen Sie: *»Ich verabschiede mich von diesen Grollgefühlen und Klagen. Ich wähle die Wunder.«* Dann kehren Sie mit Ihrer Aufmerksamkeit zu Ihrem Herzen zurück und beginnen, bewusst in Ihr Herz hineinzuatmen. Während Sie dies tun, sagen Sie zu sich: *»Liebe ... Klugheit ... Seligkeit ... Liebe.«* Dann atmen Sie aus und zählen dabei bis vier. Zwischen jedem Ein- und Ausatmen machen Sie eine Pause von einigen Sekunden. Bleiben Sie drei oder vier Minuten bei dieser Atmung.

Die Herz-Sutra-Meditation sorgt dafür, dass das Feuer Ihrer Seele – das nichts anderes ist als Liebe, Klugheit, und Seligkeit – durch Ihr Herz ausstrahlt. An diesem Punkt begegnen sich das dritte und das vierte Prinzip der Schicksalssynchronisation: Das Feuer Ihrer Seele bringt nun Ihre Intention hervor.

Nachdem Sie »Ich verabschiede mich von den Klagen und wähle die Wunder« ein paarmal gesagt haben, wiederholen Sie im Geist den Satz: *»Dein Wille geschehe.«* Dies bereitet Ihren Geist darauf vor, die Intention der nichtörtlichen Intelligenz zu empfangen und zu begreifen, dass sie zugleich auch die Ihre ist.

Nach ungefähr einer Minute befreien Sie sich von allen Gedanken und richten Ihr Bewusstsein ganz und gar auf Ihr Herz. Erleben Sie Ihren Herzschlag entweder als Klang oder als Sinneseindruck. Spüren Sie sein Pochen. Sobald Sie Ihr Herz spüren, richten Sie Ihr Bewusstsein auf Ihre Hände und spüren in ihnen das Pochen Ihres Herzens. Erzeugen Sie in sich die Intention, den Blutfluss in Ihre Hände zu erhöhen. Erzeugen Sie nur die Intention. Wenn der Blutfluss in Ihren Händen zunimmt, dann wird entweder das Pochen zunehmen, oder Sie spüren Wärme, Prickeln oder irgendein anderes Körpergefühl. Erzeugen Sie die Intention, die Wärme zu steigern, damit Ihre Hände wärmer und wärmer werden. Spüren Sie die Wärme in Ihren Händen, während allein Ihre Intention dafür sorgt, dass sich der Blutfluss erhöht.

Sobald Ihre Hände warm geworden sind, richten Sie Ihr Bewusstsein auf die obere, die Augenpartie Ihres Gesichts und erzeugen wieder die Intention, den Blutfluss zu erhöhen. Steigern Sie den Blutfluss in Ihr Gesicht, bis Ihr Gesicht sich rötet und warm wird. Erzeugen Sie nichts als die Intention. Vielleicht spüren sie ein Pulsieren oder Kribbeln im Bereich um Ihre Augen herum, während der Blutfluss zunimmt und Ihr Gesicht sich erwärmt.

Schließlich kehren Sie mit Ihrem Bewusstsein zurück in Ihr Herz. Stellen Sie sich vor, dass es in Ihrem Herzen einen im Takt mit Ihrem Herzschlag pulsierenden Lichtpunkt gibt. Dieser in Ihrem Herzen pulsierende Lichtpunkt ist das Licht Ihrer Seele, und er pulsiert mit den drei Qualitäten der Seele: Liebe, Klugheit und Seligkeit oder *Sat, Chit, Ananda*, das zusammengesetzt das Sutra des dritten Prinzips ergibt. Spüren Sie den Lichtpunkt der Liebe, der Klugheit und der Seeligkeit in seinem Pulsieren. Er verteilt strahlendes Licht überall in Ihrem Körper. Lassen Sie den Lichtpunkt langsam in

Ihrem Bewusstsein verblassen und stimmen Sie sich nun wieder auf Ihren gesamten Körper ein. Spüren Sie ihn. Dann öffnen Sie die Augen. Damit ist die Meditation beendet.

Sutra-Aussagen *für das vierte Prinzip*

Stell dir vor, dass das gesamte Universum ein endloser Ozean des Bewusstseins ist und dass deine Intentionen aus deinem Herzen herausschießen und die Oberfläche des endlosen Ozeans des Bewusstseins kräuseln.
(Sankalpa)

Stell dir vor, dass deine Intention die grenzenlose Aktivität des Universums orchestriert, ein Gegengewicht schafft zum gesamten Ökosystem.
(Sankalpa)

Stell dir vor, dass deine Intention all jene zu heilen vermag, die krank sind.
(Sankalpa)

Stell dir vor, dass deine Intention all jenen, die in Trauer sind, Freude und Lachen zu bringen vermag.
(Sankalpa)

Stell dir vor, dass du jenen Erfolg bescheren kannst, die versagen.
(Sankalpa)

Stell dir vor, dass du den Menschen Kraft geben kannst, die sich schwach fühlen und ängstlich sind.
(Sankalpa)

Stell dir vor, dass du denen Hoffnung bringen kannst, die alle Hoffnung verloren haben.
(Sankalpa)

Stell dir vor, dass deine Gedanken Einfluss nehmen auf die Naturkräfte des Universums, dass du es regnen und die Sonne scheinen lassen, Wolken und Regenbögen herbeirufen kannst.
(Sankalpa)

Stell dir vor, dass du mit jedem Gedanken, den du hervorbringst, mit jedem Wort, das über deine Lippen kommt, und mit jeder deiner Taten der Welt irgendeinen Nutzen bringst.
(Sankalpa)

12

Das fünfte Prinzip: Sich seine emotionalen Turbulenzen zunutze machen

SUTRA: *Moksha*
Ich bin in emotionaler Hinsicht frei.

Sobald wir begreifen, dass die äußere nicht von der inneren Wirklichkeit zu trennen ist und dass das Universum eine Erweiterung unseres Körpers darstellt, erkennen wir in aller Deutlichkeit die destruktive Wirkung der negativen Energie in uns. Emotionale Turbulenzen sind ein Haupthindernis für die spontane Erfüllung von Wünschen, doch ist es möglich, die ihnen zugrunde liegende negative Energie auf eine höhere Bewusstseinsebene zu transformieren.

Das Wort *Moksha* heißt »Freiheit«. In Ihnen widerhallend, bringt dieses Sutra zum Ausdruck: »Ich bin in emotionaler Hinsicht frei. Meine Seele ist losgelöst von allen Melodramen. Ich bin frei von Groll, Klagen, Feindseligkeit und Schuld. Ich bin frei von Aufgeblasenheit, Selbstbezogenheit und Selbstmitleid. Ich kann über mich selbst lachen. Ich stelle mich dem Leben mit Humor.« All das umfasst diese Freiheit. Bin ich aber in emotionaler Hinsicht unfrei, dann überschattet und verwischt mein Ego die Erfahrung des Geistes, und meine besten Intentionen können sich nicht verwirklichen.

Letztendlich ist emotionale Freiheit die Voraussetzung für psychische und spirituelle Freiheit. Im eigentlichen Sinn gibt es nur zwei Emotionen: Freude und Schmerz – entweder es fühlt sich gut an, oder es tut weh. Die meisten Menschen meinen, die beiden grundlegenden Emotionen seien Liebe und Angst, doch sie stellen eigentlich nur eine Reaktionsweise auf potenzielle Freude und potenziellen Schmerz dar. *Liebe* bedeutet, dass wir uns einer Sache oder Person annähern, weil wir uns Freude davon versprechen. *Angst* heißt, wir entfernen uns, weil wir Schmerz erwarten und vermeiden wollen.

Wir bringen unser Leben damit zu, Freude zu suchen und Schmerz aus dem Weg zu gehen. Jeder Mensch hat seine ureigensten Quellen der Freude und des Schmerzes. Freude und Schmerz haben ihren Ursprung in unseren Bedürfnissen. Wenn ich Lust auf Schokoladeneis habe und Sie mir ein Schokoladeneis geben, dann bereitet mir dieser Umstand Freude. Wenn Sie jedoch allergisch auf Schokolade reagieren und jemand spendiert Ihnen ein Schokoladeneis, dann assoziieren Sie dieses Geschenk mit Schmerz. Im Grunde ist alles eine Frage der Wahrnehmung und Interpretation. Es ist das Ego, das etwas als erfreulich oder schmerzhaft interpretiert und das jede Überschreitung der selbst gezogenen Grenze zwischen beidem als schmerzhaft erlebt.

Der beste und wahrhaftigste Zustand ist das Gleichgewicht. Jedes Mal, wenn wir die Auswirkungen emotionaler Turbulenzen spüren, ist unser natürliches Gleichgewicht gestört. Der Sturz ins Ungleichgewicht kann unsere spirituelle Entwicklung blockieren und uns sogar von der Synchronizität abkoppeln. Damit soll nicht zum Ausdruck gebracht werden, dass Emotionen per se schädlich sind oder am besten vermieden werden sollten. Emotionen sind mit unserem Menschsein untrennbar verbunden. Doch extreme Emotionen bringen uns ab von dem Kurs, den unser Lebenszweck uns vorgibt. In unserem Leben wird es immer Ereignisse oder Beziehungen geben, die in uns stärkste Gefühle auslösen. Wir werden auf dieser Welt immer mit Dingen konfrontiert sein, die größten Schmerz oder unerträgliche Angst verursachen. Doch müssen wir es vermeiden, in einer dieser starken Emotionen stecken zu bleiben.

Stellen Sie sich das Leben als Fluss mit zwei Ufern vor – Freude auf der einen Seite und Schmerz auf der anderen. Das beste Vorankommen in diesem Fluss ist gewährleistet, wenn wir uns schön in der Mitte halten, in immer gleichem Abstand zu beiden Ufern. Sobald Sie einem der Ufer zu nahe kommen, nimmt Ihre Geschwindigkeit ab und Sie gehen das Risiko ein, auf Grund zu laufen. Zu viel Freude kann Suchtverhalten bewirken. Zu viel Schmerz kann Ihnen den Blick auf die Freuden des Lebens verstellen.

Es ist wichtig, sich in Erinnerung zu rufen, dass Schmerz nicht zwangsläufig auf der physischen Ebene zum Ausdruck kommt. Es kann sich um emotionalen

Schmerz handeln oder sogar um die Erinnerung an einen in der Vergangenheit liegenden Schmerz. Zwar veranlasst uns unser natürlicher Instinkt, Schmerz zu vermeiden, doch ist es besser, uns mit ihm zu beschäftigen, wenn er eintritt; sonst kann er während einer späteren Lebensphase als emotionale Turbulenz an die Oberfläche treten. Die Form, die er dann annimmt, mag überraschend sein, zum Ausdruck kommen aber wird er, sei es als Schlaflosigkeit oder Krankheit, als Angstzustand oder Depression.

Die vielleicht destruktivste Emotion ist Wut. Das Endziel spiritueller Entwicklung ist Erleuchtung, das immer während Bewusstsein von Einheit, das unablässige tiefe Wissen darum, dass Sie und ich und der Rest des Universums Muster aus ein und demselben Stoff sind, miteinander verwoben durch die nichtörtliche Intelligenz. Wut jedoch veranlasst uns, anderen Geschöpfen Schaden zuzufügen, und entfernt uns von der Erleuchtung und dem Bewusstsein um das Einssein aller Dinge. Wut verstellt jeden Blick auf Einheit. Wut ist ein reiner Egotrip, der uns, statt zu Erleuchtung und Synchronizität zu führen, auf unserem Entwicklungsweg zurückfallen lässt und uns für die transformierenden Botschaften des Universums taub macht.

Deshalb ist es von größter Bedeutung, solche emotionalen Turbulenzen unter Kontrolle zu halten. Dampf abzulassen führt zu nichts. Es versorgt nur die Wut selbst mit Energie und lässt sie anwachsen. Mit Gefühlen der Wut gilt es, sobald sie in Erscheinung treten, positiv umzugehen. Ziel ist es weder, den Zorn zu schüren, noch, ihn zu ersticken, indem man ihn unter den Teppich kehrt. Stattdessen ist es unsere Aufgabe, Wut und alle übrigen destruktiven Emotionen in uns zu verwandeln.

Der erste Schritt bei der Verwandlung von Emotionen besteht darin, die Verantwortung für die eigenen Gefühle zu übernehmen. Das setzt voraus, Emotionen zunächst einmal anzuerkennen. Welche Gefühle haben Sie? Wo in Ihrem Körper kommen sie zum Ausdruck? Sobald Sie das Gefühl identifiziert haben, nehmen Sie es zur Kenntnis. Machen Sie es sich so objektiv wie möglich bewusst, als seien Sie eine andere Person, die Ihre Emotionen betrachtet. Wut wird durch Schmerz ausgelöst. Beschreiben Sie den Schmerz aus dieser objektiven Perspektive.

Sobald der Schmerz identifiziert ist, können Sie ihn zum Ausdruck bringen, loslassen und mit anderen teilen. Transformieren Sie die schmerzliche Erfahrung in neues Bewusstsein. Irgendwann mag es Ihnen sogar gelingen, den Schmerz als einen weiteren Schritt auf Ihrem Weg zu spiritueller Erleuchtung willkommen zu heißen. Indem Sie Schmerz auf diese Weise annehmen, lösen sich emotionale Turbulenzen auf, und der Weg zur Synchronizität tritt wieder deutlicher in Erscheinung.

Übung 8:
Der Umgang mit Schmerz

Für diese Übung benötigen Sie ungefähr zehn Minuten Zeit an einem Ort, an dem Sie vor Störung gefeit sind. Beginnen Sie, indem Sie ein paar Augenblicke meditieren.

Erinnern Sie sich mit geschlossenen Augen an ein Ereignis in der Vergangenheit, das Sie zutiefst verärgert hat. Vielleicht handelt es sich um einen Streit, um eine Situation, in der Ihre Gefühle verletzt wurden, oder um eine zufällige Begegnung, die in Ihnen Wut hat aufkeimen lassen. Sobald Sie sich für eines dieser Ereignisse entschieden haben, versuchen Sie, sich an so viele Einzelheiten wie möglich zu erinnern. Lassen Sie die Geschehnisse vor Ihrem inneren Auge als detaillierten Film ablaufen.

Der erste Schritt im Umgang mit dem Schmerz dieser Situation besteht darin, die Gefühle genau zu identifizieren. Mit welchem Begriff lassen sich Ihre durch die Situation oder das Ereignis ausgelösten Gefühle exakt erfassen? Versuchen Sie, ein einzelnes Wort zu finden, das Ihre Gefühle am genauesten und umfassendsten beschreibt. Nun konzentrieren Sie sich ein paar Augenblicke lang auf dieses Wort.

Verlagern Sie Ihre Aufmerksamkeit langsam von diesem Wort auf Ihren Körper. Welche körperlichen Empfindungen nehmen Sie wahr, während Sie die Emotion erneut durchleben? Jede Emotion verfügt zugleich über mentale und physische Aspekte, die sich nicht voneinander trennen lassen. Unsere Gefühle finden gleichzeitig in unserem Geist und in unserem Körper statt. Machen Sie sich die Empfindungen bewusst, die das Ereignis in Ihnen ausgelöst hat. Haben sich Ihre Hände automatisch zu Fäusten geballt? Spüren Sie, wie sich Ihr Magen zusammenzieht? Nehmen Sie Schmerzen in Ihren Eingeweiden wahr? Achten Sie auf den physischen Ausdruck der Emotion und lokalisieren Sie ihn in einer bestimmten Körperregion.

Als Nächstes drücken Sie die Gefühle aus, aus denen sich die Emotion zusammensetzt. Legen Sie Ihre Hand auf den Bereich Ihres Körpers, wo Sie die Emotion lokalisiert haben. Sprechen Sie laut: »Hier tut es mir weh.« Wenn sich der Schmerz an mehr als einer Stelle festmachen lässt, dann berühren Sie eine nach der anderen und sagen jedes Mal: »Hier tut es mir weh.«

Es liegt in unserer Macht, den Schmerz einer jeden emotionalen Verletzung aufzulösen. Unsere Reaktionen auf äußere Ereignisse lokalisieren sich in bestimmten Körperbereichen. Wir bringen Emotionen hervor, die ihrerseits physischen Schmerz erzeugen. Begreifen wir diesen einfachen Zusammenhang, dann können wir lernen, anders auf äußere Ereignisse zu reagieren. Es ist uns anheim gestellt, wie wir auf die Ereignisse dieser Welt eingehen. Reagieren wir mit Wut, Feindseligkeit, Depression, Angst oder anderen starken Emotionen, dann stellt sich unser Körper darauf ein und erzeugt die erforderlichen Botenstoffe, Muskelkontraktionen und andere physische Manifestationen, die uns schließlich realen physischen Schmerz bereiten. Deshalb gilt es zu bedenken, dass diese Auswirkungen unserer Eigenverantwortung unterliegen, denn wir können uns ja immer für Reaktionen entscheiden, die weniger Schaden anrichten. Es steht uns frei, uns von emotionalen Dramen und Turbulenzen zu befreien. Meditieren Sie ein paar Augenblicke über die persönliche Verantwortung, die Sie für Ihre emotionalen Reaktionen tragen.

Sobald Sie den Schmerz lokalisiert, angenommen und in Ihre Eigenverantwortung übernommen haben, können Sie ihn loslassen. Richten Sie Ihre Aufmerksamkeit auf den Körperteil, durch den der Schmerz sich Ausdruck verschafft hat. Verbinden Sie mit jedem Ausatmen die Intention, diese innere Spannung aufzulösen. Konzentrieren Sie sich eine halbe Minute lang darauf, Spannung und Schmerz auszuatmen. Lassen Sie los. Lassen Sie es zu, dass Ihr Atem Sie von beidem befreit.

Als Nächstes geht es darum, den Schmerz mitzuteilen. Stellen Sie sich vor, dass Sie mit der an dem Vorfall beteiligten Person, die Sie für diese Übung ausgewählt haben, sprechen können. Was würden Sie diesem Menschen sagen? Vergessen Sie, während Sie darüber nachdenken, nicht, dass diese Person nicht die eigentliche Ursache für Ihren Schmerz war. Die emotionale Reaktion, die sich als körperlicher Schmerz manifestiert hatte, liegt allein in Ihrer Verantwortung. Sie haben sich, ob bewusst oder unbewusst, dafür entschieden. Was würden Sie, im Wissen um diese Zusammenhänge, zu diesem Menschen sagen? Welche Wahl Sie treffen, betrifft ausschließlich Sie und Ihre ureigene Situation. Was immer Sie sagen, um den erfahrenen Schmerz mitzuteilen, es wird Ihnen helfen, die Erfahrung ein für alle Mal aus Ihrem Bewusstsein zu vertreiben. Teilen Sie mit, was Sie fühlen, wie es jetzt um Ihre Gefühle bestellt ist und wie Sie in Zukunft mit solchen Emotionen umgehen wollen.

Diese Übung steht Ihnen immer dann zur Verfügung, wenn sich emotionale Turbulenzen in Ihr Leben zu drängen drohen. Nach Beendigung der Übung nehmen Sie sich einen Augenblick Zeit, um sich darüber zu freuen, dass Sie sich dieser schmerzhaften Erfahrung bedient haben, um auf der Bewusstseinsleiter weiter nach oben zu klettern. Wenn Sie diese Übung konsequent praktizieren, dann werden Sie emotionale Turbulenzen und Schmerz schon bald nicht mehr quälen, und Sie werden die Freiheit der Synchronizität erfahren.

Übung 9: *Gewaltfreie Kommunikation*

Es wird immer Situationen und Umstände in Ihrem Leben geben, wenn jemand persönliche Grenzen überschreitet und dadurch starke emotionale Reaktionen bei Ihnen auslöst. Diese Übung ist abgeleitet aus Marshall Rosenbergs ausgezeichnetem Buch »Gewaltfreie Kommunikation«.

Gewaltfreie Kommunikation setzt sich aus vier grundlegenden Schritten zusammen und beinhaltet vier Fragen, die Sie sich immer dann stellen sollten, wenn Sie merken, dass Sie in die Defensive geraten. Rührt jemand an Ihre empfindlichen Punkte, ist die Versuchung groß, mit gleichen Mitteln zurückzuschlagen. Doch derartige Reaktionen sind nicht optimal – sie sind nicht produktiv, verschwenden kostbare persönliche Energieressourcen und verursachen nur zusätzliche Turbulenzen auf der Welt. Erinnern Sie sich für diese Übung nun an eine Gelegenheit, bei der Sie etwas oder jemand auf irgendeine Weise verärgert hat. Mit dieser Erfahrung im Sinn folgen Sie diesen vier Schritten.

Schritt 1: **Beobachtung und Bewertung trennen**

Definieren Sie die tatsächlichen Geschehnisse, anstatt sich nur auf Ihre Interpretation zu verlassen. Seien Sie bei der Beschreibung der Details so objektiv wie möglich. Fragen Sie sich: »Was ist es wirklich, das bei mir eine Reaktion auslöst? Was hat sich tatsächlich ereignet? Was habe ich gesehen und gehört?«

Beispielsweise könnten Sie gerade im Auto unterwegs sein und sich Gedanken machen, was es zum Abendessen geben soll, da bemerkt Ihr Partner Ihr Schweigen und will wissen: »Worüber ärgerst du dich denn?« Sie antworten: »Ich ärgere mich über gar nichts. Ich habe nur darüber nachgedacht, was es zum Abendessen geben soll.« Ihr Partner hat auf Ihr Schweigen mit einer Bewertung statt mit einer Beobachtung reagiert. Jedes Mal, wenn Sie Handlung mit einer Bedeutung verbinden, interpretieren oder bewerten Sie diese. Versuchen Sie bei den nachfolgenden Beispielen herauszufinden, in welchen Fällen es sich um eine Bewertung und wann es sich um eine Beobachtung handelt:

1. »Ich habe gesehen, dass du auf der Party mit dieser Frau geflirtet hast.«
2. »Ich habe gesehen, dass du dich auf der Party mit dieser Frau über eine Stunde lang unterhalten hast.«

1. »Ich sehe, dass dir deine Arbeit jetzt wichtiger ist als deine Familie.«
2. »In den letzten drei Wochen bist du jeden Morgen bei Tagesanbruch zur Arbeit gefahren und am Abend erst nach zehn Uhr zurückgekommen.«

1. »Du liebst mich nicht mehr.«
2. »Wenn du von der Arbeit nach Hause kommst, dann küsst du mich nicht mehr zur Begrüßung.«

Bei allen drei Beispielpaaren stellt der erste Satz die Interpretation oder Bewertung dar.

Wann immer Sie bemerken, dass Sie auf etwas emotional reagieren, halten Sie inne und versuchen Sie, zwischen Ihrer Interpretation des Ereignisses und seiner objektiven Wahrnehmung zu unterscheiden. Beobachtungen dieser Art sind aufschlussreich, denn sie gestatten es uns, zu erkennen, welcher Anteil unserer Reaktion gegenüber anderen Menschen aus Interpretationen besteht. So erhalten wir Gelegenheit, auf Reaktionsmuster Einfluss zu nehmen, mit denen wir den Handlungen anderer begegnen.

Schritt 2:
Die eigenen Gefühle definieren

Überlegen Sie für sich: »Welche Gefühle werden in mir durch die Situation ausgelöst? Was fühle ich?« Beschreiben Sie Ihre Gefühle, und zwar nur die Gefühle, für die Sie auch wirklich verantwortlich sind, und behandeln Sie sich dabei nicht ungerecht. Zum Beispiel könnten Sie sich gewürdigt fühlen, wütend, feindselig, besorgt, ängstlich, mutig, schön, zuversichtlich, herrlich, verwirrt, glücklich, frei, berauscht, ruhig, überrascht, fröhlich, eifrig, hoffnungsvoll, freudig, optimistisch, stolz, strahlend, entspannt, empfindlich, beschämt, gelangweilt, durcheinander, niedergeschlagen, verstimmt, verärgert, lustlos, erschöpft, schuldig, kämpferisch, wütend, neidisch, faul oder einsam.

Vermeiden Sie Beschreibungen, für die die Beteiligung einer anderen Person erforderlich ist. Beispielsweise ist es unmöglich, sich durch sich selbst angegriffen zu fühlen – dieses Gefühl entsteht nicht aus Ihnen selbst, sondern in Reaktion auf einen anderen Menschen. Andere Wörter, die es zu vermeiden gilt, sind: verlassen, beschimpft, verraten, betrogen, genötigt, erniedrigt, manipuliert, missverstanden, ausgebeutet, zurückgewiesen, ungehört, ungesehen, nicht unterstützt. Wenn Sie sich dieser Begriffe bedienen, um Ihre Gefühle zu beschreiben, dann bedeutet dies, dass Sie anderen zu viel Macht über Ihre Emotionen einräumen. Falls dies der Fall ist, neigen Sie dazu, Menschen anzuziehen, die solche Gefühle in Ihnen auslösen, und Sie befinden sich somit in einem Teufelskreis. Es ist sehr schwierig, glücklich zu sein, ohne die Verantwortung für die eigenen Gefühle zu übernehmen.

Schritt 3: Die eigenen Bedürfnisse klar zum Ausdruck bringen

Stellen Sie sich die Frage: »Was brauche ich in dieser Situation?« Ohne unerfüllte Bedürfnisse hätten Sie keine derart starken Gefühle. Identifizieren Sie Ihre Bedürfnisse so detailliert wie möglich. Beginnen Sie mit Ihrer intuitiven Wahrnehmung, arbeiten Sie sich durch die Liste Ihrer Wünsche hindurch, bis Sie auf spezifische Beispiele für etwas stoßen, das Sie erbitten können. Zum Beispiel: »Ich möchte mich geliebt fühlen ... Warum? Ich bin einsam – Ich möchte mich weniger allein fühlen ... Warum? Ich habe keine engen Freunde – Ich muss Freunde finden, mit denen ich eine Beziehung aufbauen kann.« Solche Gedankenketten führen schließlich zu etwas Konkretem, das Sie von einem anderen Menschen erbitten können. Es hat keinen Sinn, einen anderen Menschen darum zu bitten, dass Sie sich geliebt fühlen; diesen Wunsch kann Ihnen niemand erfüllen. Doch Sie können einen Bekannten bitten, mit Ihnen ins Kino zu gehen, Sie auf eine Party zu begleiten oder gemeinsam einen Kaffee trinken zu gehen.

SCHRITT 4:
Bitten, nicht fordern

Sobald wir ein Bedürfnis erkannt haben und bereit sind, unseren Wunsch zum Ausdruck zu bringen, passiert es leicht, dass wir fordern, anstatt zu bitten. Die Wahrscheinlichkeit, dass Forderungen erfüllt werden, ist jedoch gering, da die meisten Menschen auf Forderungen von Natur aus ungünstig reagieren. Bitten hingegen erfüllen unsere Mitmenschen in der Regel bereitwillig.

Statt beispielsweise zu fordern: »Hol die Wäsche von der Reinigung!«, könnten Sie sagen: »Könntest du bitte die Wäsche von der Reinigung abholen?« Bei dieser Frage können Sie mit einer positiven Reaktion rechnen.

Außerdem ersuchen Sie wie bei Schritt 3 um ein bestimmtes Verhalten. Je deutlicher Ihre Vorstellung von diesem bestimmten Verhalten ist, desto größer ist die Wahrscheinlichkeit, dass Ihnen Ihr Wunsch auch erfüllt wird. Anstatt also beispielsweise zu verlangen: »Du musst mich allzeit lieben«, könnten Sie fragen: »Willst du mich heiraten?« Statt allgemein zu fordern: »Ich möchte, dass wir mehr Zeit miteinander verbringen«, könnten Sie vorschlagen: »Wie wäre es, wenn wir heute Nachmittag gemeinsam einen Spaziergang im Park machen würden?«

Diese vier Schritte sind in allen Situationen hilfreich, doch als besonders nützlich erweisen sie sich, wenn sich ein Konflikt entwickelt hat. Immer wenn Sie sich in einer angespannten Situation gefangen sehen, treten

Sie von den aktuellen Emotionen einen Schritt beiseite und entscheiden sich für eine bewusste Kommunikation. Was beobachten Sie? Welche Gefühle löst das Ereignis in Ihnen aus? Stellen Sie fest, welche Bedürfnisse Sie haben. Bringen Sie Ihre Bitte vor. So behalten Sie in einer potenziell kritischen Situation den Überblick und bewahren sich außerdem Ihren Gleichmut oder verfügen wenigstens über einen Weg, ihn zurückzuerlangen.

Übung 10: *Kindliche Wut heilen*

Für diese Übung benötigen Sie etwa zehn Minuten, in denen Sie keiner stört.

Denken Sie an gestern. Stellen Sie sich vor, dass all Ihre Erinnerungen auf einer Videokassette festgehalten sind, die Sie jederzeit und nach Belieben vor- und zurückspulen können. Zunächst einmal spulen Sie das Band zurück, bis Sie zu den letzten vierundzwanzig Stunden gelangen. Was haben Sie im Lauf dieses Tages getan? Hat Ihnen etwas Angst eingejagt oder Sie wütend gemacht? Es muss sich nicht um etwas besonders Wichtiges oder Dramatisches handeln – Sie könnten ungeduldig geworden sein, während Sie in einer Schlage warten mussten, oder Sie haben vielleicht beobachtet, wie jemand unverschämt war oder sich rücksichtslos verhalten hat. Versuchen Sie, sich in den nächsten paar Minuten so detailgetreu wie möglich an die Ereignisse dieses Tages zu erinnern. Konzentrieren Sie sich auf einen Augenblick des Zorns, machen Sie sich die Empfindungen in Ihrem Körper ebenso bewusst wie die Emotionen in Ihrem Geist.

Anschließend spulen Sie Ihr Videoband noch weiter zurück. Kehren Sie zurück in die Zeit vor genau einem Jahr. Versuchen Sie, sich zu erinnern, was Sie vor genau einem Jahr an diesem Tag getan haben, oder versuchen Sie, den tatsächlichen Ereignissen wenigstens so nahe wie möglich zu kommen. Was hat Sie damals beschäftigt? Erinnern Sie sich, ob Sie sich wegen irgendetwas Sorgen gemacht haben oder ob Sie über etwas wütend waren? Versetzen Sie sich hinein in die Emotionen, die Sie damals hatten und in deren Griff sich Ihr Geist und Körper befanden. Handelt es sich um die gleichen Gefühle, an die Sie sich auch den gestrigen Tag betreffend erinnert haben?

Spulen Sie das Videoband noch weiter zurück in die Zeit, als Sie noch ein Teenager waren. Konzentrieren Sie sich auch hier wieder auf eine Situation, die Sie wütend gemacht oder die Ihnen Angst eingejagt hat. Durchleben Sie die damaligen Gefühle auf der mentalen und auf der körperlichen Ebene. Machen Sie sich bewusst, dass die Wut, die Sie gestern empfunden haben, auf weit zurückliegenden Emotionen beruht.

Versuchen Sie, sich jetzt an ein Ereignis in Ihrer Kindheit zu erinnern. Welcher früheste Zeitpunkt in Ihrer Erinnerung ist mit Wut verbunden? Holen Sie diese Erfahrung in Ihr Bewusstsein. Wo waren Sie, als das Ereignis stattfand? Wer sonst war anwesend? Wer oder was war es, der oder das in Ihnen solchen Zorn ausgelöst hat? Durchleben Sie all die Empfindungen, die Ihre Wut in Ihnen hervorgerufen hat.

Achten Sie darauf, wie Angst und Wut sich im Lauf

der Jahre angestaut haben. Auch wenn Sie sich nicht mehr daran erinnern können, gab es in Ihrem Leben eine Zeit, die Ihrer ersten Wut und Ihrer ersten Angst vorausging, eine Zeit vollkommenen Friedens und absoluter Ruhe. Versuchen Sie sich vorzustellen, wie sich diese absolute Glückseligkeit angefühlt haben mag. Konzentrieren Sie sich auf die Lebensphase vor Ihrer ersten Angst und Wut. Spulen Sie das Videoband Ihres Lebens so weit zurück, bis die Bilder sich im Schwarzen verlieren, und spüren Sie, wie sich die Grenzen zwischen Ihnen und Ihrer Umgebung auflösen. Beschränken Sie sich in den nächsten Augenblicken darauf, wahrzunehmen, wie sich alle angestaute Wut und Angst Ihres Egos vollständig auflösen.

Während Sie noch erfüllt sind von diesem Gefühl vollkommener Glückseligkeit, spulen Sie das Videoband Ihres Lebens langsam vor. Halten Sie an den gleichen Stationen inne, die Sie zuvor betrachtet haben – jene wut- oder angsterfüllten Augenblicke in Ihrer frühen Kindheit, in Ihrer Jugendzeit, vor einem Jahr und am gestrigen Tag. Während Sie sich das entsprechende Szenarium genau vor Augen führen, ergänzen Sie es um jenes Gefühl von Glückseligkeit. Statt zuzulassen, dass sich ein Moment der Wut auf den nächsten türmt, löschen Sie nun diese Augenblicke der Wut, angefangen bei Ihrer Kindheit bis hin zum gestrigen Tag, jeden einzeln. Geben Sie sich ein oder zwei Minuten dem Gefühl hin, dass Wut und Angst durch die Erinnerung an Ihre ursprüngliche Glückseligkeit aufgelöst werden. Und lassen Sie es zu, dass diese Wut und Angst, die sich jahrelang auf giftige Weise in Ihnen angesammelt haben, aus Ihrem Geist entfernt werden.

Auf diese Übung können Sie jederzeit zurückgreifen, wenn Sie das Problem mit der Wut an seinen Wurzeln packen wollen. Viele Menschen empfinden diese Übung insbesondere abends vor dem Schlafengehen als hilfreich, denn dann können sie am nächsten Morgen selig und ohne angestaute Wut den Tag beginnen.

Sutra-Aussagen *für das fünfte Prinzip*

Stell dir vor, dass du keinerlei physische Form besitzt, dass du ein Bewusstseinsfeld bist, das jederzeit überall ist.
(Moksha)

Stell dir vor, dass du für alle Zeiten jegliche Wut und sämtliche Grollgefühle hinter dir gelassen hast.
(Moksha)

Stell dir vor, dass du frei bist von Schuldzuweisungen, von Vorwürfen und von allen Gefühlen der Schuld.
(Moksha)

Stell dir vor, dass du dich niemals in irgendwelche Melodramen oder in irgendeine Hysterie hineinziehen lässt.
(Moksha)

Stell dir vor, dass du dich frei für jede emotionale Erfahrung entscheiden kannst, die du machen möchtest.
(Moksha)

Stell dir vor, dass du dir jedes beliebige Ziel setzen und es tatsächlich erreichen kannst.
(Moksha)

Stell dir vor, dass du von deinen gewohnten Zwanghaftigkeiten und Verhaltensmustern befreit bist.
(Moksha)

Stell dir vor, dass du von jeglicher Sucht frei bist.
(Moksha)

Stell dir vor, dass du niemals am Zustandekommen irgendwelcher Gerüchte Anteil hast oder nimmst.
(Moksha)

Stell dir vor, dass es dir freisteht, in jeder beliebigen Situation und unabhängig vom Verhalten anderer Beteiligter auf der höchsten Ebene zu reagieren.
(Moksha)

Stell dir vor, dass Grenzen für das, was du manifestieren möchtest, nicht existieren.
(Moksha)

Stell dir vor, dass du jederzeit die unendliche Zahl der Möglichkeiten sehen kannst.
(Moksha)

13

Das sechste Prinzip: Den Tanz des Kosmos zelebrieren

Sutra: *Shiva Shakti*
Ich bringe die in mir wohnenden Götter und Göttinnen in die Welt; sie verleihen ihren Attributen und Kräften durch mich Ausdruck.

Das sechste Prinzip unterstützt uns, das Leben in seiner ganzen Fülle auszuschöpfen, indem wir sowohl die männlichen als auch die weiblichen Anteile unseres Seins annehmen.

Ein Mittel, um beide Aspekte des eigenen Selbst zu integrieren, ist die Anrufung der männlichen und weiblichen Archetypen. Gemäß C. G. Jung sind Archetypen ererbte Erinnerungen, die im Geist als universelle Symbole abgespeichert sind und die in Träumen und Mythen zu neuem Leben erwachen. Archetypen sind Bewusstseinszustände. Sie stellen eine universelle Konzentration übersinnlicher Energie dar.

Archetypen existieren als Potenzial und schlummern in Ihrem Bewusstsein. Jeder Mensch verfügt über mindestens einen Archetypen, der im Latenzzustand verharrt, bis er durch irgendeine im Umfeld entstandene Situation oder auf der bewussten oder unbewussten mentalen Ebene initiiert wird. Sobald Ihr Archetyp zum Leben erweckt ist, manifestiert er durch Sie seine Kräfte und Eigenschaften. Was Sie mit Ihrem Leben anfangen, ist in der Regel und bis zu einem gewissen Grad ein Abbild Ihrer miteinander kombinierten Archetypen. Zum Beispiel wird jemand, der wie ein König oder ein Präsident ausgesprochen viel Macht auf sich vereinigt, mit großer Wahrscheinlichkeit Hera oder Zeus als die Symbole von Macht und Führungsanspruch zu seinen Archetypen zählen. Ist die betreffende Person darüber hinaus ausgesprochen klug, dann mag in ihr außerdem Athene als Archetyp der Weisheit zum Ausdruck kommen.

Es ist möglich, unter Zuhilfenahme von Intention den eigenen Archetypen willentlich zu initiieren. Sobald Sie herausgefunden haben, welche Archetypen zu Ihnen gehören, steht es Ihnen frei, sie nach Bedarf anzurufen. Umgeben Sie sich mit Symbolen, Begriffen oder Bildern, die Sie an Ihre Archetypen erinnern. Symbole, die Sie neben Ihrem Bett aufstellen, fallen Ihnen am Morgen gleich nach dem Aufwachen als Erstes ins Auge. Bitten Sie dann Ihre Archetypen um ihre Führung und Weisheit und darum, dass sie zu einem Anteil Ihrer selbst werden und durch Sie wirken mögen. Dies lässt sich mit folgenden einfachen Sätzen ausdrücken: »Ich bitte darum, dass du zu einem Teil meiner selbst wirst und durch mich wirkst. Führe mich durch mein Leben.«

Wenn Sie Ihre Archetypen auf diese Weise, etwa im Anschluss an Ihre tägliche Meditation, zu sich einladen, dann werden Sie ihre Gegenwart schon bald stärker und unmittelbarer spüren. Ihre Archetypen können Ihnen zu den noch in Ihnen verborgenen Kräften Zugang verschaffen.

Übung 11:
Den Kosmos im Innern finden

Am besten, Sie sprechen den nachfolgenden Text auf Band, und spielen ihn sich dann vor.

Sitzen oder liegen Sie bequem mit geschlossenen Augen. Bringen Sie Ihren inneren Dialog zur Ruhe, indem Sie Ihre Aufmerksamkeit auf Ihren Atem lenken.

Nach einer Weile richten Sie Ihre Aufmerksamkeit auf Ihr Herz. Stellen Sie sich Ihr Herz als pulsierende Lichtkugel vor. Im Innern dieser Kugel sehen Sie zwei oder drei göttliche Wesen oder archetypische Gestalten. Es kann sich um Engel, Götter oder Göttinnen handeln. Nun stellen Sie sich den Rest Ihres Körpers gleichfalls als Lichtkörper vor. Dieser Lichtkörper mit seiner pulsierenden Lichtkugel im Innern, die jene göttlichen Gestalten enthält, dehnt sich nun so lange langsam aus, bis er den gesamten Raum ausfüllt, in dem Sie sich aufhalten. Lassen Sie es zu, dass sich die Ausdehnung noch über den Raum hinaus fortsetzt und dass somit der Raum nicht Sie, sondern Sie den Raum enthalten. Setzen Sie den Prozess der Ausdehnung Ihres Lichtkörpers fort, bis die ganze Stadt in Ihnen enthalten ist – die Gebäude, die Menschen, der Verkehr, die Landschaft.

Setzen Sie die Erweiterung Ihres Selbstgefühls so lange fort, bis Ihre Provinz, Ihr Land und schließlich der gesamte Planet Bestandteil Ihrer selbst ist. Machen Sie sich nun bewusst, dass Sie in sich jetzt die ganze Welt versammeln – all die Menschen, alle anderen empfindungsfähigen Lebewesen, Bäume und Wälder, Flüsse und Berge, Regen und Sonnenschein, Erde und Wasser. Sie alle sind nun einzelne Bestandteile Ihres Seins, so, wie Ihre Organe Bestandteile Ihres Körpers sind.

Nun sagen Sie langsam zu sich: »Nicht ich bin in dieser Welt; diese Welt ist in mir.« Bitten Sie die göttlichen Wesen, die noch immer in Ihrer pulsierenden Lichtkugel in Ihrem Innern tanzen, jegliches Ungleichgewicht, das Sie in Ihrer Welt wahrnehmen, zu korrigieren. Bitten Sie die göttlichen Wesen, Ihnen all Ihre Wünsche zu erfüllen und die einzelnen Bereiche Ihres kosmischen Selbst mit Harmonie, Schönheit, Heilung und Freude zu erfüllen. Erweitern Sie Ihr Selbstgefühl, indem Sie nun auch Planeten und Monde, Sterne und Galaxien in sich aufnehmen.

Nun sagen Sie zu sich: »Nicht ich bin im Universum; das Universum ist in mir.« Danach reduzieren Sie langsam Ihr kosmisches Selbst so lange, bis Sie sich wieder in Ihrem persönlichen Körper befinden. Stellen Sie sich die Billionen Zellen vor, aus denen sich Ihr Körper zusammensetzt – sie alle vereint in einem gemeinsamen Tanz, eine jede Zelle ein kleines Universum für sich. Machen Sie sich bewusst, dass Ihr höheres Selbst all diese Ebenen der Schöpfung bewohnt – angefangen beim Mikrokosmos bis hin zum Makrokosmos, vom Atom zum Universum, von Ihrem persönlichen Körper bis hin zu Ihrem kosmischen Körper. Denken Sie daran, dass Ihnen auf jeder dieser Ihrer Existenzebenen göttliche Kräfte zur Verfügung stehen, die auf nichtörtliche Weise den kosmischen Tanz orchestrieren und dabei die harmonische Interaktion von Elementen und Kräften erzeugen, die zur Erfüllung jeden Wunsches fähig sind. Bringen Sie gegenüber diesen archetypischen Kräften Ihre Dankbarkeit zum Ausdruck.

Danach bleiben Sie noch einen Moment still liegen oder sitzen und spüren den Empfindungen in Ihrem Körper nach. Möglicherweise spüren Sie ein Kribbeln oder sind erfüllt von einem Hochgefühl. Nach zwei oder drei Minuten öffnen Sie die Augen. Damit ist die Übung beendet.

Sutra-Aussagen *für das sechste Prinzip*

Stell dir vor, dass du ein Verwandlungskünstler bist.
(Shiva Shakti)

Stell dir vor, dass du gemäß deiner Entscheidung männlich und weiblich sein kannst.
(Shiva Shakti)

Stell dir vor, dass du stark, entschlossen, mutig, im Ausdruck klar und mächtig bist.
(Shiva Shakti)

Stell dir vor, dass du schön, sinnlich, intuitiv, fürsorglich und liebevoll bist.
(Shiva Shakti)

Stell dir vor, dass du innerlich gefestigt bist wie ein Berg.
(Shiva Shakti)

Stell dir vor, dass du beweglich bist wie der Wind.
(Shiva Shakti)

Stell dir vor, dass du ein Engel mit Flügeln bist.
(Shiva Shakti)

Stell dir vor, dass du ein erleuchtetes Wesen mit grenzenlosem Mitgefühl bist.
(Shiva Shakti)

Stell dir vor, dass du eines von Gottes in himmlischen Sphären spielendes göttliches Wesen bist.
(Shiva Shakti)

Stell dir noch einmal vor, dass du ein Verwandlungskünstler bist und dich jederzeit in ein Tier, einen beliebigen Vogel, ein Insekt, eine Pflanze oder sogar in einen Fels verwandeln kannst.
(Shiva Shakti)

Stell dir vor, dass in dir alle mythischen Wesen wohnen, wenngleich einige von ihnen deine Lieblingsarchetypen sind.
(Shiva Shakti)

Stell dir vor, dass du dich in die Helden verwandeln kannst, die du am meisten bewunderst.
(Shiva Shakti)

14

Das siebte Prinzip: Zur Verschwörung der Unwahrscheinlichkeiten Zugang schaffen

SUTRA: *Ritam*
Ich bin hellwach, achte aufmerksam auf zufällige, glückliche Fügungen und weiß, dass sie Botschaften Gottes an mich sind. Ich bin im Fluss mit dem kosmischen Tanz.

Das siebte Prinzip vereinigt in sich alle anderen Aspekte eines synchronisierten Schicksals und stellt eine Herangehensweise an das Leben dar, die ihren Ursprung in einem friedliebendem Bewusstsein hat.

Ritam heißt: »Ich achte aufmerksam auf die Verschwörung der Unwahrscheinlichkeiten.«

Mit jedem Ereignis ist eine bestimmte Wahrscheinlichkeit seines Eintreffens verbunden. Die Wahrscheinlichkeit, im Lotto zu gewinnen, ist äußerst gering. Im Lotto zu gewinnen, ohne auch nur einen Lottoschein ausgefüllt zu haben, ist noch unwahrscheinlicher.

Durch unser Handeln sind wir fähig, die Wahrscheinlichkeit, dass ein bestimmtes Ereignis eintritt, zu erhöhen. Und etliche unserer Handlungen sind durch unsere karmische Programmierung vorherbestimmt – durch jene Interpretationen in der Vergangenheit liegender Erfahrungen und Beziehungen, welche die Erinnerungen und Wünsche unseres Lebens formen und beeinflussen. Wenn wir in der Vergangenheit erleben konnten, dass uns das Glück hold war, dann wächst die Wahrscheinlichkeit, dass wir uns einen Lottoschein kaufen. Ein Mensch hingegen, der noch nie in seinem Leben irgendetwas gewonnen hat, gibt sich geschlagen, noch bevor er den Lottoschein erstanden hat, und verzichtet deshalb möglicherweise von Vornherein auf den Kauf.

Wenn es Ihnen also darum geht, Ihr Leben zu verändern, dann müssen Sie sich zuerst einmal von Ihren gegenwärtigen karmischen Programmierungen befreien. Sie müssen lernen, die Ereignisse in Ihrem Leben anders als auf die gewohnte Weise zu interpretieren. Sie müssen sich in einen Menschen verwandeln, dem Positives mit größerer Wahrscheinlichkeit passiert. Eine solche Transformation beginnt auf der Ebene der Seele. Die Seele gibt Ereignissen ihren Sinn. Sie wird aktiv, indem sie unseren Verstand beeinflusst. Und jede Handlung geht einher mit einer Erinnerung an sie, einer Interpretation. Sinn, Erfahrung, Interpretation, Erinnerung, Wunsch – sie alle sind äußerst eng mit dem karmischen Zyklus verknüpft.

Wir gewöhnen uns daran, etwas auf eine bestimmte Weise zu tun, und erhalten das einmal entwickelte Muster aus reiner Bequemlichkeit aufrecht. Wenn Sie es sich zum Ziel gesetzt haben, Ihr Leben zu verändern, müssen Sie einen Weg finden, dieses Verhaltensmuster zu durchbrechen. Das ist nicht leicht, doch schaffen es viele Menschen jeden Tag aufs Neue. Am besten gelingt das Aushebeln von eingefahrenen Verhaltensmustern, indem man Ausschau nach Hinweisen auf neue Möglichkeiten hält. Diese Zeichen werden uns in der Form von zufälligen, glücklichen Fügungen gegeben.

Günstige Fügungen sind Botschaften aus dem nichtörtlichen Bereich und Einladungen an uns, unsere karmischen Fesseln abzuschütteln. Zufälle fordern uns auf, das Bekannte aufzugeben und das Unbekannte auszuprobieren. Ein zufälliges günstiges Zusammentreffen ist ein kreativer Quantensprung im Verhalten des Universums. Da das Bekannte eine durch Programmierung in der Vergangenheit hervorgerufene Gewohnheit ist, wohnen Freiheit und Kreativität im Unbekannten – in allem, was die karmische Wahrscheinlichkeitsamplitude durchbrechen kann. Deshalb ist es wichtig, auf Fügungen zu achten und über sie Buch zu führen. Erst wenn Sie eine günstige Fügung auch bemerken, können Sie sich ihre Bedeutung für Ihr Leben erschließen.

Ein Zufall ist definitionsgemäß eine synchronistische Erfahrung. Er hat seinen Ursprung im nichtörtlichen Bereich und nimmt auf unvorhersehbare Weise Einfluss auf unsere Welt. Allein schon die Tatsache, dass es sich um einen Zufall handelt, macht ihn zu einer Botschaft Gottes. Unsere Aufgabe ist es, ihm Beachtung zu schenken und dann zur Tat zu schreiten. Darin besteht unsere Chance, kreativ zu reagieren. Das Ziel der Erleuchtung ist es, über die üblichen Wahrscheinlichkeitsmuster hinauszuwachsen und echte Freiheit zu erfahren. Deshalb ist es so wichtig, Fälle glücklichen Zusammentreffens grundsätzlich nicht zu ignorieren. Lassen Sie niemals eine Gelegenheit ungenutzt verstreichen, Einblick in die Pläne des Universums hinsichtlich Ihres Lebens zu erhalten. Und wenn Sie Zufälle ernst nehmen und beachten, dann werden Sie feststellen, dass ihre Zahl noch zunimmt und Sie immer mehr gute Gelegenheiten geboten bekommen.

Das ist das Geheimnis eines synchronisierten Schicksals. Alle hier präsentierten Ideen sind nichts anderes als die geltenden Prinzipien des Universums. Wenn Sie sie zu den Wegweisern Ihres Daseins machen, dann werden Sie das Leben Ihrer Träume führen. Zu begreifen, dass diese Prinzipien nicht nur Abstraktionen sind, sondern tatsächlich überall und in allem, was wir tun, wirken, geht über einfaches Bewusstsein hinaus: Es hat mehr Ähnlichkeit mit einer Art Fest. Wenn Sie die Synchronisierung Ihres Schicksals gemeistert haben, wenn Sie gelernt haben, Ihr Leben in Übereinstimmung mit dem Universum zu bringen, dann zelebrieren Sie den Tanz des Kosmos.

Übung 12:
Das Bild zusammensetzen

Suchen Sie einen Ort auf, an dem jede Menge los ist wie etwa in einer Einkaufspassage. Kaufen Sie sich an einem Imbissstand etwas zu essen. Lassen Sie sich auf einer Bank nieder. Schließen Sie die Augen. Sammeln Sie Ihre gesamte Konzentration, um das, was Sie gekauft haben, zu schmecken, seinen Duft und seine Konsistenz aufzunehmen. Während Sie Ihre Augen weiter geschlossen halten, nehmen Sie nun auch all die Geräusche in Ihrer Umgebung wahr. Welche Musik hören Sie da im Hintergrund? Sind es Weihnachtslieder? Ist es Filmmusik? Können Sie sich auf das Gespräch der Personen in Ihrer Nähe einstimmen? Hören Sie zusammenhängende Sätze oder einzelne Wörter? Kommen Ihnen irgendwelche der Geräusche interessanter vor als andere und ziehen Ihre Aufmerksamkeit auf sich?

Nun richten Sie Ihre Aufmerksamkeit auf Ihren Körper und spüren alles, womit Sie unmittelbar in Berührung stehen. Ist die Bank, auf der Sie sitzen, hart oder weich? Ist sie aus Metall oder Holz?

Jetzt öffnen Sie Ihre Augen und betrachten die Szenerie, in der Sie sich gerade befinden, ganz genau – die Menschen, die vorübergehen, die Farben, die Geschäfte, die Artikel in den Schaufenstern.

Schließen Sie Ihre Augen noch einmal und bauen Sie vor Ihrem inneren Auge alles auf, was Sie wahrgenommen haben – den Geschmack und die Beschaffenheit Ihres Imbisses, seinen Geruch, die Farben und Gegenstände, die Sie gesehen haben, die Geräusche, die Sie gehört haben. Nun wählen Sie für jedes Sinnesorgan einen Eindruck aus wie etwa den Geschmack des Erdbeereises auf Ihrer Zunge, den Geruch frisch gebackenen Brotes, der Ihnen aus der Bäckerei in die Nase gestiegen ist, die Beschaffenheit des Kopfsteinpflasters unter Ihren Füßen, das Poster eines wunderschönen Sonnenuntergangs in einem Reisebüro und den Titelsong aus dem James-Bond-Film »Goldfinger« sowie die gehörten Weihnachtslieder. Sagen Sie sich, dass all diese sinnlichen

Eindrücke Bestandteile einer Geschichte sind. Stellen Sie sich vor, wie diese Geschichte aussehen könnte. Bitten Sie Ihr nichtörtliches Selbst, Ihnen diese Geschichte zu offenbaren. Dann lassen Sie los und nehmen an, dass Ihr nichtörtliches Selbst die Geschichte in Form einer synchronistischen Erfahrung liefern wird.

Diese Übung folgt einem Erlebnis, das ich tatsächlich einmal in der Weihnachtszeit in einer Einkaufspassage hatte. Ein Jahr später befand ich mich in Jamaika. Ich hatte eine Spazierfahrt unternommen und eine Szene wie auf dem Plakat im Reisebüro gesehen – einen einzigartigen Sonnenuntergang über einem Berg direkt am Meer. Als ich nachfragte, fand ich heraus, dass der Berg Erdbeerberg hieß und dass man hier den James-Bond-Film »Goldfinger« gedreht hatte. Auf dem Erdbeerberg stand ein wunderschönes Hotel. Ich beschloss hineinzugehen. Drinnen stieß ich auf einen luxuriösen Badebereich. Der Geschäftsführer des Bades war hocherfreut, mich kennen zu lernen, denn er suchte, wie er mir berichtete, seit mehreren Wochen Rat für die Handhabung bestimmter Ayurveda-Therapien. Schließlich einigten wir uns darauf, in diesem Bereich zusammenzuarbeiten. Mehrere Jahre später lernte ich den Besitzer des Hotels kennen, der außerdem der Direktor eines Plattenlabels war. Seine Frau hatte eine Krankheit, für die sie mich zu Rate zog, und wir wurden gute Freunde. Später beriet er mich, als ich meine erste CD mit Heilmeditationen produzierte. Inzwischen sind viele Jahre verstrichen, und unsere Freundschaft entwickelt sich kontinuierlich weiter. Wir fühlen uns durch den Geist der Liebe und durch ein karmisches Band aneinander gebunden.

Sutra-Aussagen *für das siebte Prinzip*

Stell dir vor, dass du dich im gleichen Rhythmus mit den Impulsen des bewussten Universums bewegst.
(Ritam)

Stell dir vor, dass du im Rhythmus des Universums tanzt.
(Ritam)

Stell dir vor, dass die Rhythmen deines Körpers vollkommen aufeinander abgestimmt sind.
(Ritam)

Stell dir vor, dass dein Körper eine Symphonie ist.
(Ritam)

Stell dir vor, dass du die Harmonie des Universums bist.
(Ritam)

Stell dir vor, dass das Universum dir jedes Mal, wenn du etwas suchst, Fingerzeige in Form von zufälligen, günstigen Fügungen gibt.
(Ritam)

Stell dir vor, dass es eine Verbindung gibt zwischen den Ereignissen in deinen Träumen und den Ereignissen in deinem tatsächlichen Leben.
(Ritam)

Stell dir vor, dass du transformiert wirst und dich zu einem höheren Wesen entwickelst.
(Ritam)

Stell dir vor, dass alles, was dir zustößt, und alles, was du tust, mit einem tieferen Sinn und Zweck verbunden ist.
(Ritam)

Stell dir vor, dass du mit deinem Beitrag für die Welt wichtig bist.
(Ritam)

Stell dir vor, dass das Leben voller zufälliger, günstiger Fügungen ist.
(Ritam)

Stell dir vor, dass du wahrnimmst, was anderen vielleicht nicht auffällt.
(Ritam)

Stell dir vor, dass du die verborgene Bedeutung hinter den Ereignissen siehst.
(Ritam)

Stell dir vor, dass das Leben voller höchster Erlebnisse ist.
(Ritam)

Stell dir vor, dass du einzigartige Begabungen besitzt, die du zum Wohle und Nutzen anderer einsetzt.
(Ritam)

Stell dir vor, dass all deine Beziehungen belebend und spielerisch sind.
(Ritam)

Stell dir vor, dass du Freude hast an Spiel und Humor.
(Ritam)

15

Sein synchronisiertes Schicksal leben

Ich möchte noch einmal zu der Frage zurückkehren, die ich Ihnen ganz am Anfang des Buches gestellt habe: Wenn Sie sicher sein könnten, dass Wunder wahr werden, welches würden Sie dann gerne in Erfüllung gehen sehen?

Die meisten Menschen träumen an erster Stelle davon, genug Geld zu besitzen. Eine Million Euro auf dem Konto zu haben würde sicherlich alle finanziellen Sorgen zunächst einmal auf ein Minimum reduzieren. Wir glauben, dass wir, sobald wir über eine derartige Sicherheit verfügen, frei das Leben wählen können, das uns am glücklichsten macht, das unseren innersten Bedürfnissen am meisten entspricht und das uns den Aufenthalt auf der Erde irgendwie wertvoll sein lässt. Wenn Sie wüssten, dass Sie alles haben und alles tun könnten, was Sie nur wollen, was würden Sie dann haben und tun wollen?

Ein synchronisiertes Schicksal gestattet es Ihnen, diese Wunder unbegrenzt und ohne Ende eintreten zu lassen. Und es tut dies, indem es Sie nach und nach vom örtlichen in den nichtörtlichen Bereich lockt. Wenn wir uns ausschließlich im örtlichen Bereich befinden, dann führen wir ein armes Leben. Unsere spirituellen Bankkonten sind leer. Im örtlichen Bereich, wo sich die meisten Menschen fortwährend aufhalten, kann man nie wissen, was als Nächstes geschieht. Werden Sie den Tag, die Woche, den Monat bewältigen? Dort sind all Ihre Aktivitäten mit der Last der Angst befrachtet. Ihre Gedanken werden durch Zweifel getrübt, und Ihre Intentionen werden durch die Sorgen Ihres Egos blockiert.

Doch wenn Sie sich eines synchronisierten Schicksals bedienen, um die Verbindung zum nichtörtlichen Bereich herzustellen, dann gelangen Sie in ein Reich unendlicher Kreativität und unendlicher Korrelation. Auf dieser Ebene verfügen Sie über die erforderliche innere Sicherheit, sind frei von Ängsten und dürfen der Mensch sein, als der Sie gemeint waren. Auf Ihrem Bankkonto befindet sich das spirituelle Äquivalent einer Million Euro. Im nichtörtlichen Bereich stehen Ihnen Wissen, Inspiration, Kreativität und Potenzial uneingeschränkt zur Verfügung. Sie haben Zugang zu einem unbegrenzten Angebot an allem, was das Universum zu bieten hat.

Was immer auch sich in Ihrem Leben ereignet, Sie sind ruhig, sicher und unendlich gesegnet.

Die Prinzipien der Schicksalssynchronisation stellen einen direkten Weg zur nichtörtlichen Domäne dar. Üben Sie sich in Meditation und wiederholen Sie täglich die Sutra-Aussagen; und mit der Zeit werden Sie sich mit dem Geist auf eine Weise verbunden fühlen, die Wunder nicht nur wahr werden lässt, sondern zu einem natürlichen Bestandteil Ihres Lebens macht.

Wie jede andere lohnenswerte Reise verlangt auch der Weg zu einem gelebten synchronisierten Schicksal gewisse Opfer. Sie müssen Ihre falsche Vorstellung aufgeben, dass die Welt wie eine gut geölte Maschine ohne Bewusstsein funktioniert. Sie müssen die vermeintliche Gewissheit opfern, dass Sie allein auf der Welt sind. Sie müssen auf den Mythos verzichten, der Sie glauben macht, dass ein magisches Leben unmöglich ist. Das Leben mancher Menschen ist magisch ohne Unterlass. Sie haben gelernt, wie sie die Verbindung herstellen können zu jener grenzenlosen Energie, die sich im Urgrund des Universums befindet. Sie haben gelernt, auf die Hinweise zu achten, in denen sich die Intention des Nichtörtlichen ausdrückt, und den Sinn dieser vermeintlichen Zufälle zu erkennen, damit sie wissen, welche Handlungen erforderlich sind, um die Wahrscheinlichkeit für Wunder zu erhöhen.

Synchronisiertes Schicksal und Bewusstseinszustände

Dem »Vedanta« zufolge gibt es sieben Bewusstseinszustände. Viele von ihnen wurden jedoch bisher von der modernen Medizin noch gar nicht richtig erforscht. Ja, einige von ihnen werden von der Schulmedizin gar nicht erst anerkannt. Sri Aurobindo, in Indien einer der größten Seher des vergangenen Jahrhunderts, war der Meinung, dass die meisten Menschen, weil sich die Menschheit noch in einem sehr frühen Stadium ihrer Entwicklungsgeschichte befindet, überhaupt nur die ersten drei Bewusstseinszustände kennen: Schlaf, Wachsein und Traum. Schließlich aber werden wir auch die erweiterten Bewusstseinszustände begreifen und dann Dinge wie synchronisiertes Schicksal, Telepathie, Hellsichtigkeit und das Wissen um zurückliegende Leben für etwas ganz Selbstverständliches halten.

Ein jeder der sieben Bewusstseinszustände repräsentiert einen Zuwachs an Erfahrung mit dem Synchroschicksal, und die einzelnen aufeinander aufbauenden Zustände bringen uns dem Ideal der Erleuchtung näher. Jeder Mensch ist im Allgemeinen mit den drei ersten Bewusstseinszuständen vertraut. Leider gelangen die meisten Menschen über diese drei Grundzustände nie hinaus.

Die erste Ebene des Bewusstseins ist der Tiefschlaf. Auch in diesem Zustand ist ein gewisses Maß an Bewusstsein im Spiel – wir nehmen Reize wie Klang, Licht oder Berührung wahr –, doch im Wesentlichen sind unsere Sinne betäubt und Kognition oder Wahrnehmung finden kaum statt.

Die zweite Ebene des Bewusstseins ist der Traum. Während wir träumen, sind wir ein wenig wacher und ein wenig aufnahmefähiger als während des Tiefschlafs. Wenn wir träumen, dann erleben wir. Wir sehen Bilder, wir hören Geräusche. Ja, wir denken in unseren Träumen sogar. Im Traum erscheint uns die Traumwelt wirklich, bedeutsam und relevant. Erst nach dem Erwachen erkennen wir den Traum als einer Wirklichkeit zugehörig, die nur während des Traums selbst Gültigkeit besitzt, und durchschauen seine eingeschränkte Relevanz für unseren Wachzustand.

Die dritte Ebene des Bewusstseins ist der Wachzustand. Auf dieser Ebene verharren die meisten Menschen den überwiegenden Teil ihrer Zeit. Die messbare Gehirnaktivität während des Wachzustands unterscheidet sich recht erheblich von jener während des Tiefschlafs und des Traums.

Auf die vierte Ebene des Bewusstseins gelangen wir, wenn wir einen Blick auf die Seele erhaschen und transzendiert den Bruchteil eines Augenblicks vollkommen still und ruhig sind und uns des Beobachters in uns bewusst werden. Diesen Bewusstseinszustand erreichen wir mit Hilfe der Meditation, während der wir die Pause, den stillen Augenblick zwischen unseren Gedanken, wahrnehmen. Wer regelmäßig meditiert, gelangt bei jeder Meditation auf diese Bewusstseinsebene. In der Folge erfährt sein Selbst eine Erweiterung.

Mit der vierten Ebene des Bewusstseins gehen typische physiologische Merkmale einher. Die Cortisol- und Adrenalinspiegel sinken. Stress nimmt ab. Der Blutdruck wird niedriger. Und das Immunsystem zeigt erhöhtes Leistungsvermögen. Gehirnforscher konnten zeigen, dass sich die Gehirnaktivität während der Gedankenpausen deutlich von jener im normalen Wachzustand unterscheidet. Das heißt, dass die kurzen Blicke, die wir auf unsere Seele erhaschen, physiologische Veränderungen im Gehirn und im übrigen Körper hervorrufen. In diesem vierten Bewusstseinszustand, in dem wir einen Moment die Seele erblicken, nehmen wir auch die Anfänge des Synchroschicksals wahr.

Der fünfte Bewusstseinszustand wird als kosmisches Bewusstsein bezeichnet. In diesem Zustand vermag Ihr Geist Ihren materiellen Körper zu betrachten. Ihr Bewusstsein geht darüber hinaus, einfach nur in Ihrem Körper wach zu sein oder einen kurzen Blick auf die Seele zu werfen. Selbst wenn Ihr Körper schläft, betrachtet Ihr Geist – der stille Beobachter – Ihren Körper in seinem Tiefschlaf fast so, als verließen Sie dazu den Körper. Dieses wache, beobachtende Bewusstsein ist jedoch nicht nur dann aktiv, wenn Sie schlafen und träumen, sondern auch während Sie wach sind. Der Geist beobachtet, und Sie sind der Geist. Der Beobachter kann den Körper beobachten, während er träumt, und zugleich den Traum verfolgen. Die gleiche Erfahrung läuft auch im Wachbewusstsein ab. Ihr Körper spielt vielleicht gerade Tennis oder spricht am Telefon oder sieht fern. Unterdessen beobachtet Ihr Geist Ihre Körper-Geist-Einheit unablässig bei ihrem Tun.

Das fünfte Stadium heißt deshalb kosmisches Bewusstsein, weil Ihr Bewusstsein sich zugleich örtlich und nichtörtlich betätigt. Erst auf dieser fünften Stufe, auf der Sie Ihre Anbindung an die nichtörtliche Intelligenz spüren, beginnt sich Synchronizität tatsächlich zu manifestieren. In diesem Zustand erkennen Sie, dass ein Teil von Ihnen örtlich angebunden ist und dass der andere, der nichtörtliche Teil, gleichzeitig mit allem in Verbindung steht. Sie leben Ihre Untrennbarkeit von allem, was ist. Ihre Kreativität nimmt zu. Ihr Verständnis wächst. Die Forschung hat gezeigt, dass die Gehirnwellen einer Person, die sich im kosmischen Bewusstseinszustand befindet, auch dann jenen des Meditationszustands gleichen, wenn diese Person irgendwelchen Aktivitäten nachgeht. So jemand mag vielleicht gerade Fußball spielen, doch die Gehirnwellen sind identisch mit denen eines Meditierenden.

Der sechste Zustand des Bewusstseins heißt göttliches Bewusstsein. In diesem Zustand erwacht der Beobachter mehr und mehr. Im göttlichen Bewusstseinszustand spüren Sie nicht nur die Gegenwart des Geistes in sich, sondern in zunehmendem Maß auch in allen anderen Lebewesen. Sie sehen die Gegenwart des Geistes in Pflanzen, und schließlich spüren Sie sie sogar in Steinen. Sie erkennen, dass die belebende Kraft des Lebens sich in allen Objekten des Universums ausdrückt, sowohl im Beobachter wie im Beobachteten, im Sehenden wie im Gesehenen. Dieses göttliche Bewusstsein gestattet es uns, die Gegenwart Gottes in allen Dingen zu erkennen. Ein Mensch im göttlichen Bewusstseinszustand vermag sogar mit Tieren und Pflanzen zu kommunizieren.

Die meisten Menschen befinden sich nicht fortwährend in diesem Bewusstseinszustand. Doch all die großen Propheten und Seher, unter ihnen Jesus Christus, Buddha und viele Yogis und Heilige, vermochten den göttlichen Bewusstseinszustand ununterbrochen aufrechtzuerhalten.

Der siebte und letzte Bewusstseinszustand, das letztendliche Ziel, wird als der Bewusstseinszustand des Einsseins bezeichnet. Ein anderes Wort dafür ist Erleuchtung. Im Bewusstseinszustand des Einsseins oder in der Erleuchtung verschmelzen der Geist des Beobachters mit dem Geist des beobachteten Objekts miteinander und werden eins. Wenn dies geschieht, dann sehen Sie die ganze Welt als Erweiterung Ihrer selbst. Sie identifizieren sich nicht nur mit Ihrem persönlichen Bewusstsein, sondern Sie erkennen, dass die ganze Welt eine Projektion Ihres eigenen Selbst ist. Es ereignet sich eine vollständige Transformation des persönlichen Selbst zum universellen Selbst. In diesem Stadium sind Wunder alltäglich und zugleich eigentlich gar nicht mehr erforderlich, weil das unendliche Reich der Möglichkeiten jederzeit zur Verfügung steht. Sie transzendieren das Leben. Sie transzendieren den Tod. Sie sind der Geist, der schon immer war und immer sein wird.

Wie man sich den Bewusstseinszuständen annähert

Es gibt vier Ansätze, mit deren Hilfe das Synchroschicksal unsere Fähigkeit steigert, sich den einzelnen Bewusstseinszuständen anzunähern. Der erste und wichtigste von ihnen ist die tägliche Meditation. Die Meditation gestattet es uns, in den Pausen zwischen den Gedanken einen Blick auf die Seele zu erhaschen und den stillen Beobachter in uns zu entdecken. Sie ermöglicht uns den Schritt vom dritten zum vierten Bewusstseinszustand, von der ausschließlichen Wach- zu einer

Bewusstseinsebene, auf der wir uns außerdem unserer Seele bewusst sind.

Der zweite Ansatz beinhaltet das Praktizieren der Rekapitulation, wie ich sie im fünften Kapitel beschrieben habe. Die Rekapitulation erlaubt es uns, den stillen Beobachter, der uns vom vierten zum fünften Bewusstseinszustand führt, zu fördern. Rekapitulation macht es uns möglich, zu erkennen, dass das, was während des Tages Wirklichkeit war, nun bereits auf die gleiche Weise zum Bestandteil eines Traums geworden ist, wie umgekehrt die Wirklichkeit des Traums bereits mit dem Erwachen verblasst. Allein schon, wenn Sie sich sagen: »Ich werde ab sofort auf meine Träume achten.«, eröffnen Sie sich die Möglichkeit luziden Träumens. So werden Sie schon bald zum Regisseur und Choreograf Ihrer Träume, die Sie in ihrem Verlauf nach Bedarf verändern. Indem Sie Ihren Tagesablauf und Ihre Träume rekapitulieren, finden Sie schließlich zu jenem Zustand, in dem Sie zum stillen Beobachter Ihrer Träume und Ihrer Wachstunden werden.

Der dritte Ansatz beinhaltet die Pflege Ihrer Beziehungen und ihre Bewertung als Verbindung von Geist zu Geist statt von Ego zu Ego. Mit ihm ermöglichen Sie den Schritt hin zum sechsten Bewusstseinszustand. Sie beschleunigen den Prozess, wenn Sie Ihr Bedürfnis nach Anerkennung und Kontrolle aufgeben. Sind zwei Menschen zutiefst aufeinander eingestimmt, dann erleben Sie im Rahmen ihrer Beziehung Synchronizität.

Bestandteil des vierten Ansatzes ist die Beschäftigung mit den Sutras. Ich habe die Erfahrung gemacht, dass sich die Bedeutung eines Sutras, das Sie regelmäßig jeden Tag lesen, verändert und dass es mit fortschreitender Bewusstseinserweiterung neuartige Erfahrungen hervorruft. In den »Veden« heißt es, dass »sich Wissen in den verschiedenen Bewusstseinszuständen unterscheidet«. Während sich Ihr Bewusstsein erweitert, offenbart ein Satz beziehungsweise ein Sutra neue Bedeutungsnuancen, die bei Ihnen wiederum tieferes Verständnis auslösen. Dieses Verständnis beeinflusst, wie Sie die Welt erleben, und diese neuen Erfahrungen wiederum wirken sich auf Ihren Bewusstseinszustand aus. Mit der Zeit und ausreichender Übung werden Sie die Welt auf eine Weise sehen lernen, die Sie niemals für möglich gehalten hätten – voller Magie und Wunder, die Ihnen jeden Herzenswunsch erfüllen möchten.

Erwartungen an ein synchronisiertes Schicksal

Obgleich die in diesem Buch vorgestellten Ideen der Auslöser zu lebenslanger persönlicher Entwicklung und Erfüllung sein können, hängt es im Wesentlichen von Ihnen selbst ab, ob Sie die Verschwörung der Unwahrscheinlichkeiten durchdringen und die unter ihr verborgenen Schätze finden wollen. Vielleicht streben Sie die Synchronisierung Ihres Schicksals an, weil Sie Reichtum suchen oder sich nach bedeutungsvolleren Beziehungen sehnen oder beruflich vorankommen wollen. Diesen Zielen bringt Sie ein synchronisiertes Schicksal ohne Zweifel näher. Doch das letztendliche Ziel der Schicksalssynchronisation ist die Erweiterung Ihres Bewusstseins und die Hinführung zur Erleuchtung. Haben Sie Freude an

Ihrer Reise. Jede Station bringt neue Wunder mit sich, eröffnet neue Perspektiven, diese Welt wahrzunehmen und in ihr zu leben. Stellen Sie sich das Synchroschicksal als eine Art Wiedergeburt oder als Erwachen vor. Wie sich Ihr Wachzustand dramatisch vom Zustand des Tiefschlafs unterscheidet und außerdem viel aufregender ist, so sorgt auch das Erwachen zum fünften, sechsten und siebten Bewusstseinszustand für eine dramatische Erweiterung Ihres Erfahrungshorizonts. Die Synchronisierung Ihres Schicksals bewirkt schließlich, dass Sie zu dem Menschen werden, als den das Universum Sie gedacht hat – so kraftvoll wie ein Herzenswunsch und so kreativ wie der nichtörtliche Geist selbst. Dazu braucht es nicht mehr als den Willen, sich in den kosmischen Tanz einzureihen, und die Bereitschaft, das Wunder der Seele zu suchen.

Sobald die Zahl der vermeintlich zufälligen glücklichen Fügungen zunimmt und sie zu einem festen Bestandteil Ihres Lebens werden, erkennen Sie, dass Schicksalssynchronisation lediglich das Symptom eines tief greifenderen Phänomens ist. Dieses tief greifende Phänomen ist eine Verlagerung Ihrer Identität und das Erwachen, das Sie zu dem Menschen macht, der Sie wirklich sind. Nach und nach verstehen Sie, dass Sie keineswegs darauf beschränkt sind, eine Person zu sein. Vielmehr sind Sie in Wahrheit ein Intelligenzfeld, in dem aufgrund Ihrer Interaktion mit sich selbst die Person, mit der Sie sich identifizieren, Ihre Mitmenschen wie auch Ihre sonstige Umgebung alle gemeinsam entstehen und sich miteinander entwickeln. Sie empfinden das Universum nicht mehr länger als Gesamtsumme von einzelnen, deutlich voneinander getrennten Bestandteilen, sondern als zusammenhängendes, ungebrochenes Ganzes. Ein Ganzes, in dem die Persönlichkeit, mit der Sie sich gegenwärtig identifizieren, und ihre Gedanken alle anderen Persönlichkeiten und deren Gedanken sowie alle Ereignisse und Beziehungen voneinander abhängige und einander durchdringende Muster sind – und damit ein einziger, zusammenhängender Ausdruck Ihres nichtörtlichen Selbst. Sie sind das strahlende Mysterium, in dem das gesamte Universum mit all seinen Formen und Phänomenen entsteht und vergeht. Wenn Ihnen diese Erkenntnis dämmert, dann durchläuft Ihr persönliches Selbst eine vollkommene Transformation zum universellen Selbst; mit ihr einher geht das auf Erfahrung beruhende Wissen um die Unsterblichkeit und das Verschwinden jeglicher Angst, auch der vor dem Tod. Sie haben sich in ein Wesen verwandet, das Liebe ausstrahlt wie die Sonne das Licht. Sie sind schließlich an den Ort zurückgekehrt, an dem Ihre Reise begann.

Das örtliche Selbst ist ein Übergang und ein unbeständiger Ausdruck des nichtörtlichen Selbst. Es kommt und geht, während sich das nichtörtliche Selbst fortgesetzt zu höheren Erfahrungen der Abstraktion und Kreativität entwickelt.

Stehe nicht weinend an meinem Grab,
Denn ich bin nicht darin.
Ich schlafe nicht.
Ich bin tausend wehende Winde,
Ich bin das Diamantglitzern im Schnee,
Ich bin das Sonnenlicht auf reifem Korn,
Ich bin der sanfte Herbstregen.
In der ruhigen Stille des Morgenlichts
Bin ich der Vogel in raschem Flug.
Stehe nicht weinend an meinem Grab,
Ich bin nicht darin,
Ich bin nicht gestorben.

Von einem unbekannten
nordamerikanischen Ureinwohner

Nachwort

In diesem Buch haben Sie fundamentale Praktiken kennen gelernt, mit deren Hilfe Sie die spontane Erfüllung Ihrer Wünsche erreichen, indem Sie sich die unendliche Kraft glücklicher Fügungen beziehungsweise der Synchronizität zunutze machen. Diese Techniken, insbesondere die Sutras, entstammen dem »Vedanta«, einer der ältesten Weisheitstraditionen der Menschheit. Das Sanskritwort Veda bedeutet »Wissen«. *Vedanta* ist die Kulmination, der Gipfel oder der »Endpunkt« allen Wissens. Anders ausgedrückt: der »Vedanta« ist die Schlussbetrachtung der »Veden«.

Die Kernprämisse dieses alten Wissensschatzes besagt, dass der Geist – oder das Bewusstsein – die letztendliche Wirklichkeit ist. Er ist der nichtörtliche Urgrund des Seins, der sich in die zugleich objektive und subjektive Wirklichkeit differenzieren lässt. Die subjektive Wirklichkeit beinhaltet Ihre Gedanken, Gefühle, Emotionen, Wünsche, Vorstellungen, Phantasien, Erinnerungen und Ihre höchsten Zielsetzungen. Ihre objektive Wirklichkeit andererseits ist Ihr physischer Körper und die Welt, wie Sie sie mit Ihren Sinnesorganen wahrnehmen. Beide Wirklichkeiten existieren gleichzeitig, und sie sind wechselseitig voneinander abhängig. Sie verursachen einander nicht, und doch bedingen sie einander. Sie stehen in *akausaler Beziehung* zueinander. So, wie sich die einzelne Zelle des Fötus in der Gebärmutter zu Hirnzellen, Nervenzellen und Netzhautzellen differenziert und uns durch sie unsere Wahrnehmung der Welt ermöglicht, so wird auch der einzelne nichtörtliche Geist zugleich zu Beobachter und Beobachtetem, zu physischen Sinnen und zur physischen Welt, zum biologischen Organismus und seiner Umgebung, zu Gedanken ebenso wie zu Emotionen.

Ihre innere und Ihre äußere Welt sind beide Bestandteile eines Kontinuums, eines einzelnen, in sich geschlossenen Aktivitätsfeldes. Die äußere Welt ist ein Spiegel dessen, wer Sie an einem bestimmten Punkt in der Raum-Zeit sind. Spirituelle Lehrer sagen uns, dass wir, wenn wir etwas über den Zustand unseres persönlichen Bewusstseins erfahren wollen, uns nur anzusehen brauchen, was mit uns geschieht und was uns zustößt. Wenn wir etwas über den Zustand des kollektiven Bewusstseins herausfinden wollen, dann gilt es, nur auf das zu achten, was mit der Welt passiert. Zu jedem beliebigen Zeitpunkt auf der Zeitachse wird Ihre persönliche Wirklichkeit auf der Basis von Synchronizität und glücklichen Fügungen von Ihrem Selbstgefühl orchestriert.

Wenn Ihr Selbstgefühl eingeengt ist, dann bringt es sich selbst zum Ausdruck in einem angespannten, in seiner Mobilität eingeschränkten Körper, einer ängstlichen Lebensperspektive und in einer unsicheren Umgebung. Verfügen Sie jedoch andererseits über ein erweitertes Selbstgefühl, dann zeigt sich dies in einem entspannten Körper und in einer freundlichen, offenen Umgebung, in der Ihre Intentionen sich auf der Basis von Synchronizität wie von selbst verwirklichen. Ihr höheres Selbst weiß immer um seinen Wert, fühlt sich in Frieden, frei, ungebunden und im Fluss und ist erfüllt von einem Gefühl der Ehrfurcht angesichts des Mysteriums der Existenz. Das Selbstgefühl entscheidet außerdem über die persönliche Einstellung. Gier, Arroganz, Aggressivität, eine fordernde Haltung und eine ständig verstimmte oder unglückliche Disposition haben ihren Ursprung in einem eingeengten Selbstgefühl. Freude am Teilen, Bescheidenheit, Fürsorge sowie eine versöhnliche, liebenswürdige oder erfüllte Grundhaltung sind auf ein erweitertes Selbstgefühl zurückzuführen.

Fasst man den Begriff des Selbstgefühls weiter, dann determiniert auch die entscheidende Masse einer Gesellschaft, einer Gemeinde oder Institution direkt die Einstellung dieser Personenkreise. Wenn die Identität einer Kultur eingeengt ist, herrschen in ihr vor allem Profitstreben, schonungsloser Wettbewerb, eine wirtschaftliche Vormachtstellung, extremer Nationalismus, militärische Konflikte, Gewalt und Angst vor. Brächte eine entscheidende Masse plötzlich ihr höheres Selbst zum Ausdruck, würde daraus nicht nur die spontane Erfüllung ihrer persönlichen Wünsche resultieren, sondern sie würden außerdem den Selbstausdruck ihrer Kultur verändern. In einer so transformierten Kultur würde mehr Wert auf Dienstleistung gelegt statt auf Gier, auf Zusammenarbeit statt auf Wettkampf, auf ein offenes Herz statt auf geschlossene Märkte. Die Kennzeichen einer solchen Kultur wären gewaltfreie Konfliktbewältigung, Mitgefühl, Bescheidenheit, Frieden und soziale wie wirtschaftliche Gerechtigkeit.

Wenn wir unsere heutige Welt betrachten, dann sehen wir eine verworrene Hierarchie von wechselseitig voneinander abhängigen, gleichzeitig eintretenden Ereignissen. Sozialwissenschaftler behaupten, dass unser kollektives Verhalten eine ungeeignete Umwelt erschafft, weil wir die Wälder abholzen, Brennstoffe und andere Rohstoffe rücksichtslos verbrauchen und damit schließlich den Treibhauseffekt, veränderte Klimabedingungen, vermehrte Wirbelstürme und zunehmende Sturmfluten bewirken. Oberflächlich betrachtet scheinen diese verschiedenen Ereignisse in keiner Beziehung zueinander zu stehen, und doch hängen sie eng miteinander zusammen. Sie sind die Folgeerscheinungen unseres eingeengten kollektiven Selbstgefühls und sie treten gleichzeitig und aufeinander abgestimmt in Erscheinung. Religiöse Konflikte, Umweltverschmutzung, Terrorismus, das Zurückweichen der Ackerkrume, Atomkraftwerke, Drogensucht, die Ausrottung ganzer Tier- und Pflanzenarten, Armut, Kriminalität, Drogenkriege, die Waffenindustrie, Überschwemmungen und Hungersnöte, gefährliche chemische Substanzen in der Nahrungskette und Kriege stehen alle in akausaler Beziehung zueinander.

Wenn ein jeder von uns danach streben würde, sein höheres Selbst zum Ausdruck zu bringen, und wenn wir das Wissen um und die Erfahrung mit unserem höheren Selbst einander mitteilen könnten, vielleicht würden wir dann ein auf dem Respekt vor dem Leben basierendes Umfeld schaffen und die Wiederherstellung des Gleichgewichts von Meeren, Wäldern und Wildnis erreichen. Diese transformierte Umwelt würde ihrerseits im gleichzeitigen Entstehen von Ereignissen resultieren, die eine vollkommen neue Welt schaffen würden. Auf diesem idealen Planeten könnten wir unseren Seelefrieden finden, einen Sinn für das Heilige, für wirtschaftliche Partnerschaften und Wohlstand entwickeln und leistungsfähige und saubere Energielieferanten fördern. Zugleich würden wir unseren Einblick in die neue Wirklichkeit vertiefen, uns unserer blühenden Kunst und Philosophie erfreuen und echtes Bewusstsein und unsere Einbindung in das Ganze erfahren. In einer solchen Gesellschaft würden wir klar und deutlich erkennen, dass die Liebe die letztendliche Kraft im Herzen des Universums ist.

Ihre Fähigkeit, sich Ihre Wünsche spontan zu erfüllen, ist direkt an Ihren Zugang zu Ihrem nichtörtlichen Selbst gebunden. Zwar geben uns alte Weisheitslehren, wie etwa der »Vedanta«, Aufschluss über das Wesen der nichtörtlichen Wirklichkeit, doch befasst sich die Wissenschaft erst seit kurzem mit der Erforschung dieser Existenzebene. Im Verlauf dieses Buches habe ich diese neue wissenschaftliche Grundlage für das Verständnis von Synchronizität und spontaner Wunscherfüllung hervorgehoben. Zusammen mit anderen Forschern ist die Chopra Foundation aktiv an der wissenschaftlichen Erforschung der Nichtörtlichkeit beteiligt.

Im Anhang folgt ein subjektives, keinen Anspruch auf Vollständigkeit erhebendes Verzeichnis von Titeln zum Thema Nichtörtlichkeit. Einige der Titel, darunter bestimmte Aufsätze in wissenschaftlichen Zeitschriften, sind recht trocken und ohne einen entsprechenden wissenschaftlichen Hintergrund vielleicht schwer zu verstehen. Andere Quellen hingegen wie etwa Larry Dosseys Buch »Heilende Worte« sind leicht zugänglich. Das Verzeichnis wird Ihnen angeboten in der Hoffnung, dass Sie es zur Erweiterung Ihres Verständnisses jener Welt nutzen, in der wir nicht nur alle miteinander verbunden sind, sondern untrennbar eins.

Der Einblick in das Wesen der Nichtörtlichkeit ist so wichtig und zugleich so schwierig, dass ich das Buch für diejenigen Leser, die sich mit diesem faszinierenden Thema noch eingehender auseinander setzen wollen, um zwei Anhänge erweitert habe. Anhang A fasst noch einmal zusammen, was wir bereits erfahren haben, doch wechseln wir diesmal von einer im Osten verwurzelten historisch-philosophischen Perspektive zu jener der frühen großen Zivilisationen Griechenlands, Roms und Ägyptens. Wie immer lässt sich auch hier aus einem neuen Blickwinkel Nutzen ziehen. Anhang B basiert auf einem vedischen Text, der uns zeigt, »was Ungehörtes hörbar, Ungesehenes sichtbar und Unerkanntes erkennbar macht«.

Ich wünsche mir, dass diese beiden Texte hilfreich für Sie sein mögen.

D. C.

Ausgewählte Lektürevorschläge zum Thema Nichtörtlichkeit

Astin, J. A., Harkness, E. und Ernst, E.: »The efficacy of ›distant healing‹: a systematic review of randomized trials.« In: *Ann Intern Med,* S. 903–910, 132 (11), 2000

Braud, W. G.: »Distant mental influence on rate of hemolysis of human red blood cells.» In: *J Am Soc Psychical Res*, S. 1–24, 84, 1990

Braud, W., Shafer, D. und Andrews, S.: »Further studies of autonomic detection of remote starring: replications, new control procedures, and personality correlates.« In: *J Parapsychol*, S. 391–409, 57, 1993

BYRD, R. C.: »Positive therapeutic effects of intercessory prayer in a coronary care unit population.» In: *Southern Med*, S. 826–829, J 81 (7), 1988

DELANOY, D. L. und SAH, S.: »Cognitive and physiological psi responses to remote positive and neutral states.« In: *Proceedings of presented papers, 37th Annual Parapsychological Association Convention*, S. 128–138, Amsterdam, 1994

DOSSEY, L.: *Heilende Worte*, Südersen, Bruno Martin Verlag, 1995

GRINBERG-ZYLBERBAUM, J., DELAFLOR, M., ATTIE, L. UND GOSWAMI, A.: *The Einstein-Podolsky-Rosen Paradox in the Brain: The Transferred Potential* (Aufsätze aus der Physik), Manuskript, 1994

HARRIS, W. S., COWDA, M., KOLB, J. W., STRACHACZ, C. P., VACEK, J. L., JONES, P. G., FORKER, A., O'KEEFE, J. H. und MCCALLISTER, B. D.: »A randomized, controlled trial of the effects of remote intercessory prayer on outcomes in patients admitted to the coronary care unit.« In: *Ann Intern Med*, S. 2273–2278, 159 (19), 1999

KRUCOFF, M. W.: »Growing the path to the patient: an editorial outlook for alternative therapies.« In: *Altern Ther Health Med*, S. 36–37, 6 (4), 2000

KRUCOFF, M. W. u. a.: »Integrative noetic therapies as adjuncts to percutaneous intervention during unstable coronary syndromes: monitoring and Actualization of Noetic Training (MANTRA) feasibility pilot.« In: *American Heart Journal*, S. 760–767, 142 (5), 2001

KWANG, Y. u.a.: »Does prayer influence the success of in vitro fertilization-embryo transfer?« In: *J Repro Med*, S. 1–8, 46 (9), 2001

Nash, C. B.: »Psychokinetic control of bacterial growth.« In: *J AM Soc Psychical Res*, S. 217–221, 51, 1982.

Radin, D. I: *The Conscious Universe: The Scientific Truth of Psychic Phenomena.* New York, HarperEdge, 1997

Schlitz, M. J.: »Intentionality in healing: mapping the integration of body, mind, and spirit.« In: *Alternative Therapies*, S. 119–120, 1 (5), 1995

Schlitz, M. J.: »Intentionality and intuition and their clinical implications: a challenge for science and medicine.« In: *Advances*, S. 58–66, 12 (2), 1996

Schlitz, M. und Braud, W.: »Consciousness interactions with remote biological systems: anomalous intentionality effects.« In: *Subtle Energies 1*, S. 1–20, 1991

Schlitz, M. und Braud, W.: »Distant intentionality and healing: assessing the evidence.» In: *Alternative Therapies*, S. 62–73, 3 (6), 1997

Schlitz, M. und Harman, W.: »The implications of alternative and complementary medicine for science and the scientific process.» In: Levin, J. und Jonas, W. B. (Hrsg.): *Essentials of Complementary and Alternative Medicine.* Philadelphia, Williams & Wilkins, 1999

Schlitz, M. und LaBerge, S.: »Autonomic detection of remote observation: two conceptual replications.« In: *Proceedings of presented papers, 37th Annual Parapsychological Association Convention,* S. 352–364, Amsterdam, 1994

Schlitz, M. und Lewis, N.: »The healing powers of prayer.« In: *Noetic Sciences Review*, S. 29–33, Sommer, 1996

Schlitz, M., Taylor, E. und Lewis, N.: »Toward a noetic model of medicine.« In: *Noetic Sciences Review*, S. 45–52, Winter, 1988

Schlitz, M. J., und Braud, W. G.: »Distant intentionality and healing: assessing the evidence.« In: *Alternative Therapies*, S. 62–73, 3 (6), 1997

Schwartz, G. und Chopra, D.: »Nonlocal anomalous information retrieval: a multi-medium multi-scored single-blind experiment.« (Privatgespräche)

Snel, F. W. und van der Sijde, P. C.: »Information-processing styles of paranormal healers.« In: *Psychol Rep*, S. 363–366, 74 (2), 1994

Stapp, H. P.: »Theoretical model of a purported empirical violation of the predictions of quantum theory.« In: *Am Physical Soc*, S. 18–22, 50 (1), 1994

Targ, E.: »Evaluating distant healing: a research review.« In: *Altern Ther Health Med*, 3 (6), S. 74–78, 1997

Targ, E.: »Research methodology for studies of prayer and distant healing.« In: *Complement Ther Nurs Midwifery*, S. 29–41, 8 (1), 2002

Wilber, K.: *A Brief History of Everything.* Boston, Shambhala, 1996

Wirth, D. P.: »Complementary healing intervention and dermal wound reepithelialization: an overview.« In: *Int J Psychosom*, S. 48–53, 42 (1–4), 1995

Anhang A

Auf den vorangehenden Seiten haben wir uns mit der Frage beschäftigt, wie sich der nichtörtliche Geist im Kosmos ausbreitet. Außerdem haben wir erfahren, wie wir aus dem Wissen um die Nichtörtlichkeit für die spontane Erfüllung unserer Wünsche praktischen Nutzen ziehen können. Zu diesem Zweck habe ich die Weisheitstradition der »Veden« im Rahmen unserer modernen, zeitgenössischen, wissenschaftlichen Herangehensweise neu interpretiert. Für den Fall, dass Sie als Leserin beziehungsweise Leser meinen, dieses Wissen sei ausschließlich in den esoterischen Schulen des Ostens vorhanden, stelle ich Ihnen im nachfolgenden Anhang A nun die verwandten Erkenntnisse der hermetischen Philosophie beziehungsweise der Hermetik vor, wie sie sich im alten Griechenland, in Rom und im alten Ägypten entwickelt haben und über die Jahrhunderte hinweg überliefert wurden.

Die Hermetik ist eine mystische Philosophie, die sich mit Magie, Alchemie und anderen Manifestationen des Spirituellen in der materiellen Welt befasst. Die Ursprünge hermetischen Denkens lassen sich auf Hermes Trismegistus zurückführen, über den wenig bekannt ist; man weiß nicht einmal den Tag oder Ort seiner Geburt. Die Forschung nimmt an, dass er um 2000 vor Christi Geburt gelebt hat. Viele halten ihn für einen ägyptischen Priester und für den Erfinder sowohl der Kunst als auch der Wissenschaft, wie sie uns in der westlichen Welt vertraut ist. Das Mysterium des Hermes Trismegistus – »des dreifach Großen« – ist der Inhalt verschiedener antiker Quellen aus der Feder sowohl griechischer wie auch römischer Mystiker. Die Mythologie hat ihn in den Rang eines Gottes erhoben, identisch möglicherweise mit dem ibisköpfigen ägyptischen Mondgott Thoth, dem Heiler, Weisheitskünder und Erfinder der Schreibkunst. Einer anderen Überlieferung zufolge war Thoth der Erbauer der großen Pyramiden von Gizeh.

Im Lauf der letzten zwei Jahrtausende diente die Hermetik einer ganzen Reihe von gnostischen Schriften und Lehren als Quelle. Es ist unklar, ob es sich hierbei um die ursprünglichen Lehren einer Einzelperson handelt oder tatsächlich um die mystischen Visionen mehrerer Seher griechischer, römischer und ägyptischer Herkunft. Wie dem auch sei, jedenfalls lassen sich die grundlegenden

Lehrsätze der Hermetik in den nachfolgend wiedergegebenen Erkenntnissen zusammenfassen.

Mit der ersten Erkenntnis wird behauptet, dass alles eine Manifestation des Geistes ist. Geist wird als jener Seinszustand begriffen, in dem Raum, Zeit, Kausalität, Materie und Energie ihren Ursprung haben. Der unendliche und ungebundene Geist umfasst das gesamte Universum. Außerhalb des Geistes gibt es kein Sein. Er ist die Quelle der gesamten Seinskette und jeglicher Existenz. Das Universum erhebt sich aus dem Geist, ist in ihm enthalten und sinkt zuletzt in ihn zurück. Dies ist die erste Erkenntnis, die uns eine klare Beschreibung der nichtörtlichen Domäne liefert.

Die zweite Erkenntnis besagt: Der Geist manifestiert sich derart, dass das Ganze in allen Teilen enthalten ist. Die heutige Wissenschaft bezeichnet ein solches Gedankenmodell als holografisch. So, wie ein einzelnes Atom das Universum widerspiegelt, so reflektieren der menschliche Körper und Geist ihr jeweils kosmisches Gegenstück. Was bedeutet das? Diese Auffassung legt nahe, dass jedes wahrgenommene Ding, ja alles, was man sich nur vorstellen kann, immer auch das Potenzial für absolut alle Dinge birgt. Das gesamte Universum ist in jedem einzelnen Punkt enthalten, so, wie auch der Ozean in seiner ganzen Tiefe in jedem Wassertropfen enthalten ist. Im »Vedanta« heißt es hierzu: »Was hier ist, ist überall, und was nicht hier ist, ist nirgendwo.«

Dieses Prinzip bringt zum Ausdruck, dass man sich nicht auf die Suche begeben muss, um die Wahrheit zu finden. Die Wahrheit befindet sich immer unmittelbar vor Ort und starrt uns direkt ins Gesicht. Wenn wir uns also fragen: »Bedeutet die Tatsache, dass es auf unserem Planeten Menschen gibt, dass Leben auch anderenorts im Universum existiert?«, dann lautet die Antwort unbedingt: »Ja.« Die Durchdringung eines einzelnen Moleküls kommt der Durchdringung der gesamten Galaxie gleich. Ebenso fraglos ist alles auf dem Grund Ihres eigenen Seins enthalten. Rumi sagt, das gesamte Universum sei im eigenen Selbst enthalten – eine grundlegende Wahrheit. Auch die Bibel postuliert: Das Himmelreich befindet sich im eigenen Innern. Das Schatzhaus breitet sich hier, vor Ihren Füßen aus. Im Neuen Testament sagt Jesus: »Bittet, so wird euch gegeben; suchet, so werdet ihr finden; klopfet an, so wird euch aufgetan.«

Unser Erziehungssystem basiert auf der Vorstellung, dass man mehr und mehr Informationen anhäufen muss. Doch je mehr Wissen wir ansammeln, desto verwirrter werden wir und desto mehr verlieren wir die Weisheit, die uns bereits innewohnt, aus dem Blick. Also müssen wir lernen, uns selbst nach der eigenen Wahrheit zu befragen und an die Tür unseres eigenen Seins zu klopfen. Nichts anderes sind Intuition, Kreativität, Vision und Prophetie. Aus diesem Grund konzentriert sich der Weise auf den Sehenden und nicht auf das Gesehene. Der Sehende ist das nichtörtliche Selbst.

Die dritte Erkenntnis bringt zum Ausdruck, dass alles Vibration ist. Das Bewusstsein setzt sich aus Vibrationen unterschiedlicher Frequenzen zusammen und bringt auf diese Weise all die vielen Formen und Phänomene des Universums hervor. Menschen sind wie das übrige Universum bewusste Energiefelder. Wer die ihn umgebende Welt verändern will, muss lediglich Einfluss auf die eigene Vibrationsqualität nehmen. Sobald diese eine neue Gestalt erhält, verändert sich auch die Umgebung. Übrigens erklärt dieser Zusammenhang, weshalb Sutras funktionieren. Sie stellen ein Mittel dar, um eine bestimmte Vibration des Geistes hervorzubringen oder eine bestimmte Färbung des nichtörtlichen Selbst.

Die Situationen, Umstände, Ereignisse und Beziehungen, die Ihnen in Ihrem Leben begegnen, sind Ausdruck Ihres eigenen Bewusstseinszustands. Die Welt ist ein Spiegel. Sind Sie in Ihrem nichtörtlichen Selbst verwurzelt, dann steht Ihnen die gesamte Welt offen.

Die vierte Erkenntnis erklärt Veränderung zur einzigen Konstante. Alles ist unbeständig. An irgendetwas festhalten zu wollen ist, als hielte man den Atem an; gelingt es einem lang genug, folgt der Erstickungstod. Letztendlich kann man sich im physischen Universum nur das aneignen, was man loslässt und eben nicht festhält.

Diese weitreichende Erkenntnis bedeutet, dass wir dann das beste Resultat erzielen, wenn wir uns auf den Prozess anstatt auf das Ergebnis konzentrieren. Eine Ausrichtung auf das Ergebnis erzeugt Angst und Stress, die den spontanen Intelligenzfluss von der unmanifestierten (Geist) zur manifestierten Domäne (die materielle Welt) stören. Veränderung als einzige Konstante zu akzeptieren bedeutet, dass wir grundsätzlich im Ungewissen leben.

Jegliche Gewissheit liegt in der Vergangenheit. Mit Sicherheit wissen wir nur, dass sie nicht mehr da ist. Das Gewisse ist das Gefängnis vergangener Konditionierungen. Das Ungewisse ist stets frisch – eine typische Eigenschaft des Feldes unendlicher Möglichkeiten. Zen-Meister, Kampfkünstler und spirituelle Lehrer raten schon immer dazu, sich dem Fluss anzuvertrauen. Der Fluss ist das Feld der Veränderung. Was sich nicht verändert, verfällt und stirbt. Veränderung ist der Tanz und Rhythmus des Universums. Wer zielgerichtete Intentionen hervorbringt, mit dem Fluss der Veränderung strömt und sich zugleich von festen Vorstellungen im Hinblick auf das Ergebnis frei macht, der verfügt über die Mechanismen der Wunscherfüllung und vermag sein Schicksal zu synchronisieren.

Die fünfte Erkenntnis legt fest, dass alles, egal ob es sich um ein Erlebnis oder um eine Einstellung oder um einen Gegenstand handelt, sein Gegenteil in sich trägt. Tatsächlich enthält alles, womit Sie jetzt gerade befasst sind – ob gut oder schlecht – sein Gegenstück. Wie tief Sie beispielsweise momentan auch in einer Depression stecken, sobald Sie das Gegenstück identifizieren – sei es Freude oder Dankbarkeit – und ihm Ihre Aufmerksamkeit schenken, werden Sie feststellen, dass es in Ihrem Bewusstsein mehr Raum einzunehmen beginnt. Indem Sie Ihre Aufmerksamkeit von der Verzweiflung abziehen und sie stattdessen etwa auf die Zufriedenheit richten, bringen Sie das neue Gefühl zum Erblühen. Gleiches gilt, wenn Sie sich auf einem ekstatischen Höhepunkt befinden – denken Sie daran, dass sein Gegenstück Hand in Hand mit der Ekstase geht. Wer sich dieses Prinzip bewusst macht, dass nämlich die gesamte Schöpfung auf der Koexistenz von Gegensätzen basiert, der kann seine zielgerichtete Aufmerksamkeit einsetzen, um den erwünschten Erfahrungsaspekt hervorzubringen.

Das Postulat der sechsten Erkenntnis lautet: Alles besitzt einen Rhythmus. Der Lebenszyklus stellt ein klassisches Beispiel dar: Der Empfängnis folgen Schwangerschaft, Geburt, Wachstum, Reifung, Tod und Erneuerung. Alles geschieht in Zyklen. Synchronizität setzt die Einsicht voraus, dass die Zyklen und Jahreszeiten des Lebens auf die Zyklen und Jahreszeiten des Kosmos abgestimmt sind. »Frühlingsblumen, Sommerwind, Herbstblätter und Winterschnee – wenn du ganz und gar darauf eingestimmt bist, dann befindest du dich in der besten Jahreszeit deines Lebens.« So lautet ein chinesischer Spruch. Wer in lebenszentriertem, gegenwartsorientiertem Bewusstsein geerdet ist, der steht in Verbindung mit seinem nichtörtlichen Selbst, das den Tanz des Universums dirigiert. Wenn Ihre Rhythmen auf jene des Universums abgestimmt sind, dann kann das Synchroschicksal Wunder wirken.

Die siebte Erkenntnis lehrt, dass jedes Ereignis eine unendliche Zahl von Ursachen hat, die eine grenzenlose Zahl von Wirkungen mit sich bringen. Das so genannte Prinzip von Ursache und Wirkung ist nicht linear. Wir haben dieses Prinzip in seiner Form als »interdependente Wechselwirkung« untersucht, als das Phänomen, das es uns gestattet, mittels des Synchroschicksals die Muster hinter den Ereignissen zu erkennen.

Die achte Erkenntnis besagt, dass sich die schöpferische Energie des Universums in der sexuellen Energie widerspiegelt. Alles Sein ist aus dieser Urenergie entstanden. Das Kind verdankt ihr seine Geburt, eine Blume ihr Erblühen, eine Frucht ihr Reifen. Kein Bestandteil der Schöpfung ist von diesem Prinzip ausgenommen. Im Menschen manifestiert sich diese Urenergie als Leidenschaft und Erregung. Wenn wir in Verbindung zu unserem nichtörtlichen Selbst stehen, dann erleben wir Enthusiasmus und Inspiration. Der Begriff Enthusiasmus setzt sich aus den griechischen Silben »en« und »theos« zusammen und bedeutet »eins sein mit Gott oder dem nichtörtlichen Selbst«. (Ebenso bedeutet Inspiration: eins sein mit dem Geist.) Inspiration, Enthusiasmus, Leidenschaft und Erregung erfüllen unsere Intentionen mit Energie und beschleunigen auf diese Weise die spontane Erfüllung unserer Wünsche.

Die neunte Erkenntnis bringt zum Ausdruck, dass wir jene Urenergie durch die Kraft unserer Aufmerksamkeit und Intention steuern können. Wie wir bereits gesehen haben, erblüht alles, worauf wir unsere Aufmerksamkeit richten (und damit unsere Energie konzentrieren). Dort, wo wir unsere Aufmerksamkeit abziehen, setzt ein Verfallsprozess ein. Aufmerksamkeit und Intention sind die Schlüssel zur Transformation, ob es sich nun um eine Situation, irgendwelche Umstände, eine Person oder ein Ding handelt. Die Sutras in diesem Buch stellen Kodes dar, mit deren Hilfe Intentionen und Aufmerksamkeit ausgelöst und aktiviert werden können.

Die zehnte Erkenntnis besagt, dass wir durch jene Kräfte im Kosmos, die wir als männlich und weiblich bezeichnen, zu Harmonie finden können. Das hermetische Prinzip des Geschlechts legt nahe, dass wahre Leidenschaft nur dann möglich ist, wenn im eigenen Inneren ein Gleichgewicht zwischen männlichen und weiblichen

Kräften besteht. Männliche Energie befeuert Qualitäten wie Aggression, Entschlossenheit, Tatkraft und Mut, während weibliche Energie in einer Wertschätzung von Schönheit, Intuition, Fürsorge, Zuneigung und Zärtlichkeit zum Ausdruck kommt. Große Kunstwerke enthalten immer eine harmonische Interaktion von männlich und weiblich, von Yin und Yang. Das Sutra »Shiva Shakti« soll die harmonische Interaktion der männlichen und weiblichen archetypischen Energien Ihres nichtörtlichen Selbst aktivieren.

Die elfte Erkenntnis postuliert, dass das innerste Wesen einer jeden Kreatur, wie böse sie auch erscheinen mag, immer Liebe ist und dass diese essenzielle Qualität durch unsere eigene Liebe offenbart werden kann. Folglich ist Liebe nicht nur eine Emotion; sie ist die letztendliche Wahrheit im Herzen jeglichen Seins. Sie ist bedingungs- und grenzenlos, und wir strahlen sie aus, wenn wir Zugang zu unserem nichtörtlichen Selbst haben.

Diese elf Prinzipien sind die Prinzipien der Alchemie, auf die man in den Lehren des Hermes Trismegistus, im »Vedanta« und eigentlich in allen bedeutenden Philosophien der Menschheit trifft. Sobald wir diese Erkenntnisse in uns aufgenommen haben, reagieren wir mit unseren inneren Einstellungen, unseren Gedanken, Träumen und Gefühlen auf die unterschiedlichsten Situationen sehr viel umfassender. Indem wir uns beispielsweise auf die Zyklen, Rhythmen und Jahreszeiten des Lebens einstimmen, wird uns eine einzelne Situation nicht mehr erschüttern oder aus dem Gleichgewicht bringen.

Anhang B

Die nachfolgende Geschichte stammt aus der »Chandogya-Upanishad«, einem der bedeutendsten vedischen Texte. Sie beschreibt anschaulich das Wesen des nichtörtlichen Selbst.

Vor Tausenden von Jahren schickte der große Weise Uddalaka Aruni seinen zwölfjährigen Sohn Svetaketu zu einem großen Meister in die Lehre, damit der Junge alles über die letztendliche Wirklichkeit erfahre. Zwölf Jahre lang lernte der Junge unter seinem Meister und prägte sich alle Veden ein. Als Svetaketu nach Hause zurückkehrte, stellte sein Vater fest, dass sein Sohn wissensstolz und eingebildet war. Also entschloss sich Uddalaka, dem jungen Mann eine Frage zu stellen.

»Mein gebildeter Sohn, was ist es, das das Ungehörte gehört, das Ungesehene gesehen, das Unerkannte erkannt und das Unvorstellbare vorstellbar macht?«

Svetaketu zeigte sich verblüfft und schwieg.

Sein Vater aber sprach zu ihm: »An einem einzigen Lehmklumpen erkennen wir alles, was aus Lehm gemacht ist. An einem einzigen Goldkorn erkennen wir alles, was aus Gold gemacht ist. Der Unterschied zwischen dem einen goldenen Schmuckstück und einem anderen besteht nur in Name und Gestalt. In Wirklichkeit sind alle Schmuckstücke nur Gold und alle Tontöpfe sind nur aus Lehm. Sage mir, mein Sohn, was ist die eine Unterweisung, die einen, wenn man ihrer teilhaftig geworden ist, alle Dinge erkennen lässt?«

Svetaketu entgegnete: »Leider hat mein Meister mir dieses Wissen nicht vermittelt. Wirst du es tun?«

»Nun gut«, erwiderte Uddalaka. »Ich will es dir sagen. Das gesamte Universum ist eine Wirklichkeit, und diese Wirklichkeit ist reines Bewusstsein. Reines Bewusstsein kommt absolutem Sein gleich. Es ist das Eine, zu dem es kein Zweites gibt. Am Anfang sprach das Eine zu sich selbst: ›Ich will mich zu dem Vielen vermehren und so zugleich alles Sehende und alles Gesehene sein.‹ Das Eine wurde zu dem Vielen und damit zum Selbst eines jeden. Alle Wesen sind das Eine, und das Eine ist der subtile Kern jeglichen Seins. Auch du bist das Eine, Svetaketu.

Wenn Bienen aus dem Nektar zahlreicher Blüten Honig machen, dann kann der Nektar nicht sagen: ›Ich stamme aus dieser oder jener Blume.‹ Auf die gleiche

Weise wirst du eins mit dem Selbst all dessen, was ist, sobald du mit deinem nichtörtlichen Selbst verschmilzt. Dies ist das wahre Selbst jeglichen Seins, und, Svetaketu, du bist auch dieses.«

»Bitte, Vater, unterweise mich weiter«, bat Svetaketu.

Uddalaka machte eine Pause, bevor er seine Rede wieder aufnahm. »Der Ganges fließt nach Osten, der Indus nach Westen. Dennoch vereinen sich beide zuletzt im Meer. Sobald sie zum Meer geworden sind, denken sie nicht mehr ›Ich bin der Ganges‹ oder ›Ich bin der Indus‹. Auf die gleiche Weise, mein Sohn, hat alles Sein seine Quelle im nichtörtlichen Selbst, und dieses Selbst ist die subtilste Essenz all dessen, was ist. Es ist das wahre Selbst. Svetaketu, das bist du.

Wenn der Körper dahinschwindet und stirbt, dann stirbt das Selbst nicht mit ihm. Feuer kann es nicht versengen, Wasser kann es nicht netzen, der Wind kann es nicht austrocknen, keine Waffe kann es vernichten. Es ist ungeboren, hat weder Anfang noch Ende. Es existiert jenseits der Grenzen von Raum und Zeit, durchzieht das gesamte Universum. Svetaketu, das bist du.«

»Bitte, Vater, unterweise mich weiter«, entgegnete Svetaketu begeistert.

»Hol mir eine Frucht vom Nyagrodha-Baum«, verlangte Uddalaka.

Svetaketu brachte die Frucht.

»Brich sie auf.«

Svetaketu tat, wie ihm geheißen.

»Was siehst du, mein Sohn?«

»Winzige Samenkörner, Vater.«

»Spalte eines von ihnen.«

Svetaketu zerteilte das winzige Samenkorn.

»Was siehst du jetzt, mein Sohn?«

»Ich sehe, Vater, dass nichts mehr übrig ist.«

»Das, was du nicht siehst, ist die subtile Essenz, und der gesamte Nyagrodha-Baum hat darin seinen Ursprung. Auf die gleiche Weise hat auch das Universum seinen Ursprung im nichtörtlichen Selbst.«

Schließlich forderte Uddalaka seinen Sohn auf, einen Salzklumpen in einen Eimer Wasser zu legen. Am darauf folgenden Tag verlangte der Weise von Svetaketu, ihm den Salzklumpen zurückzugeben.

»Ich kann ihn dir nicht zurückgeben«, entgegnete der junge Mann. »Das Salz hat sich aufgelöst.«

Uddalaka verlangte von seinem Sohn, eine Kostprobe des Wassers von der Oberfläche zu schöpfen. »Sag mir, wie es schmeckt.«

»Es schmeckt salzig, Vater.«

»Nun nimm eine Kostprobe aus der Mitte und sag mir, wie sie schmeckt.«

»Sie schmeckt salzig, Vater.«

»Nimm eine weitere Kostprobe vom Boden des Eimers und sag mir, wie sie schmeckt.«

»Sie schmeckt gleichfalls salzig, Vater.«

»So, wie das Salz sich im Klumpen befindet und im Wasser verteilt, so befindet sich auch dein Selbst in deinem Körper und durchdringt zugleich das gesamte Universum.

Mein lieber Sohn«, sagte Uddalaka. »Du nimmst das Selbst in deinem Körper nicht wahr, doch ohne es wäre Wahrnehmung nicht möglich. Das Selbst lässt sich begrifflich nicht fassen, doch ohne es wäre jegliche begriffliche Erfassung unmöglich. Es entzieht sich jeglicher Vorstellung, doch ohne es wäre jegliche Vorstellung unmöglich. Verschmilzt du hingegen mit diesem Selbst und führst dein Leben auf der Ebene des nichtörtlichen Selbst, dann bist du mit allem Sein verbunden, denn das Selbst ist die Quelle jeglichen Seins. Wahrheit, Wirklichkeit, Existenz, Bewusstsein, das Absolute – nenne es wie du willst, es ist die letztendliche Wirklichkeit, der Urgrund allen Seins. Svetaketu, das bist du.

Führe dein Leben ausgehend von dieser Ebene, und all deine Wünsche werden wahr werden, denn auf dieser Ebene sind sie nicht nur deine persönlichen Wünsche, sie befinden sich vielmehr in Übereinstimmung mit den Wünschen all dessen, was ist.«

Svetaketu hielt sich an all das Gelernte und wurde zu einem der größten Seher der vedischen Tradition.

Danksagung

Mein Dank gilt:

Allen Teilnehmern, die im Lauf der Jahre den Synchrodestiny-Kurs im Chopra Center besucht haben; ihr habt durch eure Erfahrungen dem in diesem Buch enthaltenen Wissen Gültigkeit verliehen.

Sarah Kelly, Kristin Hutchens und Jill Romnes für eure unerlässliche Hilfe bei der Durchführung dieser Kurse.

Meinem Partner David Simon für seine stimulierenden und herausfordernden Diskussionen, die immer ein Anreiz waren, das intellektuelle Niveau zu heben.

Carolyn Rangel, Felicia Rangel und Anne Marie Girard für ihre Hingabe an dieses Wissen und seine Förderung.

Meinem Lektor Peter Guzzardi für seine tadellose Textbearbeitung und für seine Hilfe bei der Vorbereitung dieses Manuskripts.

Dem Personal des Chopra Centers für eure Unterstützung, die alles, was ich mir vornehme, überhaupt erst möglich macht.

Über den Autor

Deepak Chopras Bücher sind internationale Bestseller und in ihrer Art Klassiker. Dr. Chopra ist der Gründer des Chopra Center for Well Being in Carlsbad, Kalifornien. Seine Website

www.chopra.com

gibt nähere Auskunft.

Beispiele spontaner Wunscherfüllung in Ihrem Leben

Sollten Sie in Ihrem Leben Beispiele für die Nutzbarmachung der unendlichen Macht zufälliger glücklicher Fügungen für die spontane Erfüllung von Wünschen haben und diese gern anderen mitteilen, dann suchen Sie bitte unsere Website www.chopra.com auf und klicken Sie auf »Spontaneous Fulfillment of Desire«. Ich würde mich freuen, an Ihren Erfahrungen teilhaben zu dürfen. Außerdem erhalten Sie die Gelegenheit, Ihre persönlichen Erfahrungen zu veröffentlichen und die kostenlose Teilnahme an einem Seminar im Chopra Center for Well Being zu gewinnen. Vielen Dank für Ihr Interesse.

Die Chopra Foundation

Die Chopra Foundation, eine gemeinnützige Einrichtung, hat sich weltweit mit Gleichgesinnten zusammengetan, um mit ihnen eine »Allianz für die neue Menschlichkeit« zu bilden. Diese Allianz basiert auf den Prinzipien, die Sie in diesem Buch kennen gelernt haben. Zu ihren Mitgliedern gehören Nobelpreisträger, Wirtschaftswissenschaftler und andere Geistesgrößen. Ihr Ziel ist es, »das Nervennetzwerk des planetaren Geistes zu erwecken, um ein wirkungsvolles Maß an Friedensbewusstsein zu schaffen«. Dieses Friedensbewusstsein ist kein Antikriegsaktivismus, sondern die Grundlage für die Manifestation einer Welt, die wir uns für uns selbst und für künftige Generationen wünschen. Wenn Sie sich bereits vorhandenen »Friedenszellen« anschließen oder eine eigene Friedenszelle begründen wollen, dann besuchen Sie bitte unsere Website

www.chopra.com

und gehen von dort weiter auf die Homepage der Allianz. Wir würden uns freuen, wenn Sie sich uns anschlössen.

Register